U0495043

班主任的情感素养与班级公共生活

BANZHUREN DE QINGGAN SUYANG
YU BANJI GONGGONG SHENGHUO

■王慧著

大川书系

当代情感教育研究丛书 朱小蔓 主编

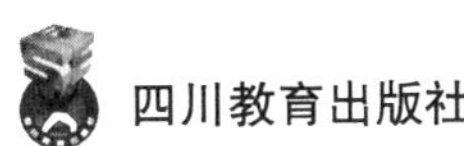

四川教育出版社

图书在版编目(CIP)数据

班主任的情感素养与班级公共生活 / 王慧著. —成都：
四川教育出版社，2021.12
（当代情感教育研究丛书 / 朱小蔓主编）
ISBN 978-7-5408-7858-0

Ⅰ. ①班… Ⅱ. ①王… Ⅲ. ①班主任工作-研究
Ⅳ. ①G451.6

中国版本图书馆 CIP 数据核字（2021）第 242040 号

班主任的情感素养与班级公共生活

BANZHUREN DE QINGGAN SUYANG YU BANJI GONGGONG SHENGHUO

王 慧 著

出品人 雷 华
策划组稿 康宏伟
责任编辑 卢亚兵 李萌芽
封面设计 许 涵
版式设计 武 韵
责任校对 李栩彤
责任印制 田东洋
出版发行 四川教育出版社
地 址 四川省成都市锦江区三色路 266 号新华之星 A 座
邮政编码 610023
网 址 www.chuanjiaoshe.com
制 作 四川胜翔数码印务设计有限公司
印 刷 成都市锦慧彩印有限公司
版 次 2022 年 3 月第 1 版
印 次 2022 年 3 月第 1 次印刷
成品规格 185mm×260mm
印 张 14
字 数 232 千
书 号 ISBN 978-7-5408-7858-0
定 价 48.00 元

如发现质量问题，请与本社联系。总编室电话：（028）86365120

丛书编委会

编者的话

情感教育肩负着现代人情感文明建设的教育使命，是人类完善自身的必要之途，也是中国从自身古老优秀的文化传统向现代化发展的必经之途。当代情感教育研究是我国著名教育学家、教育家朱小蔓教授历四十余年开创的具有中国特色、时代特征的学术领域。站在新的时代起点上，聚焦立德树人根本任务，情感教育研究在贡献当代中国文化复兴、繁荣中国教育理论及话语、自觉探索应对由社会发展所带来的新需求和新变化等方面将担承更大使命、更重责任。策划与组织本套丛书，正是对这一时代召唤的积极回应。

过去三十年，小蔓教授带领团队在情感教育研究的园地里辛勤耕耘，以情感及其教育为学术研究的"母细胞"，不断繁衍和扩展到新的研究领域、新的学术语境，形成当代情感教育研究的成果集束。2008 年后，小蔓教授转到北京师范大学工作。在繁忙的双肩挑之余，她对情感教育研究丝毫没有懈怠，又相继研发、培育出一大批较高质量的学术成果。2018 年后，小蔓教授病重休养期间，仍以顽强毅力坚持学术写作、阅读思考和指导后学。

2019 年 12 月 27 日，中小学班主任杂志社组织召开"朱小蔓情感教育思想座谈会"，汇聚全国情感教育研究的学术菁英，共同研讨、阐释作为当代情感教育研究的重要成果——"朱小蔓情感教育思想"及其内涵与特征、体系与演化、贡献与价值。之后，承蒙四川教育出版社的垂青，小蔓教授不顾病体，亲自擘画与设计"当代情感教育研究丛书"，在学术团队近十年相关成果中遴选、敲定书目。

本套丛书中包括小蔓教授的《当代学校德育对话录：情感的关切》和《教育学的想象——情感教育研究三十年》。前者是小蔓教授历经十年以"对话体"方式对情感性学校德育原理所做的系统阐释；后者则是她对三十年情感教育研究历程进行的系统而全面的回顾与梳理，这部书是小蔓教授在生命的最后两年耗尽“啼血”之力口述后由学生整理完成的。丛书的其他几部著作，分别从情感教育与公共生活、道德教育的情感性特征、教师的情感生活、情感素养培育等方面展开讨论。事实上，这几部著作在论题、思想、结构和表达等方面也都不同程度地凝结了小蔓教授的学术心血。

可惜，天不假日！小蔓教授未及亲眼看到丛书问世，便带着无数未了的学术心愿，永远地离开了她无限热爱与不舍的情感教育研究事业。小蔓教授就是为当代中国情感教育研究而生的，她的一辈子也都毫无保留地献给了这一事业。逝者已逝，作为学术后来人，我们应做和能做的，就是要把这份对情感教育研究的爱传承和发扬下去，做好学术“传灯人”。

丛书编委会

2021 年 11 月

目　录

绪 论

关注班级公共生活：现代教育的使命

学校与社会并非割裂的，学校本身也是社会的一个组成部分，受到社会的多方面影响。学校尤其是班级生活中所隐含、传承的价值观念和文化，既来自学校教育本身又来自社会，通常相互杂糅、相互影响，这些复杂而隐性的事物对学生而言具有更大的影响力。陶行知说过，过何种生活就受何种教育。

义务教育基础阶段的学校教育需要满足国家发展对人才的需要，努力培养时代发展所需要的人才，培养能够参与公共生活的现代公民。学生在学校这样一个具有公共性的教育机构中，学习法律、各种制度和规则、道德观念，掌握具有奠基性质的知识和文化，学习共同生活。这些共同的基础可以称之为“公共框架”，学校教育的基本任务就是通过教学经由国家审议的“公共框架”，使所有人成为合格公民，以满足社会对其公共性的要求。

一、 时代背景： 社会转型要求人们具有公共关切的情怀

清末新政、辛亥革命至今已经一百多年，先贤们努力改革旧教育，倡导新教育，通过教育努力实现人的现代化，然而这一转型是艰难的。中国社会制度的现代化始于1911 年辛亥革命，但中国教育的现代化可以认为始于 1905 年废除科举制度。中国教育从封建教育走向现代教育，其标志是以培养共和国的公民为目标，而不再是培养封建社会的臣民。

我国现代意义上的学校、班级产生于民国时期，班级的产生与我国社会现代化变革、思想启蒙在同一个过程中。教育的现代化与辛亥革命、追求民主共和的过程是一致的。蔡元培、胡适、陶行知、鲁迅等先驱追求培养具有公共精神的现代中国公民，追求培养“自主自动自立”的人。培养未来社会的公民，教育必须有所变革，这其中教师尤其是班主任的观念变革十分关键。

改革开放以来，中国社会进入了快速发展阶段，社会开放，经济发展，人们的物质生活水平提高了，视野比以往更开阔。然而，开放所带来的多元价值观冲突也日益明显。

中国社会要实现现代化的转型，必然要进行政治、文化、教育等领域的现代化。国家之间的竞争本质上是人的竞争，全球化、民主化进程的加快要求全球公民都学会过公共生活。英格尔斯指出："一个国家，只有当她的人民是现代人，她的国民从心理和行为上都转变为现代的人格，她的现代政治、经济和文化管理中的工作人员都获得了某种与现代化发展相适应的现代性，这样的国家才可真正称之为现代化的国家。"[①] 一个现代化的国家，必须拥有现代的人的形象。我国作为后发型现代化国家，目前社会处于转型期，前现代、现代、后现代三种社会形态和观念并存，社会结构需要进一步调整，人们的价值观也存在着熟人伦理与陌生人伦理的冲突。

20 世纪 80 年代以来，我国社会掀起了思想启蒙运动，倡导对人的尊重和解放。伴随着罗尔斯《正义论》的发表，政治哲学成了西方哲学的显学，关于公共生活、公共领域的研究也成为诸多学科的热点问题。公共生活成为人们必然和必须关注的一个领域，有其深刻的伦理、社会、生活等方面的缘由。20 世纪 90 年代，我国经济迅速发展，但启蒙任务还远未完成。

21 世纪，我国社会正在发生急剧的变化，社会逐步走向多元开放，个体对社会公共生活的参与程度逐渐加深，个体的价值日益彰显，个人权利伦理与集体责任伦理的矛盾也逐渐凸显，这些都对教育提出了新的要求。正如杜威所说："我们的社会生活正在经历着一个彻底的和根本的变化。如果我们的教育对于生活必须具有任何意义的话，那么它就必须经历一个相应的完全的变革。"[②] 杜威的这段话与当今我国的社会状况很相似。教育的立场是坚持为人的发展和需要服务，面对迅速变化的社会，学校教育应该做出相应的变革，在学校生活中融入公共性，使其带有公共精神。

当物质生活水平迅速提升，人们的精神生活陷入困境，教育应当思考如何面对一个物质丰裕的时代。桑德尔指出，全球尤其是中国进入了一个"市场必胜论时代"，其最重要的特征就是市场已经不再是一个有效的配置资源的机制，而是形成了一个"市场社会"（market society），就是用市场的逻辑来替代公共生活、日常生活的逻

① 英格尔斯. 人的现代化——心理、思想、态度、行为［M］. 殷陆君，译. 成都：四川人民出版社，1985：8.

② 杜威. 学校与社会：明日之学校［M］. 赵祥麟，任钟印，吴志宏，译. 北京：人民教育出版社，2004：37.

辑[①]。市场逻辑对人的道德情感具有减损和贬抑作用。这提醒我们，学校教育不能陷入市场逻辑无法自拔，应回归教育生活本身的逻辑，尊重人的个性化与社会化的基本规律。

随着社会发展，社会能够给予保障的个人的权利与自由空间增加，我国公民的公民意识逐渐觉醒，然而“千差距、万差距，缺乏公民意识，是中国与先进国家的最大差距”[②]。仅依靠社会发展带来的公民意识觉醒是不够的，健全的公民需要系统的教育和培养。人们呼唤“重新发现社会”，寻找社会公共空间的意识与日俱增，教育势必对此做出回应。

21 世纪初，全球各个国家都进行了应对全球化时代的教育教学改革，其中重要的内容就是培养具有良好公民素养、能够参与社会生活、具有国际视野的公民。美国将公民的自由与责任、对美国式民主的认同作为其公民教育的根本目标。英国的公民教育迈入复兴阶段，其目标在于使学生成为“民主社会中有责任和关爱心的公民”[③]，“积极公民”“有效公民”成为英国对现代公民的期望，也是度量公民道德教育是否有效的指标[④]。法国以“自由、平等、博爱”的宪法精神指导下的公民教育强调公民在社会共同体中的恰当地位、公民与政权的关系、公民社会的同舟共济的精神。[⑤] 从各国的公民教育来看，美国、澳大利亚、德国、芬兰等国家仍然是以强调公民的权利为中心，而亚洲尤其是东亚和东南亚的一些国家，如韩国、新加坡等受儒家文化影响的国家，强调国民性、公民义务或责任等[⑥]。面对国际教育的潮流，基于本国国情，我国也启动了第八次基础教育课程改革，强化了竞争与合作、过程性、参与能力、公民意识教育等相关内容。

2001 年，我国推行第八次基础教育课程改革，提倡新的教育理念、鼓励新的评价方式等。经过十年教育改革与实践，颁布了义务教育课程标准 2011 年版，初中

---

① 桑德尔. 金钱不能买什么［M］. 邓正来，译. 北京：中信出版社，2012：引言 13—14.

② 李慎之. 修改宪法与公民教育［J］. 改革. 1999，(3)：5—6.

③ 檀传宝，等. 公民教育引论：国际经验、历史变迁与中国公民教育的选择［M］. 北京：人民出版社，2011：113.

④ 冯俊，龚群. 东西方公民道德研究［M］. 北京：中国人民大学出版社，2010：88.

⑤ 冯俊，龚群. 东西方公民道德研究［M］. 北京：中国人民大学出版社，2010：37.

⑥ 冯俊，龚群. 东西方公民道德研究［M］. 北京：中国人民大学出版社，2010：427—428.

“道德与法治”课程标准在“情感态度价值观”维度的目标方面提出“树立规则意识、法制观念，有公共精神，增强公民意识”，对能力目标提出“学习运用法律维护自己、他人、国家和社会的合法权益”，知识目标提出“知道基本的法律知识，了解法律在个人、国家和社会生活中的基本作用和意义”①。道德教育的课程目标逐步转变，增加了关于公共生活、公民教育、民主法治的相关内容。

学校教育为未来社会培养公民，需要从每天的班级生活入手，在班级生活中融入公共性，学生也就可以从中学习并逐步形成公共精神，如此，新一代公民的养成更加值得期待。然而，学校、班级公共生活在理论上还面临着很多问题，需要进一步探讨。

二、 研究问题

笔者在求学中经历的是顺遂而师生关系良好的教育生活，对教师持尊重敬爱的态度，笔者个人也受到老师尤其是班主任的诸多指点和帮助，因此对教师这个主题十分关注。进入教育学专业学习后，笔者带着研究及选题的需要不断与一线班主任接触，发现并不是每个老师对每个学生都慈眉善目、循循善诱，也不是每个学生、每届学生与班主任老师都有良好的关系，并愿意听从老师的教导。一位优秀的班主任与不同学生的相处结果也会大相径庭。同时，笔者发现很多优秀班主任的案例内容是个别教育而非集体教育，很多教师在班集体建设方面能力匮乏。班主任队伍的状态也并不乐观。很多教师想尽办法避免当班主任，部分班主任职业倦怠感严重。新学年伊始，很多校长为寻找足够的班主任而头疼不已。此外，中小学教师团队以女性居多，计划生育政策的改变让她们有可能养育更多子女，这也使得班主任的紧缺问题更加严重。

（一）研究问题的初步界定

本研究聚焦班主任这一研究领域。班主任究竟怎样在影响学生？班主任的专业化程度不够、任务繁杂琐碎、评价标准不清晰等问题，是否会影响班主任对班级的管

① 中华人民共和国教育部. 义务教育思想品德课程标准（2011 年版）[M]. 北京：北京师范大学出版社，2012：5—6.

理？班级中的公共生活是什么样的？怎样的班级生活能给学生正面的生活经验？由于班级管理导致的负面教育经验如何消除？传统的班主任工作及管理方式与现代公民培养之间有哪些矛盾？根据什么判断现行班级管理中公共性要素的缺失？为了学生在学校里能够习得公共生活的经验，班主任工作及班主任自身素质的改善需要朝怎样的方向努力？

1. 班主任在班级的管理中存在“过度管理”现象，班级公共生活缺失

笔者根据自己的学校教育实践，尤其是与班主任的接触观察发现，目前班级中存在过度管理现象。其具体表现在班主任把管理当作目的，管理过程情绪化；事无巨细，样样都管，导致学生主体性缺失；管理方式和手段单一；部分班主任还采用强迫、压制、支配等管理方式，限制了学生自主性的发展，同时也给班主任工作增加了不必要的重负。

班主任的过度管理使他们陷于日常生活琐事，在客观上造成了班级公共生活缺失。

2. 如何以班主任的情感素养提升班级公共生活质量

整个国家、民族的发展需要高质量的教育，要求教师的观念和行为发生转变，因为教育变革的落实最终需要依靠教师尤其是班主任，教师的观念行为对于公民素养养成至关重要。站在为未来社会培养公民的角度看，学生成长、获得公民素养在很大程度上依赖于教师尤其是班主任的工作。因此，可以从改善班主任的工作入手，提升班级公共生活的品质。

班主任的素养很重要，其决定班级生活质量。然而部分班主任以私人立场、个人价值观教导学生，这种价值观是否合适所有学生、符合培养公民的需要，则需要探讨。教师是“德行博物馆”的“看守人”，教师在教育中所传递的应是主流价值观，应以社会立场而非私人价值观影响学生，其中教师的内在伦理决定价值引导的效果[①]。教师尤其是班主任需要对个人价值观具有伦理自觉。价值观以情感为基础，情感是更广义、更基础的价值观。因此，需要关注班主任的情感素养。

“班级公共生活研究——班主任工作的视角”，主要研究问题为：

（1）为什么班级是一个学生学会过公共生活的场所？

（2）怎么过班级公共生活？

（3）班级公共生活对班主任的要求是什么？

研究问题决定研究的类型。本研究以班主任对班级管理的实践为中心，通过发现问题，透过表象揭示和解释班主任工作与班级生活的公共性之间的关系。

首先，本研究的范围限定在班级中，通过对历史脉络和现实的考察，发现班级隐藏的公共性要素和前两者的互相关联，指出班级应当是学生练习过公共生活的场所。其次，班级作为学校教育功能实现的重要单位，班级中的公共生活状况需要明确。笔者通过对现实教育状况的考察，结合其他途径获得的资料，分析揭示班级公共生活的现状、原因和改进方向。最后，班级生活建构的公共性转向需要班主任来引领。笔者基于班级公共生活的要求和班主任管理工作的现状，思考提出班主任应具备的相关素养。

本研究选择小学和初中班主任作为观察主体，同时兼顾高中班主任。重点选择小学班主任的理由包括：小学生具有很强的向师性，小学生的价值观念更容易受到班主任的影响；同时小学生身心发展迅速，小学中高年级学生具有一定的自治能力，能够参与公共生活。重点选择初中学段班主任对班级的管理为具体研究对象，是因为初中学生的理性思维迅速发展，具有较好的自我管理能力，具有真正参与班级与社会公共生活的可能性。当然这具有挑战性，因为初中学生处于青春期，部分学生处于叛逆期、价值迷茫期，他们寻求自我认同与人生意义，面临价值困惑，更需要公共精神的教育。具体而言，第一，初中学生在成长中面临着诸多价值观困惑。有人曾归纳了“困扰中国青年人的十个伦理问题”：（1）谁是君子？谁是小人？（2）当善良不能引出好结果时，为什么不作恶？作恶也许会带来善。（3）金钱万能？金钱万恶？（4）不扫

---

① 丁锦宏，朱小蔓．教师是“德行博物馆”的“看守人”——关于教师教学中主导价值传递的思考［J］．人民教育，2006（15－16）：70－72．

自家门前雪，怎管他人瓦上霜？（5）为什么非要以死来捍卫正义？（6）理想，只能是革命的吗？（7）干活，该不该讨价还价？（8）面对“利”和“义”，我该拒绝谁？（9）竞争，仅仅是为了赢吗？（10）人与人之间的距离拉大了，福兮？祸兮？① 当代青少年存在很多的价值困惑，在这些价值冲突中挣扎，有可能引发其他矛盾，如青春期冲突、朋友义气冲突、师生冲突等。第二，初中学生开始关注社会现实，包括政治生活。相关研究表明，大约 11 岁时，个体开始区分不同社会背景中的儿童权利与成人权利之间的差异。100％的 14 岁青少年相信儿童有权保留秘密的日记，20％的个体相信儿童应具有选举权。② 初中学生权利意识萌发并迅速发展，这些都需要班主任的恰当引导。

（二）研究的前提假设

1. 对人性幽暗的一面保持警惕

现实中的人性有善有恶，善恶混杂，人可能会做出恶的行为，善与恶的类型众多。张灏指出，幽暗意识一方面要求正视人性与人世的阴暗面，另一方面本着人的理想性与道德意识，对这阴暗面加以疏导、围堵与制衡，去逐渐改善人类社会。③

2. 对教育变革尤其是教育中的价值观念层面的转变持渐进的观点

正如托克维尔在《旧制度与大革命》中指出的，旧制度对人的影响根深蒂固，新制度、新思想的形成需要在原有基础之上，不可能与过去完全决裂，将旧的制度完全推倒重来。制度源于人的思想观念，制度和思想的改变非片刻可达。变革的方式不可过于激进，需要循序渐进。新的事物都会遇到一定的阻力。新的事物需要人们的新的思想观念和行动，但新的思想观念的形成却并非易事。法国大革命所追求的“自由、平等、博爱”的理想以及在理想指导下的新制度试图与旧制度截然不同，而这一切由

---

① 段跃. 困扰中国青年人的十个伦理问题［M］//刘智峰. 道德中国——当代中国道德伦理的深重忧思. 北京：中国社会科学出版社，2001：145—156.

② 海尔维格. 跨文化的权利、公民自由和民主［M］//基伦，斯梅塔娜. 道德发展手册. 杨绍刚，刘春琼，等译. 北京：教育科学出版社，2011：196.

③ 张灏. 幽暗意识与民主传统［M］. 北京：新星出版社，2006：305－311.

一群在旧制度中成长的人去实现，这本身就潜藏着矛盾。因此本研究中提出的班主任工作及班级公共生活的转变，是期望在原有基础上循序渐进、潜移默化地改变，从班主任的一言一行、一次次班级公共生活的活动中开始转变。

3. 渗透在班级教育生活中的价值观更不易察觉，对人的影响渗入毛细血管

学生一般从六周岁进入学校，至少接受九年的义务教育。在九年的教育过程中，情感影响、知识传递、价值观念、行为方式等诸多要素混合在一起，综合地发挥作用，其中，学校生活方式中隐藏的价值观对学生的成长起重要的作用。学校是师生经历公共生活的重要场所，班级是学校育人的基础，班级生活对学生的成长具有重要影响。诸多集体活动都应具有重要的教育价值，这些教育价值潜藏在班级的日常生活中，对人的影响至关重要且不易察觉。学校及班级生活蕴含政治内容，促进学生的政治社会化，影响学生的公民观念和行为等。

4. 班主任情感素养在班级生活中有着至关重要的影响

学生在学校生活，他们每天的真实生活发生在班级中。班主任每天主导教育生活的节奏、内容，对学生的言行具有批评和奖励的权力，能够塑造学生的价值观，对班级生活具有引导作用。班主任的素养中，情感素养发挥着更加重要的作用。

三、 研究思路

随着中国社会的改革开放和进步，公民教育已经逐步被教育界接受，并随着基础教育课程改革的推进进入国家课程标准和教材中。公共精神、公民意识教育是中国教育的现代诉求。① 从人的本质来看，公共性、社会性是其本质属性之一，班级作为学校的教学组织形态，承担着促进儿童的个性化和社会化发展的功能，进入现代社会以后，班级的功能中进一步分化出了培养公民的新使命。

本研究立足于讨论、阐述班级应该成为学生过公共生活的场所。通过对班级组织

---

① 朱小蔓，施久铭．思想品德：更加关注公民意识教育——《义务教育思想品德课程标准（2011 年版）》热点问题访谈［J］．人民教育，2012（06）：35—40.

的历史梳理发现，公共性是班级公共生活的依据。从班级授课制产生之日起，班级生活中的公共性就隐含其中。目前学校和班级中的公共生活匮乏，难以培养现代公民。杜威说过："社会是由一些循着共同的路线，具有共同的精神，并参照共同的目的而活动的个人聚集在一起而成的。这种共同的需要和目的，要求日益加强思想的交流和感情的和谐一致。目前学校不能把自己组成为自然的社会单位的根本原因，正是由于缺乏这种共同的和生产性的活动的因素。"① 为了应对培养社会人的要求，应在现有班级生活中融入公共性要素，使之成为班级现实的公共生活。

笔者以阿伦特和哈贝马斯等人的思想为主要思想资源，考察学校班级公共生活的现状，同时正视传统文化的长远影响以及当前我国社会深刻转型的现实，基于对现实班级生活状貌的把握和捕捉，遴选、围绕班级公共生活的四个核心要素，即制度、民主参与协商的过程、指向公共利益公共精神的价值、平等的权利主体，进入班级生活中的具体情境，通过班级制度建设、重要的班级选举活动、班集体建设，以及师生交往来考察班主任工作，并对具体案例进行分析，试图通过具体的案例折射班级公共生活的面貌。

第一，班级制度是班级运行的基础，制度具有对人制约、规训的功能，通过对班规产生、执行的分析，折射出其中缺失法治意识、规则意识的问题。

第二，班级的选举活动推选出班级中的骨干力量，负责班级事务的运转。班主任组织班级中的各种选举活动，如选班干部、评奖评优等活动，同时也可能包括一些不合适的活动，如选差生等。通过考察班级选举、讨论班级生活中的民主参与协商等状况，对其提出改进建议。

第三，班主任还要直接对班集体进行管理和建设，班集体建设关系到班级能否成为带给学生认同和归属感的集体。笔者选取在班集体建设过程中涉及公共利益与公共精神的内容，对其进行分析，提出改进策略。

第四，班主任与学生的交往活动。班级公共生活归根到底是人通过交往活动来进行的生活。笔者主要通过观察班主任与学生的交往活动，分析其中反映出的价值观

① 杜威. 学校与社会：明日之学校［M］. 赵祥麟，任钟印，吴志宏，译. 北京：人民教育出版社，2004：29.

念，考察其是否符合公共生活的要求。

以上这些分析可反映出诸多方面的问题。通过对班主任制度的来源与发展进行梳理，考察班主任工作的职责与内容，发现班主任工作中管理职能的变化和班主任工作的边界不清晰、公共精神不足等问题也是导致班级生活中公共性匮乏的原因。

另外，在班级生活中，班主任是最具有影响力的成年人，班主任工作通过制订班级制度、选举、集体建设和交往等途径对班级公共生活起重要的作用。所以笔者对班主任工作提出相应的改进策略，提出班主任引领班级公共生活所需要的自身素养的准备。

四、 研究立场与方法

（一）研究的基本立场

1. 教育是一种情感表达，教育研究情感与理性并重

第一，教育研究是一种情感和态度的表达，表达的是研究者的价值立场和观点。哲学界的皮切和贝德福德、心理学界的拉扎鲁斯和利珀等提出，情感的实质即评价，价值判断在情感中居核心地位。[①] 研究者本人应有高尚的情感，包括使命感、责任感和对国家及人类的关怀等。研究者应有对天下的情感和关怀，应有“天下兴亡匹夫有责”的责任感，应有“宇宙即吾心，吾心即宇宙”“兼济天下”的气度和魄力。研究者本人的情感、情怀以及关切的现实问题都可折射出世界观，这决定了研究的价值立场等。

研究者要对教育研究有情感，尤其需要对其主要研究对象——人，具有深厚的情感。对人、人学有了解、关怀，才算具有教育专业研究的视角。教育研究的专业视角就是人学，相信人的潜能，追求人的潜能的最大限度发挥，包括生理、心理和精神层面的潜能，尤其是对价值和意义的追求方面。教育研究不仅是情感关切，更是研究视角。世界观之下是研究的方法论，方法论决定方法。本人对世界、对问题有情感、有关怀，才能找到“应为”，有了“应为”才有有价值的研究。教育研究就是在“应为

---

① 张虹．几种情感观及其启示［J］．上海师范大学学报（哲学社会科学版），1998（4）：143—149.

与可为之间找到平衡”①。

第二，教育研究需要理性。教育研究需要情感，也需要理性。理性首先指独立思考。独立思考对研究者的重要性不言而喻。研究者只有学会用理性思维的力量，通过与他人讨论或“反思的平衡”，深刻地思考问题，最终才能做出合理的判断。正如启蒙运动的口号是“要有勇气运用你自己的理性”。没有独立思考，所谓研究也只能是鹦鹉学舌。其次，教育研究需要理论工具。教育研究也需要理论工具和范式作为其分析、研究的工具。研究中的理论工具首先是一种思维的训练，如历史辩证法、后现代的解构主义、复杂性思维等。以复杂性思维为例，教育研究需要摒弃碎片化思维、直线式思维，更多地用整体性思维、复杂性思维考虑教育问题。

教育研究中，情感与理性都十分重要。情感与理性都体现在研究者身上。在教育研究中，教育主体就是研究工具。研究者的情感和理性在其思维中都会发生作用，而其情感和理性主要来自于文化。因此，研究者还需要具有相应的文化基础。

2. 教育学和微观政治学的研究视角

第一，以教育学的视角为主。教育学的基本价值立场是相信学生发展的可能性、相信教育的主动性，教育是教师与学生之间的教育性关系，这依赖于教师的岗位职责所赋予教师的外在权威，更需要教师通过个人的魅力、丰富的精神情感世界吸引学生。即使在社会环境不理想的状态下，学校教育也具有其自身的可为空间。通过班主任的努力，可以营造良好的班级公共生活，可以减少或避免学生获得不利于公民培养的思维、观念、品质等。

第二，补充微观政治学的视角。选择政治学的研究视角，就是以“政治学之眼”观察教育中的问题。政治学以“权力”为核心而展开系列问题研究，涉及核心权力、制度安排、管理、人际关系等一系列问题。相对于宏观政治学，微观政治学关注的是日常生活中的个人和群体的政治行为。衣俊卿指出，微观政治是指内在于所有社会活动和日常生活层面的弥散化的、微观化的权力结构和控制机制，包括不同形式的知识

① 该观点来自于述胜老师于 2012 年 4 月 9 日在北师大教育学部 2011 级博士方法论课程上的表述。

权力，也包含自发的文化权力。[①] 学校微观政治研究，关注学校各类行为主体运用权力影响他人，扩展利益，并在冲突中达成理解，形成互相支持与合作关系的过程。"微观政治关注日常生活实践，主张在生活风格、话语、躯体、性、交往等方面进行革命，以此为新社会提供先决条件，并将个人从社会压迫和统治下解放出来。"[②] 本研究以班主任工作与班级公共生活为主线探讨班级公共生活，使用微观政治学的相关理论进行分析。微观政治的秩序存在于现实的人际关系中，意味着一种相互影响作用的状态，且是现实的、具体的、多维的影响[③]。本书将研究范围界定在以班级场域为主的复杂的、富含情境性的现实中，探讨以教师的权力为核心的、建立人际秩序的班级活动过程。

（二）研究方法

本研究就方法论层面来看，采用解释和建构主义、复杂性思维作为基本的方法论。

问题决定方法，本研究在研究范式上属于以解释主义和建构主义为理论基础的质性研究。本研究以质性研究为主，理论与实践研究相结合，以理论分析、解释为主，以班主任工作为切入点，以班级公共生活为依托，了解班主任是如何通过班级制度等组织班级生活的。

复杂性理论作为本研究的思维工具之一，对于建构未来公民、理解班主任和班级生活具有重要意义。复杂性理论针对的是机械论和二元对立的、碎片化的割裂思维。复杂性理论强调既要看到宏观场面又要看到微观场景，强调的是机体论，即万事万物是相互联系的。

第一，复杂性理论反对孤立地看待事物。"复杂性是一个提出问题的词语，而不是一个给出解决办法的词语"，"复杂性思想关系到使用一种能够与现实商谈、对话和谈判的思想方法"，它的一个公理就是"在理论上的全知是不可能的"，"包含着对不

---

① 衣俊卿．论微观政治哲学的研究范式［J］．中国社会科学，2006（06）：23—28．

② 贝斯特，凯尔纳．后现代理论：批判性的质疑［M］．张志斌，译．北京：中央编译出版社，1999：150．

③ 余清臣．权力关系与师生交往［M］．北京：北京师范大学出版社，2009：24—28．

完备性和不确定性原则的确认”，“也包含着确认我们的思维必须加以区分的实体之间的关联，而不是使他们彼此孤立”。

第二，复杂性理论强调多维度、多视角地看待事物。“复杂性与被研究事物的多维度、多样性、多因素、多基源、多中心或多元决定论有关，它引起在认识方法上的多视角、多原理、多观点……复杂性认识在看到了对象的多样性因素之后，还要看到对象的统一性因素，即把对象看成是多样性与统一性的统一。”① “复杂性不仅是统一性与多样性的统一，而且也是有序性和无序性的统一。有序性指世界的稳定性、规则性、必然性、确定性与其组成事物之间的相关性和统一性等，而无序性是指世界的变动性、不规则性、偶然性、不确定性与事物彼此之间的独立性和离散性等。”② 有序性和无序性具有同样根本的本体论地位。

第三，复杂性认识注重探寻已经发现的、规律的、有效性的范围和条件，即力图把它们相对化、条件化，因此它涉及一个溯流而上的认识过程。“复杂性思维方式表明，人永远是开放的、动态发展的、未完成的。”③

基于以上观点，研究者努力运用复杂性思维理解班主任及班主任工作。就纵向的历史维度而言，班主任身处于中国传统文化之中，处于中国社会转型的过程中，处在信息爆炸的媒介时代，处在教育提出的培养未来公民的要求下；就横向的生活维度而言，班主任与学生共同生活并对他们负责，班主任生活在自己塑造的班级之中，生活在教育行政体系的学校中，生活在复杂的社会环境中。笔者在班级生活中进行观察与访谈时，尽量避免简单化思维，避免主观臆断，尽可能以同情和理解的立场与班主任交流，保持开放心态。

就具体的方法而言，主要采用观察、访谈、问卷调查等方法收集数据，研究者本身也作为工具参与其中。

（1）访谈法。访谈，就是研究性交谈，是以口头形式，根据被询问者的答复收集客观的、不带偏见的事实材料，以准确地说明样本所要代表的总体的一种方式。尤其

---

① 莫兰．复杂性思想导论［M］．陈一壮，译．上海：华东师范大学出版社，2008：3.
② 莫兰．复杂性思想导论［M］．陈一壮，译．上海：华东师范大学出版社，2008：4—5.
③ 莫兰．复杂性思想导论［M］．陈一壮，译．上海：华东师范大学出版社，2008：9.

是在研究比较复杂的问题时需要向不同类型的人了解不同类型的材料。[①] 访谈主要以半开放式的访谈为主，根据访谈提纲、之前了解到的访谈对象的具体情况、访谈现场的状况做具体调整。访谈本身就是现实存在的一种形式，它是一种言语事件，反映的是一种特定的社会“现实”[②]，通过访谈对象的言语、行为、表情、语言中透露的倾向等进行分析。

本研究访谈对象选择的主要原则有：研究需要和研究者能力相结合，访谈部分中小学校长、德育教师和班主任，在选择访谈对象时，注意东中西部地区、城市与农村、男女、高学历与低学历、年龄与教龄、优质学校与薄弱学校之间的平衡，力图反映出目前班主任工作中存在的问题和一些优秀的经验，供研究参考。对校长和德育教师更多倾向于学校层面的教育活动、对班主任工作的态度等，对班主任的访谈侧重教育故事、班级规章制度、班级选举活动、班主任与学生交往过程等。笔者利用外出开会等机会与班主任聊天，在聊天中进行访谈，同时建立联系，利用 QQ、电话访谈等方式了解班主任工作的状况，访谈了宁夏、山西、吉林、北京、贵州、江苏、上海、广西等地的校长和班主任。

（2）观察法。观察法，是指人们有目的、有计划地通过感官和辅助仪器，对处于自然状态下的客观事物进行系统考察，从而获取经验事实的一种科学研究方法[③]。参与式观察和非参与式观察的采用，需要视具体情况而定，或采取二者相结合的方式。笔者主要以北京市某完全中学的几个初中班级为观察对象，其中又以初一、初二年级的 8 名班主任为主要对象。之所以选取该所初中，首先是由于地理位置方便；其次，学校生源多样化，包括北京生源、外地生源、艺术特长生。在观察中，笔者尽可能不干扰被观察对象的真实自然状态，提前了解观察对象，准备观察提纲，并采用录音笔尽可能详细、客观地记录观察现象。笔者进入学校和班级现场，近距离接触班主任，观察班级活动、班级纪律、班级环境布置等情况。

（3）调查问卷。通过参照相关师生关系的问卷，编写本研究所采用的问卷。问题设计包括师生交往中的冲突状况处理、班主任权威问题、班级干部选举问题、班级公

① 裴娣娜. 教育研究方法导论［M］. 合肥：安徽教育出版社，1995：180.

② 陈向明. 质的研究方法与社会科学研究［M］. 北京：教育科学出版社，2000：167.

③ 裴娣娜. 教育研究方法导论［M］. 合肥：安徽教育出版社，1995：184.

共生活等几个维度的问题。将问卷发放至江苏苏州市某两所中学的班主任处，发放问卷 90 份，回收有效问卷 78 份。通过这种方式，笔者了解掌握了班主任工作和班级公共生活的基本状况。

（4）案例研究法。案例研究（case study）是一种常用的定性研究方法，它适用于对现实中某一复杂和具体的问题进行深入和全面的考察。通过个案研究，人们可以对某些现象、事物进行描述和探索。[①] 对案例进行分析，包括分析研究问题与案例之间的关系，对案例进行选择，分析案例，最后得出结论，进行反思。本研究中的案例主要来自两个渠道：其一，笔者观察、访谈的案例；其二，通过期刊文献、新闻报道等间接途径得到的案例。

五、 已有研究的简要综述

班级公共生活和班主任工作的相关研究不少，但将二者联系起来，从班主任工作的视角看待班级公共生活的文献相对较少。关于学校及班级公共生活的研究，最近几年刚刚兴起。笔者根据学校或班级的范畴进行划分，具有代表性的学校公共生活和班级公共生活的研究主要有以下几类。

（1）通过重构学校的日常生活，使其转变为学校公共生活，培养学生的参与能力。

①李家成认为，我们需要重建学生的学校日常生活，重新认识班级的功能，实现班主任思维品质和班级建设双重提升[②]，把班级还给学生[③]，让班级充满成长的气息[④]。

②王雄、朱正标指出，要重建学校公共生活，前提是加强学校制度建设，通过学校公共生活的正常化和学科课程教学，注重学生为中心、注重参与、尊重差异、突出

---

① 孙海法，朱莹楚．案例研究法的理论与应用［J］．科学管理研究，2004（01）：116—120．

② 王倩，李家成．实现班级建设与班主任思维品质的双重提升——基于“新基础教育”班级建设的研究［J］．思想理论教育，2010（02）：24－28．

③ 李家成．重建学生学校日常生活的教育努力——“新基础教育”学生工作的“魂”“体”“理”“脉”［J］．中国教育学刊，2009（09）：17－20，27．

④ 李家成．让班级充满成长气息——当代中国班级建设改革的新可能［J］．河南教育，2007（05）：4—8．

实践方法的指导，培育公共生活的道德、技能与智慧。①

③张晓东指出，学校公共生活是特殊的公共生活，我们需要重新设计具有公共精神的学校制度，让学生的课堂生活渗透公民素养培养内容，让学生参与学校公共事务管理等。②

叶飞也指出，施行学校公共生活的策略，主要包括学校领域内的民主管理策略、社团自治策略，以及学校领域之外的“小社区”生活策略和“大社会”生活策略等，其主要目的是培育和锻炼学生的公民品质和公民行动能力。③

④张睿的博士论文指出了学校公共生活的要素，具体包括平等权利和义务的主体、培养公共精神的价值和促进公共利益的目标、民主协商过程、广泛的参与过程。④ 朱小蔓和张睿认为，学校公共生活可以分为学校管理、课堂和教师研究三大领域。相关研究期望达到学生参与学校管理的民主状态，课程共有共建，教师队伍形成专业研修共同体；认为学校公共生活至少应该遵循以下原则：理性原则、宽容原则、渐进原则、指导原则。⑤

⑤刘铁芳从哲学层面对学校公共生活进行了研究。2013 年，他在《公共生活与公民教育：学校公民教育的哲学探究》中指出，当代教育应向着公共生活复归，学校教育应开启公共生活，以培养公共理性与公民责任为核心，以活动为公共生活的基本形式，教师应作为公民实践的范型。

（2）通过班级生活培养学生的公共精神。卜玉华从班级社会学的角度指出，当前班级生活遭遇了公共伦理资源的匮乏和集体主义观念的坍塌，而且传统班级生活模式落后于时代。⑥ 她指出，中国传统文化中缺少公共性知识、公共性思维习惯、公共性的行为规则、公共价值意识、公共的伦理责任信念以及公共人格等⑦，当代班级生活

---

① 王雄，朱正标．重建学校公共生活——中小学公民教育的理论与实践探索［J］．中国德育，2008（07）：33－39，64．

② 张晓东．论特殊公共生活——学校生活的整体建构［J］．教育探索．2010（12）：18．

③ 叶飞．学校公民教育的公共生活策略［J］．湖南师范大学教育科学学报，2012，11（05）：38—42．

④ 张睿．略论学校公共生活的建构［D］．南京：南京师范大学，2011：25－34．

⑤ 张睿．略论学校公共生活的建构［D］．南京：南京师范大学，2011：34－36．

⑥ 卜玉华．当代我国班级生活的独特育人价值及其开发之研究［J］．教育理论与实践，2008（22）：55—58．

⑦ 卜玉华．班级生活与公共精神的养成［M］．南京：江苏教育出版社，2008：11．

育人价值开发的努力方向是使班级成为一个拥有公共精神、可以相互交流思想、保守孩子成长秘密、培养孩子公共品格的王国①。

（3）通过对学校或班级公共生活的文献梳理，诸多研究者总结指出，学校和班级公共生活对于促进当前我国社会和学校教育发展都十分重要且必要，他们承认学校公共生活是公民教育的重要途径，要求学校教育进行现代化的变革。学校公共生活的发生，要求学校管理制度变革，从管理走向教师辅导、学生自治等，主张学生参与学校生活。公共生活需要以各种实践形式开展，教师应作为学生公共生活的引导者、指导者和实践的榜样，然而目前很多教师的能力亟待提升。

就整体而言，学校和班级公共生活的研究处于起步阶段，其研究成果主要见于2000 年尤其是 2010 年以后。

①就研究的价值取向而言，把学校公共生活当作培养公民的形式和载体，对学校公共生活的讨论逐渐成为热点。然而，相比于学校概念，班级更小，更加具象化，目前的研究对班级公共生活的关注不够充分、认识还不够深入，关于班级公共生活的概念还不清晰。

②目前从班主任工作的角度考察班级公共生活的研究较少，在班级公共生活的视野下，对班主任工作的内容、价值取向、素养要求等诸多问题关注还不够。此外，学校和班级公共生活与我国的集体教育的关系、学校日常生活和班级生活的关系等都有待进一步梳理。

六、 本研究的意义与价值

本研究的意义和价值主要包括以下三个方面。

（1）提出“班级公共生活的缺失，其背后是班级功能的异化、班级公共性的遮蔽”的观点。本研究从班级授课制的产生开始探讨班级的公共性，指出当下探讨班级公共生活的公共性，其本质是一种复归。笔者试图对班级公共生活进行界定，对于认识和了解班级生活的公共性维度有促进作用，有助于我们讨论学校、班级公共生活的问题。

---

① 卜玉华. 班级生活与公共精神的养成 [J]. 中国德育，2008 (06)：21—24.

（2）对班主任工作进行了初步梳理，发现国家教育的历次改革不断强化了班主任的管理职能，这导致了班主任工作内容和责任无边界，班主任的岗位和个体之间存在纠缠不清的关系，致使班主任工作中存在价值观的困惑和公共性不足的问题。笔者将其指出，有助于日后对班主任工作的探讨，对班主任专业发展的研究也有一定作用。

（3）站在为未来社会培养公民的角度来看，本研究对公民教育的细化具有促进作用。本研究关注现实的班级公共生活问题，较为完整地研究了班级公共生活的问题。班主任对学生的影响很大，可以从改善班主任的工作入手，提升班级公共生活的品质。学生在学校和班级中的时间远远超过其他场所，过何种生活就受何种教育，班级生活是否具有公共性的要素，对于学生的公共品德具有重要影响。学生理应在学校班级中学会过公共生活，逐步具备未来公民所需的素养。如果班主任能够成为合格公民并且教育学生成为合格公民，社会公共生活就获得了公民的基础，从而有可能重新发现社会，重建社会空间，实现好公民与好社会互相促进的良性循环。

第一章

班级公共生活理论辨析

班级，从其产生之日就包含了公共性的要素，只是未彰显出来。班级授课制的产生提高了教育的效率，有利于普及教育，其背后的思想是人人平等，蕴含着最普遍的公共性价值，班级承担着学生的个性化与社会化功能。班级授课制适应了机器大工业生产的要求，为社会培养了大量的合格劳动力。

第一节　理论视野下公共生活的历史脉络

现代社会的公共生活在某些层面面临着前所未有的危机。公共生活在本质上是一种共同生活。从历史的角度来讲，随着生产力和资本主义的发展，人们的分工越来越明确，人们必须要彼此依赖，互相交往，也就产生了公共生活。公共生活对于时代的发展和我们的日常生活而言必不可少。公共领域的问题虽然受到了广泛关注，却在某些方面仍面临着诸多危机，如人们越来越多地关注私人领域，对公共事务漠不关心。

一、 公共生活的纵向发展脉络

由于时间线索存在差异，本部分将中西方关于公共生活的发展脉络进行分别讨论。

（一）西方公共领域的四个主要发展阶段

学者归纳的西方公共生活主要包括古希腊罗马时期作为“公共政治生活”的公共领域、中世纪的所谓“代表型公共领域”、近代早期的所谓“文学公共领域”、近代的资产阶级公共领域以及当代的公共领域等不同历史形态。[①]

第一阶段，被理想化的古希腊罗马时期的公共政治生活。西方公共生活最早起源于古希腊时期的城邦政治，所有具有公民资格的人在广场上辩论发表意见，决定公共

① 杨仁忠. 公共领域论［M］. 北京：人民出版社，2009：191.

事务。这一时期公民对公共生活、公共利益的参与具有不平等的特点，公民的权利也具有阶级性，这是最初的公共生活的形态。从社会领域的角度划分，现代化的过程是将家庭与城邦生活不断割裂的过程。原始的共同生活逐渐分化，公共领域中的生活是从家庭生活中分化而来的，与家庭生活有着千丝万缕的联系。家庭产生于生命的必然和必需，家庭中的共同生活源自于生命的本能，基于血缘的共同生活是一种必然。“家庭是现代社会的源头，现代化的进程恰恰是在对传统家庭的否定中展开的。”“领域分化即公共领域、私人领域以及日常生活领域的生成，使人的生活和活动的内容多样化了，‘公共善’不再总是人们的共同追求，城邦式的共同生活为多样化的生活所取代。”①

第二阶段，欧洲中世纪的代表型公共领域中的公共生活。中世纪时期，西方社会的权力被教会垄断。公共生活蜕变为象征，诸如“礼节”“地位”等标志的所谓“代表型公共领域”，其所显露的公共性微乎其微②。随着封建特权等级的衰落，文艺复兴、启蒙运动等运动的兴起，近代早期的文学公共领域产生，随之被资产阶级公共领域所取代。

第三个阶段可以称之为资产阶级公共领域。随着西方近现代社会尤其是资本主义的发展，民主化进程逐步完善，公民社会逐步形成，代表型公共领域萎缩了。“这就为另一个领域腾出了空间，这就是现代意义上的公共领域，即公共权力领域。公共权力具体表现为常设的管理机构和常备的军队。”这时的公共领域，“其特征不再涉及靠权威建立起来、具有代表性质的‘宫廷’，而是和用合法的垄断统治武装起来的国家机器的运转潜能有着联系”③。资本主义的发展和分工导致了人对社会生产的直接依赖以及人与人之间更加广泛和密切的交换关系的建立，这种依赖使得人必须具有一定的公共性才能共同生活，从而产生了公共生活。“建基于普遍交换之上的经济依赖性使人们愈来愈依赖于社会和所有的人，如若发展自己的能力、满足自己的多方面的需

---

① 张康之，张乾友. 公共生活发生的路径［J］. 学海，2008（1）：76—77.

② 哈贝马斯. 公共领域的结构转型［M］. 曹卫东，王晓珏，刘北城，等译. 上海：学林出版社，1999：17.

③ 哈贝马斯. 公共领域的结构转型［M］. 曹卫东，王晓珏，刘北城，等译. 上海：学林出版社，1999：17.

求，就得过一种公共性的生活。”[①] 资本主义公共生活的产生是历史发展的必然。哈贝马斯指出：“资产阶级公共领域首先可以理解为一个由私人集合而成的公共的领域，但私人随即就要求这一受上层控制的公共领域反对资产阶级权力本身。”[②] 公共性存在于特定的公共领域之中，这些公共领域因为具有一系列的公共品质和精神而成为公共领域。

20 世纪以来，公共生活的异化尤其明显。公共生活与私人生活进一步分化，公共生活被工具化。“公共生活的工具化在 20 世纪达到了顶点，其显著标志就是政治与行政的分离。”[③] 这是代议制民主在逻辑上的延伸，代议制民主是绝对国家和神权国家的延伸。在绝对国家和神权国家中显然不存在公共生活，在那里，只有“权力意志”而没有“公共意志”[④]。从现实来看，公众把权力让渡给行政，公共生活的“职业化”加深了行政与公众的距离。行政拥有公共权力，权力逐渐演变为“公共权力”，政府演变为“公共利益”的代表者，然而政府的“自利性”，如腐败、公权私用、行政不作为等，是它自身难以克服的缺陷，政府只能在一定程度上代表公共利益。

从理论上来讲，公共生活与私人生活既然相互分离，就须考虑二者之中哪个更加根本的问题。西方近代几乎所有理论的落脚点都是“保障私人生活和促进个人自由”。很多思想家尤其是自由主义者都指出需要警惕绝对君主制，强调个人权利神圣不可侵犯。密尔指出，对绝对民主同样需要防范。“人民会要压迫其自己数目中的一部分；而此种妄用权力之需加防止正不亚于任何他种。”[⑤] 如果把公共生活作为根本和目的，就有可能导致对个人权利的压制、对多数人的暴政、对私人生活的挤压。

当国家和社会相分离、分化时，作为“必要的恶”的政府顺理成章处在工具地位，受到监督。这一分离过程，同时也是公共生活与私人生活分化的过程，在同一个逻辑下，公共生活也就被当作私人生活的工具。公共生活的工具化带来了“公共”的内涵被肢解、意义被虚化。公共多指称公众，公共意识被置换为公众要求，公共利益

---

① 晏辉. 公共生活与公民伦理（上）[J]. 河北学刊，2007（3）：47.

② 哈贝马斯. 公共领域的结构转型 [M]. 曹卫东，王晓珏，刘北城，等译. 上海：学林出版社，1999：202.

③ 张康之，张乾友. 公共生活的发生 [M]. 北京：高等教育出版社，2010：17.

④ 张康之，张乾友. 公共生活的发生 [M]. 北京：高等教育出版社，2010：16.

⑤ 密尔. 论自由 [M]. 许宝骙，译. 北京：商务印书馆，1998：4.

被置换为个人利益或小团体利益。公众的要求并不必然带来公共生活中公共利益的实质性改善。

因此，反思公共生活成为 20 世纪后半叶政治哲学的主要议题。自由与平等是早期启蒙思想家的两个核心概念，对自由的再定义是其对公共生活进行反思的重要内容之一。伯林提出两种自由观，试图以“积极自由”弥补“消极自由”所引起的对“公共”的误读。然而积极自由实质上是在回忆古典时期的城邦理想，这种自由仅是感性的自主、后人的美好想象。① 人们对自由的片面理解仍然是现代公共生活的困境之一。

（二）我国“公”与公共生活的简要梳理

除了学者对西方社会公共生活的发展阶段的概括以外，如果按照西方社会的公共生活的理论逻辑来看，我国的公共生活发展轨迹大致可以归纳如下。

如果把整个封建社会看作一个完整的时期，这一时期公共生活匮乏，与西方社会的神权国家下的“代表型公共领域”相类似，具有代表型公共性。这一时期的公共领域主要强调人们的共同性与同一性。国家虽然对人民的言论、商业活动等进行严格的控制，然而在政治领域，皇帝和大臣也需要不同意见，在朝中专门设置“谏官”一职，民间敢于批判者仍不乏其人。例如，黄宗羲主张“公其是非于学校”，可以理解为直接对学校公共生活的论述。虽然这种公共性相对于把公共性融入社会制度建设中而言较微弱，但一直以来，儒学的“以天下为己任”“为生民立命”等公共精神一直存在于人们尤其是“士”阶层的身上。

清末民初是社会与制度变革时期，多种思想互相激荡，社会公共生活的内容丰富，自由民主观念逐渐深入人心。民国时期，涌现出大批知识分子倡导国家现代化。他们在传统文化的现代化方面进行积极努力，尝试区分公与私。在教育实践方面，公民教育的教科书相继出版，为推进学校公共生活打下了一定的思想基础。随着时间推移，清末民初时期受到良好教育的人们接受了西方关于公共领域的思想并将其与中国传统文化相结合，成为中西思想融会贯通的典范。

---

① 张康之，张乾友. 公共生活的发生［M］. 北京：高等教育出版社，2010：14—18.

20 世纪初，我国思想领域兴起了一场重要的讨论，其中很多西方世界的词汇通过日本传播到我国。

这一时期我国出现了公德和公益等新型的“公”观念。日本当时的公德概念包括：不伤害他人以及公众的利益；协助他人并为公众创造利益；为国家效力。①

梁启超最早引入的“公德”一词包括两层主要含义，一是爱国心，二是公共心或公益心。梁启超对公德与私德的划分，公德过于狭窄、私德过于宽泛。他自己承认在归类时遇到了困境。他的困境是由于中国传统道德与现代西方社会的道德观念的差异，这不是他一个人能够弥合的鸿沟。梁启超追求新道德，期盼新道德产生新公民，实现国家和民族的解放。梁启超的公德观对我们理解现代公德具有重要意义。

1949 年中华人民共和国成立以后，狭义的社会公共生活基本处于断裂状态，由于社会生产力不发达，信息来源渠道单一等诸多原因，人们的思想观念十分趋同。1978 年实行改革开放以来，生产力发展水平提升，社会生活水平迅速提高，我国教育的现代化、民主化进程加快，教育生活与社会生活的交集越来越多，教育应该为社会培养合格公民的观念已经逐渐被人们接受。20 世纪末，我国推行包含公路、电力等方面的“村村通工程”，随后电话机、计算机、互联网日益普及，信息从多渠道涌入。公共舆论相伴而来，这与哈贝马斯所说的公众舆论大体一致。我国现代意义上的公共生活开始兴起。然而，人们对公共生活的理解还不够。

从我国传统文化的角度而言，“公”一词早在很多古籍中就有。陈弱水指出，“公”一词在历史上有五种含义。“公”最原始的含义是从朝廷、政府或国家中衍生出来的，也有公众事务的意思。例如，《左传》中的“大夫不收公利”“对簿公堂”等，这是公的最初含义。第二种含义是“普遍”或“全体”，甚至指天下、国家以及人间宇宙的总和；还指一般人民的福祉；还有平均、平等的意思。规范性的“公”的观念主要强调的是人应该具有普遍的关怀，例如“公心”“公道”与《吕氏春秋·贵公篇》中的“昔先圣王之治天下也，必先公”。这一类型的“公”具有强烈的道德内涵，是我国集体意识的重要组成部分。与之相对，“私”则具有了负面内涵，以公为善、以私为恶。这样的公私对立的特色，对后世公私观念产生了决定性的影响。第三种

---

①　陈弱水. 公共意识与中国文化［M］. 北京：新星出版社，2006：108.

“公”直接代表“善”或世界的根本原理，如道、义、正、天理，甚至可以涵盖一切儒家德目。这种“公”主要体现在宋明理学中，强调“公”的心理层面，动心之处应无私欲之杂，私不再是错误的行为或事，而是错误的来源，如私心、私欲等。第四种含义萌芽于明代晚期重视“私”“情”“人欲”的思潮。该类型的“公”的基本含义是普遍、全体，但同时承认“私”的正当性，肯定人欲和“私”，认为理想的“公”是“私”得到合理实现，聚私为公。第五种含义是“共”，有共同、共有、众人等义，属于描述性定义，同时也具有一定的伦理意义。①

历史上五种类型的“公”的含义均从经典文献中来，我国传统文化中关于公共的思想源远流长，对思考当下的公共问题、教育领域的公共生活具有重要意义。

二、 公共生活的要素

公共生活是人类社会生活的重要形式之一，公共性是人的本质属性之一，公共生活必然发生。公共与私人、个体，公共生活与私人生活，公共空间与私人空间，公共领域与私人领域作为相对应的概念而存在。

行为主体为了实现公共利益，通过公共交往而建立起或虚拟或实在的公共空间。人们通过持续不断的交往、对话建立情感联结，逐渐形成共同体。许纪霖指出，共同体的核心价值并非靠一纸法律或某人的意志得以产生，而是通过共同体内部成员经常和持久的公共生活，并由此内化为每个成员的基本信念。生活主体的信念及其展现出的行动是关键，共同体与共同生活、公共生活互相依存。

一般而言，公共领域具有以下几层含义。

第一，强调公共性层面的公共领域，公私相协调一致。公共领域包含私人性，公共领域是含有私人性意蕴的公共领域。“在这个空间内部，个体的地位比较独特，他既属于‘私’（个人），也属于‘公’（公民）；在这里，‘公’和‘私’不是截然分离，而是高度统一，也就是说，大公不是无私，而是有私。”② 理想状态下，公共领域与私人领域二者相互包含，共同促进。

---

① 陈弱水. 公共意识与中国文化［M］. 北京：新星出版社，2006：69－117.

② 曹卫东. 权力的他者［M］. 上海：上海教育出版社，2004：44.

第二，哈贝马斯所说的“资产阶级公共领域”，也就是通常所说的以媒介、舆论为中介的公共领域。资产阶级公共领域就是“作为私人聚集以迫使公共权力在公共舆论面前获得合法化的场所”[①]。每个人都需要把自己当成公民，对公权力保持警惕，“从而使作为公共权力的抽象对立面的公众意识到自己是公共权力的对立面，意识到自己是正在形成当中的资产阶级公共领域中的公众”[②]。作为平等的权利主体的公民的参与、对话、商谈、监督等素养在其中发挥着重要作用。

第三，公共领域作为国家与个体之间的中间地带、过渡区域，发挥着缓冲作用。陈乔见认为，应把政治领域、社会领域皆视为公共领域，把个人、内心、家庭、私密关系圈视为私人领域。[③] 公共领域作为一个独立、实在的领域而存在。“公共性本身表现为一个独立的领域，即公共领域，它和私人领域是相对立的。”[④] 公共领域的理想范型就是介于国家政治权力领域与私人领域之间的中间地带。[⑤] 公共领域指向公共事务的空间，市民通过自由联合监督公权力，批判是公民的使命。

第四，生活化的公共场所。陈弱水指出，公共领域是指个人与公共财产或无特定关系人所构成的共同场域，这个场域包括两个部分：公众使用的空间和个人行为对私人关系圈外所能造成影响的范围。公共领域的概念也越来越趋向于“生活化”。

公共领域多指虚拟的生活领域、公共生活所依赖的载体或话语空间。公共空间多指具体的物理空间。在公共空间和公共场所中，必然发生广义的公共生活，即共同生活，不必发生狭义的公共生活，即涉及政治领域的生活。例如，在公园、商场这种公共场所中，人们需要遵守公德、遵守右侧通行的规则等，这属于广义的公共生活。

汉娜·阿伦特指出公共领域包括以下三要素：(1) 成员具有平等身份；(2) 公共领域是行动者通过言行展现自我、与他人协力行动的领域；(3) 公共领域是一个以意

---

① 哈贝马斯. 公共领域的结构转型［M］. 曹卫东，王晓珏，刘北城，等译. 上海：学林出版社，1999：24.

② 哈贝马斯. 公共领域的结构转型［M］. 曹卫东，王晓珏，刘北城，等译. 上海：学林出版社，1999：22.

③ 陈乔见. 公德与私德辨正［J］. 社会科学. 2011 (2)：128—133.

④ 哈贝马斯. 公共领域的结构转型［M］. 曹卫东，王晓珏，刘北城，等译. 上海：学林出版社，1999：2.

⑤ 杨仁忠. 公共领域论［M］. 北京：人民出版社，2009：191—195.

见取代真理、从意见中掌握真理的领域。[①] 世界上没有绝对真理，但每个意见都代表部分观念。阿伦特认为，公共领域是一个我们出生的时候进入、死亡的时候离开的世界。它不仅是我们和周围人共有的世界，也是我们与祖先、后代共有的世界。人们代代来去匆匆，共同的世界则长存不没，只是因它在具备了公共性之后才能够如此，公共领域的公共性才能够吸纳人们想从时间的自然废墟中拯救出来的任何东西，使之历经数百年而依旧光彩照人[②]。公共性是人类本质性的东西，指引人们为之奋斗。

综合上述观点，公共生活至少具有以下几个构成要素：

第一，在参与主体上具有平等性、开放性、非特定性。公共生活并不特意指定参与的主体，所有的公民都应该参与公共生活。

第二，有一定的规则。如尊重个人的基本权利，遵循民主协商的程序、平等自愿、少数服从多数等原则，这些与传统文化中的视“关系”而定、看情况而定等观念不同。

第三，公共生活中必然包含着公共关切（公共利益、公共善）。所谓公共关切也就是相对泛化的公共利益，一个目标正当、有利于成员的利益，可以看作是公共利益。例如，保护环境、提高最低生活保障、改善农村办学条件等问题。公共关切心将单独的公民联系在一起，公民通过理性协商达成重叠共识，促进公共利益。阿伦特指出，公共事务是私人事务的一种功能，是私人事务唯一共同关心的事情。[③] 公共生活的内容不再是个体的私事或家庭琐事，而是关系到共同的利益。公共利益一定是人们利益之间的交集，从而获得整体利益的最大化，不是以公共利益代替每个人个体的利益，不是以公共利益否定个人利益的多元化和差异性。社会全体的利益只是在底线层面上一致，在具体层面是多元的，需要避免“多数人的暴政”的现象。

第四，公共生活的载体为公共领域，公共性是其核心。公共性所体现的不同层面就构成了不同的公共领域。公共领域不是指某一个地点或区域，而在于内容是否涉及

---

① 江宜桦. 自由民主的理路［M］. 北京：新星出版社，2005：306－307.

② 阿伦特. 公共领域和私人领域［M］. 汪晖，陈燕谷，译. 文化与公共性. 北京：读书·生活·新知三联书店，2005：86.

③ 川崎修，阿伦特. 公共性的复权［M］. 斯日，译. 熊大同，校. 石家庄：河北教育出版社，2001：258.

公共善，是否体现了公共性。阿伦特指出，所谓社会，只不过是我们为了维持生命而相互依存这一事实所带有的公共性和为了生存而联合起来的活动力在公共领域中表现出来的可能形态而已。[①] 如果人们关怀的是一己之私，那么就没有形成公共领域，如果所关切的问题是人们共同生活世界的事务，如公益事业等，就构成了公共领域。

三、 公共性：公共生活的核心

公共性从根本上讲是人的平等问题，是具有共通性的人共同生活在这个世界上，共同面对和解决公共问题，建设共有的家园。作为政治主体间的公共性就可以理解为：公共性就是政治上的主体性，公共生活具有自由平等性、独立自主性、自利自律性，是异质共在的多元主体的公共性[②]。公共性可以理解为对“多元的个体性、私人性和同一的普遍主义、极权主义的双重超越”[③]。

公共性在人与人之间具体的样态为：

（1）共在性—共处性—共和性。共在性指从人类最初产生之时就意识到他人的存在，意识到与他人共同生活的原始共在、等级性共在；共处性指人类需要学会在竞争中合作，在合作中竞争，也就是共处的问题；共和性指逐渐走向理性、文明、规范和秩序，走向人与人平等相处、共和的状态。

（2）公有性—公用性—公利性。公有性指所有人的共有性、非私人独占性、非排他性，例如森林、矿藏、公园等。公有性只有通过公用性才能体现出来。公用性是公有物的基本属性，也是公共权力的基本属性，是指共同体全体成员对公共权力活动拥有平等的、无差异的知情权、参与权和监督权。公有和公用就决定了公利性，即利益的共同性。公利性是对每个公民的基本权益和价值的保障与尊重。

（3）共通性—共谋性—共识性。共通性指的是人的类特性，通过内在的交流而达到的契合，相通性主要通过人类的道德情感机制发挥作用。俄罗斯伦理学家季塔连科教授认为，人类共通性的道德内容主要包括三部分：其一，最普通、基本的道德规

---

① 川崎修，阿伦特．公共性的复权［M］．斯日，译．熊大同，校．石家庄：河北教育出版社，2001：262．

② 吴育林．论公共生活及其主体性品质［J］．江海学刊，2006（6）：46．

③ 沈湘平．论公共性的四个典型层面［J］．教学与研究，2007（04）：19．

则。其二，道德感受、激情和感情的某些共同心理形式。虽然道德的内容和社会意义可能不同，但内心活动的心理形式相似，例如羞愧感。其三，那些有几千年历史根源的宝贵的道德文化遗产，如同情、感激、诚实、友善等具有全人类意义的规则和准则。[①] 这三部分与今天提倡的普世价值、全球伦理十分相似，这是人道主义的心理和道德基础，也是基本内容。人类有了自我意义之后，意识并领悟自我，还可以领悟他人乃至人类的类本质。人类的共通性可以导向合作，然而在多数场合需要通过沟通获得理解与共识。共谋，即共同商议、谋划，协调行动，形成无压迫、强制和支配的平等关系，求同存异，达成共识。这也就是共通—共谋—共识层面的公共性。

（4）公意性—公义性—公理性。在达成共识后，还需要进一步确认共识的权威性。这种初步共识需要转变为公意、公义和公理，成为公共的理念。公意是指人们在共识的基础上形成的更为广泛的公共舆论、公共价值。公意具有一定的合法性，体现大多数人的意见，倾向于平等，指向公共利益。公意如果经受了历史的考验，具有一定的历时性，就逐渐变成人们普遍遵守的公义。义，具有宜的含义，要求人们行为得当，这属于社会正义的一部分。人们的职业也具有公共性质，是经过社会长期的分工而来的，每个人各司其职，保障社会正常运转。因此，职业伦理具有公共性，它要求人们对职位负责，履行岗位的基本要求。把公众意见、集体偏好与社会的意志转化为形而上的观念，就成为众所认同的普遍之理即公理[②]。作为公共性的公理性，指的是公理的自明性、普遍接受性、普遍认同性和普遍有效性，是人们行为中所体现出的与公理的契合性。

（5）公开性—公平性—公正性。公共意识、公共精神和公共理性的内在多体现为公意、公义和公理，其外化体现为公开、公平和公正。公开指不加隐藏、公之于众，主要针对公共权力机关而言。公平，指在参与公共事务方面每个人有平等的权利，有相同机会，受到平等的对待。公正，指公平正直，不偏不倚，合乎法度。众多思想家

---

① 季塔连科．马克思主义伦理学［M］．北京：中国人民大学出版社，1984：43—44．转引自朱小蔓．永恒的道德 无尽的思念——写在俄罗斯伦理学家季塔连科教授20周年忌辰［J］．教育研究，2013（05）：112—118，128．

② 陈赟．中国现代性意识中的社会范畴及其公理意识形态［J］．华东师范大学学报（哲学社会科学版），2004（06）：27—34，116—117．

认为，实现公开、公平和公正的关键在于良好的法律和独立的司法体系。这要求允许公民参与和监督公共事务。公共性作为一种社会文化现象，经历了不同的发展阶段，从而呈现出不同的样态。[①]

从空间范围上来看，公共性包含四个层面：民族、国家内部的公共性层面，民族、国家之间的公共性层面，跨越国家界限的个体之间的公共性层面，人类与自然之间的公共性层面。这是当代公共性的四个典型层面，它们的统一将是一个历史的过程。[②] 这些都是教育应考虑的价值内容。

哲学上公共性、公共哲学的兴起与流行有助于我们思考教育中的公共生活。我国20世纪80年代开始的诸多主体性教育实验，就是以主体性哲学为基础的教育实践。从现代主义所提倡的人的主体性到后现代主义提出的人的主体间性，主体间性寻求的目标之一是主体之间的理解与共通之处。鲁洁先生及其弟子所提倡的教育人学，其理论基础（还有高清海的人学思想等哲学基础）之一即哈贝马斯主体间性思想，强调人是在生活情境互动交往过程中相互建构的结果。公共哲学的兴起与流行既是对主体间性的一种超越，也是对社会现实的反思。

第二节　班级功能：公共性的遮蔽与复归

公共性、公共生活等概念虽然是现代人的发明，却早已隐藏在人类社会生活之中。早期学校教育的公共性之所以没有彰显，是因为它杂糅在整体班级生活中，与班级的其他功能浑然一体，共同发挥作用。随着社会的发展，班级发生了功能异化，班级的经济功能被放大，以至于班级仅仅沦为了个人升学与就业、获得大好前程的阶梯，班级公共性被淹没和忽视了。当下，由于社会和思想的变革，班级的公共性在学校教育和班级中受到越来越多的关注。班级公共性的复归是一种必然。现在讨论班级生活中的公共性问题，其实质是公共性的复归与彰显。

---

① 郭湛，王维国，郑广永．社会公共性研究［M］．北京：人民出版社，2009：97－106.

② 沈湘平．论公共性的四个典型层面［J］．教学与研究，2007（04）：18.

一、 班级的产生： 携带公共性

在原始社会，人类的生产力相对落后，教育方式多为口耳相传，多是氏族或家族成员中的长辈承担教育的职责。随着社会经济的发展，产生了学校。世界上最早的学校出现在公元前 3000—2000 年。“学校机构的出现是教育活动专门化的结果，是教育职能在历史上的第一次重要转移。”① 这一时期的学校教育多为统治阶层服务，如欧洲的教会学校、宫廷学校等。我国春秋时期，孔子等一批私学创办者开门办学促进了“文字下移”，学校教育多为个别性、随意性、师徒制的，学校规模相对较小，受教育对象多为统治阶层，身份决定入学的等级。这体现了教育的代表型公共性。

欧洲进入工业革命后，开始采用机器大生产。在思想领域，继文艺复兴之后，欧洲掀起了启蒙运动，提倡天赋人权、人人平等，高扬人的理性。在此背景下，教育逐渐开始普及，学校教育尤其是班级生活中就体现了公共性。

夸美纽斯在昆体良的基础之上详细地论述了班级授课制，提倡普及教育。当时接受教育是富人的特权，他们可以把子弟送进学校或请家庭教师。穷人没有机会接受学校教育，然而在将来要成为工人的儿童之中，“也许就有极优秀的才智之士，他们这样被糟蹋，被埋没，真是教会与国家的大损失”②。他指出应该设立多种类型的学校，尊重儿童的个性和年龄发展阶段。“这些不同的学校不是要去研究不同的学科，而是要用不同的方法去学习同样的学科……自始至终，要按学生的年龄及其已有的知识循序渐进地进行教导。”③ 夸美纽斯的“把一切知识交给一切人”的思想在当时具有重要的意义。

相比封建社会时期的精英教育，人人都能接受教育具有一种更广泛意义的公共性。普及教育意味着人人平等地接受教育，背后的价值理念是人人平等、天赋人权等启蒙理念，这些观念就是从代表型公共性的笼罩之下摆脱出来的，这种平等就是一种公共性。

实施班级授课制有利于学生共同成长。夸美纽斯明确提出了实行学年制和班级授

---

① 劳凯声. 公立学校 200 年：问题与变革［J］. 北京大学教育评论，2009（04）：78—105，189—190.

② 夸美纽斯. 大教学论［M］. 傅任敢，译. 北京：教育科学出版社，1999：57.

③ 夸美纽斯. 大教学论［M］. 傅任敢，译. 北京：教育科学出版社，1999：204.

课制，确立了班级授课制的重要地位。他主张依据学生的年龄、知识水平，把学生分成不同的班级和年级，通过班级来进行教学。每个班级有一定的目标和同样的教科书，所有学生都学习同样的课本，有利于同伴交流，公共活动的交往、共同的精神生活也可以促进学生的个性和社会性发展，有利于形成儿童集体。对于这种班级生活，夸美纽斯说："太阳并不单独对待任何单个事物、动物或树木，而是同时把光亮和温暖给予全世界。"① 这种共有、共享也是公共性的内涵的重要组成部分。

班级授课制中蕴含着公共性。这种公共性首先体现在人人平等的思想观念中，体现在提倡普及教育方面。儿童接受统一的教育内容，这种共同的知识、成长经历、价值观等就是公共性的基础。这种共同的基础也是除了血缘和地缘之外的民族、国家认同的重要维度。这是现代国家所必须依赖的重要途径。夸美纽斯非常重视学校，他说："学校是造就人的工场，因为人之所以真正成为人，无疑地是由于学校的媒介。"② 公共性体现在学校教育，尤其是班级承担起了儿童的个性化与社会化功能。儿童的社会化过程，就必然要求儿童学会与人相处、学会过公共生活。

19 世纪上半叶，欧美各主要国家通过国家和政府的力量建立公立学校系统，向公民提供公共教育服务，提升全民的文化素养和劳动技能，同时也促进了国家现代化进程。在这之前，学校的教学活动以个别教学为主，鲜见统一的教学计划和大纲、教材和评价标准等。然而就社会的发展而言，工业主义、国家主义和政治民主的思潮广泛传播，迫切要求教育发生变革以适应社会发展。各国公立学校主要采用单轨、双轨和分支学制三种形式。

随着社会生产力的发展，西方主要国家追求国家现代化就必然实现教育国家化，二者本质上属于同一历史进程。劳凯声指出，公立学校制度一般具有以下几个特征，即国家化、等级性（行政科层和能力等级）、政治性、非营利性、学校功能的连续性、教师职业的双重性质（公务性和专业性）、学校与学生的特别权力关系。③ 欧美各主要国家逐渐普及义务教育，教育经费主要由国家来承担，国家对接受教育的人也提出相应的知识、技能与价值观念的要求，其中之一是热爱国家。公立学校的产生是教育

---

① 夸美纽斯．大教学论［M］．傅任敢，译．北京：教育科学出版社，1999：137.

② 夸美纽斯．大教学论［M］．傅任敢，译，北京：教育科学出版社，1999：55.

③ 劳凯声．公立学校 200 年：问题与变革［J］．北京大学教育评论，2009（04）：78－105，189－190.

公共性发展的新阶段。这就在原有的弱公共性的学校教育基础之上，扩大了教育公共性的内涵。

公共性要素始终在班级中存在并逐步扩展。从 17 世纪以来，班级授课制主要适应社会节约成本、提高效率的要求，到 20 世纪，随着公立学校的普及，班级授课制从主要发挥经济功能到实现合格劳动者的个体社会化功能，到如今承担为现代民主法治的国家培养合格公民的功能，功能日益丰富。

班级授课制发展至今，部分地区和学校已经进入了“后班级时代”，例如取消“行政班”，取消年级制，实行“走班制”等，与此同时取消班主任制度，采用导师制；学习活动多以小规模班级授课、小组合作学习、项目学习、研究性学习等形式进行。然而，这些仅是班级组织形式的调整，正式课程仍然是班级授课制。这些调整与补充可以更好地促进班级功能的完善，促进学生的社会性发展。

二、 班级功能： 蕴含公共性

班级成为学生学习过公共生活的场所，承担学生的个性化和社会化的功能，而学生的社会化就蕴含着公共性，这是由班级的性质和功能决定的。因而建构班级公共生活当是学校教育发挥其应有功能的重中之重，班级作为学习集体、社会组织情感共同体和初级群体，其功能之一都是帮助儿童更好地适应班级生活，为未来社会生活做准备。

第一，班级首先是一个学习集体，在共同的学习活动中学生获得了共同的知识，体现出公共性。日本学者片岗德雄提出，班级的性质为学习集体。他把在课堂里进行学习的人的群体组织称为班级，规定为“学习集体”。这种学习集体以持续的学习为目标，至少包括了两个以上的人，而且在成员之中存在指导与学习的分工，当然它一般需要有一定的物理环境条件。① 这主要是从课程教学的角度来看，班级的主要任务和功能是帮助学生学习各种知识。

第二，班级作为社会组织，具有帮助学生实现社会化的重要功能，其中体现了公共性。学校具有强制性、功利性、规范性三种组织的特点。班级归属于学校，同样具

---

① 谢维和. 班级：社会组织还是初级群体［J］. 教育研究，1998（11）：19—24.

有三种组织的特点，儿童在班级中学会与人相处、遵守规则。美国社会学家艾兹奥尼指出，根据组织使其成员服从并参与到组织中而采取的支配手段的区别，将社会组织分为三种性质：第一种，强制性组织，主要依靠物理的威逼手段，如关押、隔离、体罚、训斥等，成员对组织的服从和参与是被动和消极的；第二种，功利性组织，主要依靠物质的刺激手段，如薪水、奖金、奖品等，成员对组织的服从和参与因物质刺激程度而异；第三种，规范性组织，对成员的支配主要依靠精神的监督手段，如规范的约束、道德的反省、良心的驱使等，成员对组织的服从和参与基本上是主动的、积极的。① 虽然艾兹奥尼划分的是社会组织，但是学校的绝大多数功能都以班级为载体和依托，因此，班级在某种意义上具有三种组织的特点，即具有强制性、功利性、规范性。

第三，班级作为情感共同体、初级群体，更侧重学生的情感发展，这也是班级功能的公共性的重要体现。班级是同龄集体，学生更容易与同伴建立精神上的稳定关系，即形成情感与精神的共同体。目前我国小学班级人数一般要求不超过 45 人。《小学管理规程》第十一条规定，小学采用班级授课制，班级的组织形式应为单式，不具备条件的也可以采用复式。教学班级学额以不超过 45 人为宜。② 这是 1996 年的文件规定，如今教育改革与发展都强调为教师减负，尊重学生的个性，这些都需要缩小班额。理想的班级规模约 20～30 人，这有利于教师和学生直接地、面对面地互动交往。情感在班级的教育教学活动中，以及在班级人际互动过程中处于基础的地位，发挥纽带作用。情感是学生认识事物、获得信息的一种非常重要的途径。

与学校相比，班级是小范围的群体，教师更容易进行个别指导和精神交流，学校集体活动更容易流于表面热闹。苏霍姆林斯基指出，培养全校集体不可能也不应该，更重要的是培养同龄集体。他在多年实践中力图创建“全校集体”，但感觉到学校里明显产生了一种倾向：为了集体而建设集体，为了显示出领导、服从和相互依从而开展活动。让九至十年级的学生去领导一至四年级的学生，往往因缺乏共同的精神需

---

① 鲁洁. 教育社会学［M］. 北京：人民教育出版社，2001：357—360.

② 中华人民共和国国家教育委员会. 小学管理规程［EB/OL］.（1996－03－09）［2012－10－02］http://www.jyb.cn/zyk/jyzcfg/200603/t20060305_55411.html

求、兴趣和需要变得牵强附会，收效甚微，甚至适得其反。① 此外，班集体的建设需要根据学生的年龄发展阶段而决定。“学生年级越高，他们越是重视集体的精神生活，尤其是智力的、创造性的精神生活。”② 因此，针对某些知识进行深入学习探讨，应当成为小组最重要的精神生活。

例如，当初一和初二学生提到集体和集体生活的时候，他们印象最深刻的事情，同时也是他们提到频次最高的几个有“运动会”“同学生病”“同学之间相互帮助”“先吵架，后商量，以后和好”等这样的事情。谈到理想中的集体，他们多数说的是“家庭一样温暖”“有好朋友”“老师和同学关系很好”“温暖、友爱”“团结”等。③

班级成为集体的关键性特征是精神交流，班级是情感和精神交流的场所。班级除了教育教学的基本功能之外，还同时具有独特的教育功能。教师对学生的精神和情感影响依靠教师的个人魅力。教师应当通过语言、美学等手段进行个别教育，使学生从小培养内心的敏感性——对自己周围的人们的敏感性，从周围人们的眼神、语言、行动中感知各种情感——痛苦和高兴、灰心和焦虑，不安和烦躁……④这就需要教师具有丰富的精神世界和专业敏感性。在班级中，应该使情感的表达成为重要的交往方式，学生学会沟通和表达情感，增强对彼此和班级的认同感。在班级中生活，教师和学生都可能产生正面和负面的感受和情绪，班主任需要学会调节情绪。

根据儿童的情感需要和社会需要，班级从初级群体逐渐向社会组织或学习集体过渡。无论班级是何种性质，它都是学生共同生活的集体。班级作为组织具有两个重要的特征，第一，班级具有“自功能性”，即班级重要的功能是促进学生的成长，组织目标具有内部指向性；第二，班级还具有“半自治性”，班级是一个特殊的组织，其成员包括一名或几名成人与众多儿童，班级组织运行需要依靠内部成员与外部力量共同协作，需要外部保障与支持，内部运行需要自治与半自治相结合。⑤

---

① 吴盘生．苏霍姆林斯基对马卡连柯教育思想的批评——揭秘苏霍姆林斯基的要文《前进》[J]．教育家，2011（07）：20—25．

② 吴盘生．苏霍姆林斯基对马卡连柯教育思想的批评——揭秘苏霍姆林斯基的要文《前进》[J]．教育家，2011（07）：20—25．

③ 资料来源于山东济南外国语学校初一和初二的关于“班集体”的课程中学生的回答。

④ 吴盘生．苏霍姆林斯基对马卡连柯教育思想的批评——揭秘苏霍姆林斯基的要文《前进》[J]．教育家，2011（07）：20—25．

⑤ 吴康宁．教育社会学[M]．北京：人民教育出版社，1997：278—279．

三、 班级功能异化： 公共性式微

儿童在班级中过公共生活是一种必然，然而在实践中班级功能可能常常发生异化。

班级功能的异化主要与社会中各种思想观念密切相关。市场经济和个人主义兴起，人们从相信集体主义的极端走向鄙夷集体主义的极端，即对个人利益的强调，忽视了公共利益、集体、人与人之间休戚与共的关系，人与人之间的关系逐渐淡漠，师生共处同一空间，身体在场，情感却经常空场。

1862 年清朝开办的京师同文馆，最早采用近代班级组织形态。20 世纪初，班级授课制在我国逐渐普及。民国时期，我国教育进行现代化改革，废除科举制度，实行班级授课制，至今已有百年历史。民国初期的教育家们致力于向培养共和国公民的新教育转型，然而这一转型是艰难的。1949 年以后，我国废除了之前的教育制度，建立了公立学校系统。这是一个“与计划经济相适应的、政府举办、计划调控、封闭办学、集中统一的公立学校系统”，这是一个“由政府垄断、公共财政经费维持的科层化的学校教育制度”，它以“集权化、等级结构、非人格化的规章制度和自上而下的行政管理”为基本特征。[①] 这个时期的学校教育受苏联集体教育思想的影响，班级建设以集体理论为指引，科层制的思想一直嵌入其中。苏联时期的集体主义教育思想对我国自 1949 年至今的班级集体生活产生了十分重要的影响，自然也对那个时代的人们的集体观念产生了重要影响。

1985 年教育体制改革以前，国家把各级各类教育纳入行政框架之中，人才的培养带有组织人特征。1985 年中央发布了《关于教育体制改革的决定》，推动了中国教育体制改革，在中国教育发展史上具有里程碑意义。

学校教育领域出现了自由交易关系，这对教育功能、班级功能、师生关系产生了重要影响。1993 年颁布的《中国教育改革和发展纲要》提出进一步深化教育体制改革，初步建立起与社会主义市场经济体制和政治体制、科技体制改革相适应的教育新体制。劳凯声教授指出，“教育的自由交易关系在公立学校中出现”，公共教育制度被

---

① 劳凯声. 公立学校 200 年：问题与变革［J］. 北京大学教育评论，2009（04）：78—105，189—190.

一些人称为“生产者主导的制度”①。由于政策支持，学校教育改革出现了市场化倾向，公立学校也纷纷举办私立学校，出现了公立、私立、公私合营等办学主体多元化趋势。丘伯等指出，基于市场制度的新公共教育体系，强调以学校自主权和家长、学生的选择权为中心，以市场和家长的选择来调控公立学校运行，政府各级行政机构只施以间接调控等。② 这种市场化、民营化几乎是世界性的政府改革浪潮中有关政府角色的一种观念转变。

然而，自由交易关系进入教育领域后，这种交易关系根植于消费文化中，悄悄使教与学蜕变为一种交换过程，即花钱购买教育服务，应得到好的服务过程与好的教育结果，市场化的学校首要考量的问题不是儿童的发展需要，而是考虑家长要求与市场竞争，即为儿童的成功提供垫脚石。由此，学校成为名利场、升学阶梯。这直接导致教育中的同学关系不再是亲密无间、共同成长的“同窗”，而是争名夺利与资源的竞争关系。

师生关系也被渗入了市场经济的因素。传统文化中的师生关系沦为事务性的工作关系，异化为交易关系、消费关系、买卖关系、雇佣关系。部分教师可能顽固地抵抗新型平等的师生关系，执着于权威支配型师生关系。如此师生关系如何谈“公”？古语有云，亲其师，信其道。买卖或雇佣关系很难让学生从心底敬爱师长，如此教师所承载的“道”如何传承？市场的标准价格原理很容易侵蚀人的道德与情感，导致教师职业的根基消耗殆尽。可见，学校教育功能异化、班级功能异化与教育市场化直接相关。

第三节　班级公共生活的内涵

一、 班级公共生活的定义

通过上文关于公共生活的理论的梳理，本小节初步归纳出公共生活的基本含义，根据公共生活的基本含义对班级公共生活进行初步界定，对其核心要素进行阐释。

---

① 劳凯声. 公立学校200年：问题与变革［J］. 北京大学教育评论，2009（04）：78—105，189—190.

② 丘伯，默. 政治、市场和学校［M］. 蒋衡，译. 北京：教育科学出版社，2003：第二章.

良好的班级公共生活需要有共识的制度和良好的公共品质，需要教师和学生共生共创。公共生活有利于培养学生的公共理性和公共精神，而没有经历公共生活培养的学生就不具备完整的参与现代社会公共生活的意识和能力。鉴于此，当下的班级公共生活需要从理念层面入手，在价值层面对公共生活、公共性、公与私做重新理解，在制度层面逐步建立制度以保障公共生活。在个人品质层面上，公共生活所需要的公共精神、公共理性等品质和能力依靠教育来培养。因此，教师更加有必要理解公共生活的含义以及公共精神之培育。

班级公共生活是指在具有公共性的班级规则下，师生作为平等的权利与义务主体，以促进公共利益和公共精神为价值追求，民主地参与协商的交往活动过程。

它具体包括：(1) 规则是班级公共生活的首要内容和秩序保障；(2) 班级公共生活中的师生，首先必须是平等的权利义务主体，这是公共生活中的主体所应具有的基本特点；(3) 班级公共生活的价值指向是公共善和学生的公共精神、公共品德；(4) 广泛地参与民主协商的过程是班级公共生活的重要过程，寻求共识是参与的重要结果之一。参与具有多重意义，一方面，班级生活原本就属于学生的生活，参与是本应该的，即便不参与也可以被看作是对班级公共生活的一种参与方式；另一方面，参与也可以作为教育的方法，学生可以通过体验不同角色带来的感受，加深对集体的理解，从而转变某种观念或行为。

此外，师生交往应符合基本的交往伦理。师生交往的过程是真实的班级公共生活，蕴含着不同程度的公共性。

二、 班级公共生活的要素

（一）制度：基础和首要内容

规则、制度、秩序等都属于现代公共生活的保障机制。公正、良善的制度有利于学生的成长和公共生活的顺利开展。社会秩序对人而言具有公共性，公共性体现在社会中为秩序建构的原则和价值理念。“人的社会性决定了秩序对人的必要性，秩序同物质生活资料和精神文化一样成为人类公共的需要，秩序的生产和供给也就成为社会公共的事务。”[①] 对于社会而言，公共性则意味着一种“让公开事实接受具有批判意识的公众监督”[②] 的秩序建构原则与价值理念。

建立秩序与规则是首要的公共生活的内容。“社会秩序是人类最基本的公共需要，建立、维护和改进社会秩序是人类最基本的公共事务，因而人类公共活动的主要方面就是生产和供给社会秩序，体现社会的公共性。”[③] 规则制度等作为首要的公共生活，一方面要求人遵守、尊重制度，如规则意识、法治意识等。基本的参与规则、公共交往伦理等是公共生活的前提和顺利进行的保障。班级公共生活中的规则包括很多，如国家法律法规、中小学生守则、校规校纪、班规等。另一方面，制定的规则制度要体现出对人的尊重。学校中的各类规则与制度必须内在地充分体现对师生尤其是对学生的尊重，包括对他们的“异见”的尊重。规则制度对人有重要的影响和规训作用，好制度可以导向善，使坏人无法作恶，而坏制度对人起压迫、奴役的作用，使好人无法行善。如刘小枫所言，如果政治制度放弃对道德的关切，就可能制造出一帮邪恶的“好公民”。缺乏道德的社会必定是失序的社会，而缺乏道德的政治也注定陷入正当性危机。[④] 宽容的制度营造了师生自由交往、和谐发展的精神氛围，为师生自由平等地参与班级公共生活提供了制度保障。

学校和班级的规则制度对学生具有重要的意义和价值，影响学生的道德发展。学校和班级的规章制度，首先是学校教育的重要内容，是学生应遵循的制度化的生活规则，其次规则制度是蕴含教育价值的教育资源，规则的奖励与惩罚等价值指向中裹挟着价值观教育。杜时忠教授指出，“制度是生活方式”，良好制度引导学生将制度的价值导向与个人的道德动机和道德行为经过内化与外化双向机制，生成良好、稳定的品德[⑤]。最后，班级规章制度的建立过程也是重要的教育活动。

---

① 郭湛，王维国，郑广永．社会公共性研究［M］．北京：人民出版社，2009：15．

② 哈贝马斯．公共领域的结构转型［M］．曹卫东，王晓珏，刘北城，等译．上海：学林出版社，1999：157．

③ 郭湛，王维国，郑广永．社会公共性研究［M］．北京：人民出版社，2009：15．

④ 刘小枫．刺猬的温顺［J］．书屋，2001（2）：16－17．

⑤ 杜时忠．制度何以育德？［J］．华中师范大学学报（人文社会科学版），2012（04）：126－131．

（二）民主参与协商：重要内容与过程

参与是每个学生的责任，班级公共生活需要广泛而有深度的参与。参与公共生活是人的社会性本能之一。班级公共生活要求每个学生都参与，而且是发挥主体性地、积极主动地、有情感投入地参与。参与才能彰显个性，在与他人的交往互动中完成个人的个性化和社会化过程。如阿伦特所说，“人能够把自己提升到一个比自然状态要高的高度，那就是人的高度，只有在这个意义上人才有人性”[①]。真正的集体是导向个人自由全面的发展。“先有群体的绝对价值，个人只是群体价值的寄生者、分有者，个人作为孤独的个人，没有丝毫价值。”[②] 真正的集体主义价值观应该是建立在承认个体价值基础上的，尊重个体，保障每个人不但有说话的权利而且有沉默的权利，避免多数人的暴政，现代意义上的集体是一个自由平等、开放多元的集体。

为了保障学生的广泛参与，班主任需要努力营造以下条件：集体是导向善的集体，培养学生对集体的认同感，集体中的事务保持公开，确保学生知情，畅通丰富参与形式和途径。

参与的过程是各种意见自由、公开、平等地讨论、协商、妥协的过程。参与过程中需要这些基本的品质，不具有这些品质的学生则可以在参与的过程中逐渐习得。民主协商的过程还要求坚持以下原则：坚持多元共识；公共生活的法则必须是“合法之法”；坚持公共生活中交互主体性、对话协商中的主体间性，尽量保证话语的有效性；从班主任或班干部的独白转为全体成员平等的商谈，实现话语方式的转变。这就要求学生敢于发表不同的意见，敢于竞争，善于倾听和换位思考，善于合作，能够妥协。

倾听和对话对儿童十分重要。倾听和与人对话是人的基本生存技能之一，也是社会化的重要途径，倾听与对话也是人类完整感悟世界的一部分。“没有理解的纯粹倾听是不存在的……倾听的本质是，将言谈（Rede）的所有段落在一种新的统一方式中来理解，言谈就是被说出的语言，而不是语词。”[③] 倾听与对话中蕴含着重要的道德价值，如尊重、专注、想象力、理解、同情、感恩、反思等。

---

① 徐贲．通往尊严的公共生活［M］．北京：新星出版社，2009：374.

② 邓晓芒．灵之舞——中西人格的表演性［M］．北京：东方出版社，1995：93.

③ 伽达默尔．论倾听［J］．潘德荣，译．安徽师范大学学报（人文社会科学版），2001（1）：1—4.

通过倾听感悟世界和他人的过程，同时也指向儿童的内在精神世界。学会倾听是尊重，在倾听与对话中，学生以声音的方式来理解世界，对他人和万物给予关注、回应和关心，这有利于培养儿童的联系感、换位思考能力、善良的品质等。此外，参与的目的是为了学会自治，学生练习共同治理，以养成良好的品质，班级公共生活需要教师的引导。

（三）公共利益和公共精神：价值指向

建立导向善的制度固然重要，但比可靠的制度更关键的是受过良好教育的人。班级公共生活的价值指向是促进公共利益的目标与培养人的公共精神。班级公共生活的主体是人，培养目标是人的公共品德和公共利益。

公共性在个体层面体现为公共精神，具体表现为一系列的公共品德。公共性是指个人品德的彰显、开展、表现，而彰显、表现都发生于“有他人在场”的领域或空间，有人在场目睹、耳闻、见证、辨认、解释、判断所出现与发生的行为、言论、现象与事件。① 人的公共品德内容丰富。参与班级公共生活所要求的品质包括以下内容：独立人格、权利意识、尊重、利他、平等、同情、理解、正义感、责任感、对国家民族的认同、关怀意识、民主、理性精神和协商能力、批判精神等。

朱小蔓指出，公民品德除包括传统意义上理解的个人在伦理生活中的美德外，在现今中国社会突出地表现为需要启蒙人的权利意识，需要权利与义务相统一的意识、法律意识，需要社会公共生活与政治生活中的民主参与、监督、平等协商与沟通能力等。② 公共精神是公民教育的重要追求，也是培育当代民族精神的核心理论维度。公共精神的养成需要使公民浸润在有道德底线、有价值共识、有公共利益的公共生活之中。公民不是“消费者”“自恋者”“旁观者”的“个体人”③，而是一群拥有平等的权利义务、自由独立的公共人，他们共同存在、共同生活，这必然要求一定的组织、秩序和道德，要求公民具有相应的公民意识和公共精神。

---

① 蔡英文. 政治实践与公共空间：阿伦特的政治思想［M］. 北京：新星出版社，2006：97.

② 朱小蔓，班主任的“道德敏感性”与学生的公民品德，首届全国田家炳中学班主任论坛演讲，江苏苏州，2013 年 3 月 10 日。

③ 高德胜. 教育如何面对个体人的膨胀与公共人的衰落［M］//朱小蔓，金生鈜. 道德教育评论 2010. 北京：教育科学出版社，2011：1.

公共精神指人的一系列的公共品质。“公共精神是孕育于公共社会之中的位于最深的基本道德和政治价值层面的、以公民和社会为依归的价值取向，它包含民主、平等、自由、秩序、公共利益和负责任等一系列最基本的价值命题。”① 对于我国公民尤其是中小学生而言，公共精神的培养尤其具有必要性。

公共利益具有不同的层面，其范围可以包括学生的小组、各种社团的公共利益，班级和学校的公共利益，城市和国家的公共利益，全球人类的公共利益等层面。在一定意义上说，“国家代表公共利益，国家又通过它的政府及其治理活动去维护和促进公共利益，这就是公共生活的基本内容”②。需要指出的是，公共利益不能完全局限于国家利益。公共利益应符合善的要求，具有正当性，例如小团体主义、狭隘的集团利益等不等同于公共利益。

教育中的公共生活的首要目的是培育人的公共精神。公共精神的形成和体现，需要依赖于其他活动。通过生活，学生获得参与公共生活的基本态度，获得公共生活的情感，获得过公共生活的知识和能力。怀特指出，所谓社会信任（social confidence），是社会的成员意识到社会的主要价值（虽然不必达到关于这些价值的自我意识），认为它们是重要的（虽然不必任何时候都想着它们），含蓄地、有时明确地共同增强这些价值③。教育的公共生活培养学生的社会信任，强化人之为人的核心价值，塑造社会的共同性基础。

（四）平等的权利主体：实践主体

公民本身就是平等的权利义务主体。班级公共生活中，师生作为平等的权利主体表现为：师生之间人格平等，师生均是具有尊严的主体，同时师生关系在本质上是教育关系，师生在教育权利方面不平等。

从现实的情况来看，现代学校正迫切追求培养学生的独立精神和人格。目前我国公民权利意识有所提升，但依然存在以下四个问题：权利意识的不均衡性、财产权利

---

① 帕特南．使民主运转起来［M］．南昌：江西人民出版社，2001．转引自马斌．公共精神之解读［J］．传承，2010（08）：108.

② 张康之，张乾友．公共生活发生的路径［J］．学海，2008（1）：76.

③ 怀特．公民品德与公共教育［M］．朱红文，译．北京：教育科学出版社，1998：17.

意识强于政治和人身权利意识、被动性、群体权利意识较弱[①]。学校公民权利意识教育不完整，中学生权利意识不健全。因此，在班级公共生活中，应帮助学生恰当地理解权利概念。从极端的角度说，即使不着力培养学生的独立人格，只要不压抑学生的人格，个性就可以自然地成长。培养学生的独立人格可以从尊重学生入手。

在班级公共生活中，教师尤其是班主任和学生之间属于平等的权利义务主体关系。“唯有个人才是权利和义务的最终主体，而唯有不仅仅承担义务而且拥有自己的权利的个人，才真正具有完整的人格。”[②] 权利是公民的生存之根本，没有权利就没有公民。人是有意识性的存在，是自己规定自己存在的存在，即人是自由的存在。自由使人成为人，自由是人之为人的内在规定性。

建构平等而无支配的师生关系是一种公共意识和公共生活的锻炼。平等的权利主体是指主体要懂得珍视权利、尊重和捍卫权利，平等的权利主体尤其需要美德，因为在教育中，比划清权利界限更有意义的是懂得“什么时候放弃权利在伦理上是适当的”[③]。教育学生懂得、捍卫法定的权利义务固然重要，然而班级公共生活的意义不止于此。

班级公共生活中，基本的权利义务关系确立了彼此的边界，然而“如果人们能够出于爱或共同目标而对他人的需要予以自发的关注，就没有必要去强调自己的权利”[④]。捍卫权利固然重要，然而仅有权利也是不够的，人的宽容等美德也同样重要，甚至更加重要。

师生平等的态度、理性的沟通，更加有可能创造出哈贝马斯提出的理想的话语环境，即“平等的参与权、话语权；平等的解释、主张、建议与论证权利；同等的表达好恶（愿望）的权利；作为平等的主体，发出命令、拒绝命令，从而达成参与者之间的‘视界融合’”[⑤]。师生需要相互倾听、理解，学会换位思考。当然也需要考虑传统

---

① 高鸿钧．中国公民权利意识的演进［M］．夏勇．走向权利的时代（修订本）．北京：中国政法大学出版社，1999：59—97.

② 邓晓芒．灵之舞——中西人格的表演性［M］．北京：东方出版社，1995：86.

③ 怀特．公民品德与公共教育［M］．朱红文，译．北京：教育科学出版社．1998：45.

④ 金里卡．当代政治哲学［M］．刘莘，译．上海：上海三联书店，2004：380.

⑤ 关英菊．对话与商谈如何可能？——以哈贝马斯商谈伦理透视多元社会之伦理建构方式［J］．深圳大学学报（人文社会科学版），2007（9）：42.

文化、情境等因素。

强调师生是平等的权利主体、实践主体，指的是应然意义上的。在实际生活中，学生参与公共生活的范围、水平受学生身心发展水平、参与经验、参与意识、相关技能与能力的水平影响，受到学校公共生活相关制度的制约。然而，教育者不能因为学生年纪小、经验不足、实践能力不足而拒绝提供相应的教育活动。教师需要对参与主体提出参与意识、必要的参与技能与知识等方面的要求，要有计划地为学生提供学习的机会，进行针对性的指导，为师生参与学校公共生活做好充分的准备。

三、 班级公共生活的相关概念辨析

（一）日常生活与公共生活

学校范围内的日常生活和公共生活不完全相同。从辈分与生活经验、阅历的区别上看，日常生活中的人际关系是一种相对固定、封闭与不平等的私人关系，是一种亲密的生存共同体中的生活。这种家庭共同体生活具有非功利性、非对待性（非反思性、非批判性）、规定或义务性、高信度低风险性。① 学校公共生活被包含在日常生活中，是指日常生活中具有公共精神的特定的生活。

班级公共生活与班级的日常生活不能相互割裂。对班级公共生活的理解要超越物理和时空的概念，它既弥散在日常教育生活中，又积聚在日常生活、课堂生活、集体生活的师生互动中，可以以各种形态存在。班级公共生活更广阔的背景是班级生活和学校、社会生活以及家庭生活。特别提出班级生活中包含公共生活的要素，是为了强调班级生活的公共性问题。从交往的角度看，学生在班级生活中的交往可以划分为公共交往和私人交往，也就可以划分为班级中的公共生活和私人生活。二者相互交错、融合在一起，难以完全割裂。

（二）集体生活与公共生活

集体生活往往带有集体教育的含义。学生在集体中接受教育，通过集体的力量，

---

① 晏辉. 公共生活与公民伦理（下）[J]. 河北学刊，2007（3）：40.

使集体更好。然而集体教育不等同于集体主义教育，集体教育并不否认个人的独特存在，不排斥个人的权利义务等，而是注重公民的集体意识和与他人共处的能力的培养等。二者精神内核是一致的，均指向人的社会性发展，只是时代不同、话语不同。

班集体教育、集体建设、集体主义教育均来自于苏联的影响，具有意识形态色彩。目前有些人对集体主义教育嗤之以鼻，甚至不提，这是与中国传统文化、社会主义核心价值观相违背的。集体、集体主义教育指向人类的集体主义观念，任何时代都需要，它涉及人的类意识、大局意识、领导能力、人的责任等内容。

公共生活，从"消极"层面讲强调底线伦理，让个体知道自己的权利责任边界，能够捍卫自己的权利、不侵犯他人的权利，能够参与公共事务，涉及的是现代社会的基本能力；从积极层面讲，能够促使个体积极参与公共生活，为人类福祉贡献自己的全部能力。

班级公共生活与集体生活（集体主义教育）的关系主要有以下几种：第一种情况，集体生活中展现了公共生活的要素，可能促进集体生活，使之过得好。第二种情况，如果集体生活中没有展现出公共精神，集体生活过得不好，那么就有可能演变成集体意志论。第三种情况，原来集体生活质量很好，然而在新时代，时代对人的特质的需要被放大、被突出，如果此时集体生活中含有部分的公共生活的要素或特征，这种集体生活是可以培养公共精神的。

如果全部符合公共生活的要素，就可以认为这种生活就是公共生活，两者之间相互包含也是可能存在的状况。班级生活相对而言更注重场域即班级，更侧重主体即一个班级的人。

我们不支持用公共生活取代班集体建设，因为二者并非是谁取代谁、谁更优的二择一关系，而是具有不同的理论依据、话语体系与价值指向的。班级现实生活只有同一个时空，不能够分离割裂，应采用复杂性思想研究现实生活。

（三）"弥散性"与班级公共生活

班级公共生活的重要特点是弥散性。班级公共生活的教育和德育同样具有弥散性。苏联伦理学家德罗布尼斯基在《道德的概念》一书中指出，不要把道德从人的活动中分离出来，道德不是区分于社会现象中其他现象的特殊现象，不能限定道德的空间范围，道德渗透在社会生活的一切领域，无时不在，无处不在。道德教育不能从活生生的完整生活中抽离，不能从诸育中抽离。而且，若将道德教育独立出来，就可能有陷阱。专门化就有可能背离事物的整体性，专门化与整体性具有一定的矛盾，有可能走向异化。

因此，教育领域中的公共生活不可能离开其他生活，更不可能单独构建一种新生活。需要考虑公共生活所积聚起来的、具有特征性的要素，但不是把公共生活和其他生活隔离开。现在我们的这种分离的思维、碎片化的思维倾向很严重，应尽量在教育中避免。

班级公共生活不是另辟生活的新空间。公共生活并不是无聊且徒增烦恼的新概念，也不需要重新建构一个时空让学生去过公共生活。公共生活的重点在于通过公共生活的要素判断一种生活是否具有公共精神。如果没有，那么就可以基本判定这个学校的教育培养不出公民，因为没有经过公共生活的锻炼，学生就不知道该怎么过公共生活、什么叫参与。

人的自觉意识需要在行动中培植，不经过行动的锻炼，自觉意识是很微弱的。有什么样的生活，就有什么样的锻炼，有什么样的锻炼，就有什么样的意识。

我们对当下学校领域内的公共生活的基本判断是：学校生活本身就具有公共生活的要素，学生已经或多或少地参与了一些公共生活。以往的学校教育中，公共生活的要素只是被忽视了，并且以零散的、不显著的、未被开发的形式镶嵌在学校生活中。例如，以教和学为主导的教学生活，学生的集体生活，学校中的各种小组、社团的课余生活。很多学校有和贫困地区学校联谊的活动，帮助贫困地区的学校和学生，培养学生关注弱势群体的意识。这样的活动本身就包含着公共关怀。学校应自觉意识到并利用教育生活中已经具有公共生活的要素，补充其匮乏的要素，将它们系统化、组织化、意识化。

对公共生活的概念界定应超越物理和时空的概念范畴，班级公共生活既弥散又积聚在学校的日常生活、课堂生活、集体生活中。班级公共生活在外在形式上弥散在各种生活中，其精神是积聚在每种活动中的。弥散性的关键在于思维方式、方法论，也就是看问题的立场和角度。公共生活的概念超越了具体的时空概念，它弥散在学校的集体生活、课堂生活、日常生活中，但是又不仅仅体现为弥散的形式，对于培育人的公共精神而言它是积聚的，形散而神不散。我们有意识地彰显出某一种生活及其积聚的要素，但不等于把这些生活相互割裂。

第四节　班级公共生活的特殊性：准公共生活

班级公共生活的基本定位是特殊的公共生活或准公共生活。它的特殊性至少表现在以下三个方面：教育性、公私交融的双重交往性、建构性，即班级公共生活中教育价值的取向优先，交往中普遍尊重和特殊关怀的情感二者相互交融，具体行动中以教师尤其是班主任的自觉建构为主。

参与公共生活既是人的社会性本能之一，又是人的生存发展所必需的条件，参与质量高低就需要教育了，现代学校教育的重要功能之一就是实现人的社会化。学校中的公共生活与社会意义上的公共生活不同，我们将学校公共生活称之为准公共生活。由于现代学校的规模逐渐扩大，准公共生活主要发生在班级层面，因此本研究重点聚焦班级公共生活。

班级公共生活是指在具有公共性的班级规则下，师生作为平等的权利与义务的主体，以促进公共利益和公共精神为价值追求，民主地参与协商的交往活动过程。

一、价值维度：教育性优先

班级公共生活的特殊性表现在这是一种教育生活，蕴含教育的价值是其根本特征。教育价值主要表现为道德性、准备性。

（一）班级公共生活的道德性

班级公共生活的道德性具有优先性。道德价值优先于公共生活的其他价值要素，这要求班级公共生活符合、承载、实施道德和价值观教育。道德价值体现在生活本身的道德性、对学生的道德教育价值两个方面。

其一，班级公共生活本身应当是合道德的。班级公共生活必须以学生的发展为根本目的，生活方式符合社会伦理道德规范，不能违反人道主义的基本原则。任何人不能把学生当成教育实验的工具、获取升学率的工具或为成人争得荣誉的工具。

其二，班级公共生活对学生的道德品质特别是公共生活所需要的公共道德品质具有教育意义。班级公共生活参与的主体是未成年公民，他们需要在班级生活中体会到公共生活的意义，还需要在其中体验和生成尊重、信任等品质。正如杜威所说："做事的方法、目的与理解必须存在于做事的人自己的意识当中，使他的活动对他自己应当是有意义的。"① 通过参与公共生活，培养人的公共品德。师生有尊重的态度、有关怀的交往，可以培养公共品德。班级公共生活就是为了培养学生的公共精神、公共关切的情感、对公共事务关切的意识和能力等。

学生对班级的认同是班级公共生活的内在的、隐形的结构要素，发挥情感联结的作用，是公共生活的基础。因此，班主任需要培养学生对教师和班级的认同感，提升自己的情感能力，懂得处理公正与关怀之间的张力，了解学生的情绪状态、情感特征与品质等。在班级建设方面，能够对学生和自己进行情感管理，避免情绪化的管理，营造安全惬意的班级氛围，使学生在班级中感到放松、乐群、惬意。

（二）班级公共生活的准备性

班级公共生活的准备性是指，它既是学生当下的真实生活，又为学生日后全面参与社会生活做准备。"学校必须呈现现在的生活，即对于儿童来说是真实而生气勃勃的生活。像他们在家庭里、在邻里间、在运动场上所经历的生活那样。"② 同时，学校尤其是班级生活应该是且必须是一切公共生活的演练场。

从参与主体来看，社公共生活的参与主体为具有完全民事行为能力的成年人，班级公共生活的参与主体则为未成年人。从内容来看，班级公共生活的内容以关涉学生、班级、学校的事务为主，以社会公共事务为辅。

班级公共生活不是社会现实中的公共生活的简单照搬与翻版，而是按照公共生活的基本要求与特征，通过精心组织与安排，精选学校与社会生活中的公共性主题，以师生为主体，目的在学习公共生活知识、技能、策略，培养学生对公共性话题（问

---

① 杜威. 学校与社会：明日之学校［M］. 赵祥麟，任钟印，吴志宏，译. 北京：人民教育出版社，2004：34.

② 杜威. 学校与社会：明日之学校［M］. 赵祥麟，任钟印，吴志宏，译. 北京：人民教育出版社，2004：6—7.

题）的敏感性与关注、参与意识。

班级公共生活不应当局限在教室范围内。它应当是在教师指导下，学生从理论与实践两个方面，以多样化的形式参与带有公共性要素的班级集体生活和日常生活，参与延伸到现实社会生活中广泛的公共性事务，包括了解确认、意愿表达、沟通说服、达成共识、采取行动等在内的交往性实践活动。

应当注意的是，班级公共生活的环境和氛围与社会公共生活不同。学校尤其是班级，是一个成年人少、未成年人多的地方，多数状况下，班级是一名成年人带领若干未成年人的环境。相对于社会公共生活，学校的环境和氛围相对单纯，人员构成简单，生活结构相对单一，同时也可以折射出社会生活的影子。学校空间与环境多经过布置和设计，具有一定的审美和教育功能，也是展现公共性的平台。

二、 关系维度：普遍尊重和特殊关爱的情感相互交融

班级公共生活具有公私交融的双重交往性。社会公共生活中的伦理是公共伦理，私人领域中的交往伦理是私人伦理，班级公共生活中的伦理则是二者相融合的交往伦理。学校教育作为学生从家庭步入社会的过渡阶段，班级公共生活也就承担着帮助学生学习建立两种交往伦理所需要的交际能力的功能。

（一）尊重：公共交往的普遍性要求

随着社会的发展，公共交往和私人交往的界限愈发明晰。在公共交往中，人们需要以“尊重和平等相待的态度”相处，公民之间的交往需要在平等的权利义务主体或者可以平等化的主体之间进行①。亚里士多德指出，公共性交往的伦理有几个基本原则，即自愿交往、平等、预先同意。② 这三个交往原则与学校教育中的交往略有不同，因为教育带有一定的强制性，可能存在必须交往的状况，例如教室空间狭小、存在权力关系、人员密集与位置相对固定，因此有时交往关系与距离高度相关。

尊重是表示对待他人及其价值态度的道德概念。第一，尊重首先是发生在主体和

① 廖申白. 公民伦理与儒家伦理［J］. 哲学研究，2001（11）：73.
② 廖申白. 交往生活的公共性转变［M］. 北京：北京师范大学出版社，2007：232.

客体之间的一种关系或状态。学校教育必须以学生个体的发展为根本目的，而不是把学生当成教育实验的工具、获取升学率的工具或为成人争得荣誉的工具。

第二，尊重是一种行为，是主体必须对其他主体作出的行为反馈。对彼此人格尊严无条件的尊重，是班级公共生活的伦理要求。

第三，尊重是一种具有道德性的意向和品行。尊重一开始就呈现为人作为主体的某种意向——这种意向不是源于人的自然反应，而是来自道德上的自觉；它指向的不是感官欲望或者实际需要的满足，而是使人成为真正的人，亦即道德的存在。在此意义上说，尊重是一种具有道德性的意向和品行。尊重还意味着包容、宽容、多元价值观，意味着一元与多元的共存。

第四，尊重也需要锻炼，尊重体现在情感方面的克制。教师对学生的尊重体现在语言、态度、行为等方面。教育中的尊重与宽容密切相关。尊重包括尊重儿童的自主性与创造性，这其中就必然包括宽容，尤其是克制，要克制自己想要主导他人的欲望。科恩在《什么是宽容》中指出，宽容行为是指在多样性情境中，行动者认为有力量去干涉而不去干涉敌对的他者及其行为的一种有意识、有原则的克制。[①] 宽容可以分解为三个要素：否定性反应，指对另一人的道德判断意义上的不赞成或非道德意义上的不喜欢；干涉能力，指法律意义上的权力或非法律意义上的能力，如风俗、习惯或多数人的意见；有原则的克制，这是宽容的最核心的要素，某种意义上说宽容就是克制。可见，宽容是有原则、有道德标准、有底线的理解和克制。

尊重体现在教师的言传身教上，教师需尊重学生的自主领域，同时，学生尊重敬爱师长。具体而言，教师不仅应该尊重各方面都很优秀的学生，还应该尊重各方面都无特殊表现的一般学生，更应该尊重所谓的“差生”、调皮学生。此外，还要注意异质群体之间、同质群体内部的差异，使每个学生都能够感受到教师的尊重并对教师回报以尊重。

（二）特殊关怀：私人交往伦理的特殊性要求

在班级生活中，人们之间形成友谊、师生情，有些成为公共与私人领域的特殊交

---

① 刘署辉. 宽容：历史理论与实践［J］. 哲学动态，2007（7）：42.

往。私人交往活动强调地缘、血缘和人情，注重个人的偏好和感情。私人的情感有远近亲疏，私人交往多在私人领域内，相对自由舒适，不强调权利或者是利益。

师生交往、生生交往关系不应当沦为单一的关系。朱小蔓指出，教育是影响人、改变人的事业，而受影响、发生改变是人的内在感情、态度和思维结构、方式逐渐变化、生成的过程。这一过程必须有人与人之间的相互吸引、趋近、接纳、理解和信任。① 师生之间应当具有超越工作关系的、具有教育性的情感联结。

廖申白指出，私人交往关系在基本性质上是特殊主义的，人们用于支持朋友和伙伴间友爱的基础也是共同交往所产生的感情关系。私人交往多发生在伦理关系的范围内，这种关系都是“个别的、独特的、以感情为主要纽带的关系”②。那些能够对学生发生重要教育影响的师生关系，都具有私人交往关系的特点。

师生交往、生生交往关系也同时具有私人交往的性质。教师对学生的教育影响通常需要个别交往。如果师生交往中的情感互动被学生解释为独特的、唯一的情谊，则情感、交往、教育的意义会被放大。反之亦然。私人交往依赖于教师和学生的情感关系，这就要求教师尤其是班主任了解每个学生的特殊性，重视关怀和单独交往的重要意义。同时，应注意师生私人交往的尺度，不能违背教师伦理。教师不得利用职权以权谋私。

（三）兼顾普遍的尊重与特殊的关爱感情

私人生活与公共生活是相通的，普遍的尊重与特殊的关爱也无法截然分开。两种交往方式在班级公共生活中都存在、都重要且相互渗透，这要求将二者巧妙地结合、融合。“个人生活与公共生活之间往往存在着渗透与反渗透过程，这种互渗的作用在公民生活中自始至终地存在着。”③ 这两种交往中的基本价值对于学生的成长都十分重要。

普遍的尊重优先于特殊关爱。在班级公共生活中，首先要以尊重和平等相待的态度对待所有人，普遍性要求体现为尊重、平等、公正等。其次，要以关爱的情感建立

① 朱小蔓．认识小学儿童 认识小学教育［J］．中国教育学刊，2003（8）：4.

② 廖申白．交往生活的公共性转变［M］．北京：北京师范大学出版社，2007：230.

③ 曹辉．公民社会的伦理生态及教育构建［J］．教育学报，2010，6（06）：99—104.

与学生精神世界的联系，以恰当的方式关怀学生，公正与关怀相结合。

面对不同的情境，恰当地区分公与私。当面对班级进行集体教育、形成集体生活时，应以公共交往伦理的价值基础为主，引导学生和引领班级公共生活。当面对单独的学生时，可以将私人交往伦理所要求的情感渗入其中，在同情、理解、呵护等情感关系及其氛围中援助并引导学生。

三、 操作维度：教师的自觉建构与指导

教育不能失去教育性的立场，迷失在功利性、市场化、低俗的潮流中。学校教育应该发挥主动性，“学校应该提供的是深思熟虑的、仔细设计的、内容广泛的公民教育，还应该注意勇敢行动之路的可能障碍”①。学校应该积极主动地回应社会变革，发挥主体性，构建学校的特殊公共生活。

教师尤其是班主任应当具有自觉意识，主动建构班级公共生活。教师以弥散性的行动效果促进班级公共生活建构，融入公共性要素，使班级公共生活系统化、组织化、意识化。

班级公共生活重在使学生通过公共生活的锻炼培养公共精神，提升参与公共生活的能力。班级是学生生活真实而具体的载体，班级生活中蕴藏着公共性，它本来就应是学生的公共生活，学生要通过学校生活的学习获得参与社会生活的情感态度价值观等一系列能力。

① 怀特. 公民品德与公共教育［M］. 朱红文，译. 北京：教育科学出版社，1998：4.

第二章

班主任工作与班级公共生活

我国历来有尊师重教的传统，教师曾经拥有“天地君亲师”之一的崇高地位，承载着“传道授业解惑”的道义使命。官师合一的模式在很大程度上保障了教师受尊重的地位。教师是传统文化与道德图像的承载者，处于相对优势的权威地位。教师与博学、利他、牺牲、奉献等诸多美德紧密相连。传统的教师道德观要求教师在各种关系中不断调整自我，以适应群己关系。

我国现行的班主任制度的雏形建立于中华人民共和国成立初期，受到民国时期的“学级担任制”与苏联的“小组指导员”的影响。班主任工作基本上是包班负责制，即无边界和无限责任，班主任工作的评价考核制度不完善，很多工作内容是领导未必看得见的“辛苦活”与“良心活”。

班主任是中小学生生活中的“重要他人”，对班级生活有重要的引领作用。班主任工作中不恰当的管理方式会压制班级公共生活的进行，影响学生主体性发展，阻碍学生公共品质与公共精神的发育。为帮助学生过好班级公共生活，需要研究班主任工作与班级公共生活之间的内在关系。

第一节　班主任制度与职责的流变

我国现行的班主任制度受苏联的“小组指导员”、民国时期的“学级担任制”的影响。1949 年以后，我国的班主任制不断发展，强调班主任的管理职能。

一、苏联—俄罗斯的班主任制度

（一）苏联的小组指导员

苏联在 20 世纪二三十年代产生了班主任制度的雏形。当时，苏联开启了普通学校的教育改革，废除班级授课制，实施“小组实验法”（通称“分组实验制”）。除了正常授课教师以外，学校另聘“儿童学工作者”。儿童学工作者通过对学生的心理测验和对家长的问卷调查，把学生分成若干小组，以小组为单位学习。授课教师专管教学工作，儿童学工作者组成儿童学工作室，担任小组指导员专管教育工作。小组指导员为班主任的前身。① 这反映出教育和教学在实际工作中的分离。通过儿童学工作者和小组指导员的名称可见班主任岗位对人的专业素养的要求很高，至少包括了解儿童的发展与教育，能够进行心理测验、与家长沟通、指导学生的自主与合作学习。

（二）苏联的班主任制度

苏联在 1936 年前后开始设置班主任②，1960 年发布了《班主任条例》。1975 年，苏联教育部颁布了《关于班主任工作》的指导文件，明确提出班主任工作的职责不仅限于校内，还在于保证其所带领班级的课外教育工作。

1989 年，苏联国家教育委员会批准《苏联普通教育学校暂行标准条例》，其中在校长的职责中提到校长应“根据学生和家长（他们的代理人）的意见委任班主任”③。1989 年苏联开展了“专职班主任”的实验。

巴班斯基把班主任的主要职能做了相关归纳（详见表 1）④。

表 1　班主任职能

同本班以外的组织与教师联络	同科任教师联系 同学生会、少先队、共青团组织联系 同长日制班级教师联系 同企业和机关中的学校家庭协助委员会合作
以本班学生为对象的工作	对学生的学习及时进行帮助 采取能增进学生健康的措施 组织学生的公益活动
办理班务文本	办理各种规定的文件（制订学期工作计划，填写教室日志） 检查本班学生日记
呈报学生基本信息	呈报有关学生成绩、出勤率和行为的报表

① 陈桂生. 聚焦班主任：“班主任制”透视［M］. 北京：教育科学出版社，2012：3—4.

② 陈桂生. “班主任制”缘起——俄国班主任制要义［J］. 全球教育展望，2011（11）：67.

③ 苏联国家教育委员会. 苏联普通教育学校暂行条例（示范）［M］. 吕达，周满生. 当代外国教育改革著名文献（苏联—俄罗斯卷）. 北京：人民教育出版社，2004：149.

④ 巴班斯基. 教育学［M］. 李子卓，杜殿坤，吴文侃，等译. 北京：人民教育出版社，1986：565.

（三）俄罗斯的班主任

《俄罗斯联邦教育法（1992）》规定，“不允许强迫学生参加社团组织、社会政治组织、各种运动和各种党派，也不允许强迫学生参加上述组织的活动和参加宣传鼓动及政治活动”①。教师尤其是对学生有管理职责的班主任更不能强迫学生参加非法定的劳动、政治活动等。

1998 年 3 月，针对俄罗斯青少年犯罪状况，俄罗斯教育部决定，培养专门的职业德育教师。② 学科教师负责教学，德育教师负责儿童的品德教育。

2006 年 2 月 3 日，俄罗斯教育部第 21 号令批准了《完成班主任职能的方法性建议》。该《建议》确定了班主任工作的目标、任务、权利及评估标准。班主任工作被理解为“在学校章程、其他地方性法令基础上，在分析以前的活动，以及社会生活正面和负面发展趋势的基础上，在兼顾学校面临的迫切任务、班级情况，以及不同民族和宗教关系的基础上，以个性化态度对待学生的目标明确、系统的、有计划的活动”③。可见，班主任工作是在完成国家、学校等基本任务之上，重在为学生提供能够促进学生个性发展的班级教育活动。

“班主任在学生思政工作中发挥主导作用，他们的工作目的是帮助学生发展个性，使他们对社会有高度认同感，适应劳动力市场需求，树立公民意识，有创造性和独立性，能尊重人的权利和自由，热爱周围环境、热爱祖国、热爱家庭，养成健康的生活方式。”④ 俄罗斯地广人稀，人口分布不均，教师分布不均与短缺问题严重。

2006 年俄罗斯实施国家教育工程，为担任班主任工作的教师每月增发一千卢布的工作津贴，以肯定班主任工作的社会意义，激励有志之士主动请缨。2006—2010 年，八十万俄罗斯的教师因为承担班主任职责而获得奖金。⑤ 由于有物质保障，班主任短缺的问题也因此得到解决。

---

① 吕达，周满生. 当代外国教育改革著名文献（苏联—俄罗斯卷）［M］. 北京：人民教育出版社，2004：251.

② 杨佳. 俄罗斯班主任制探析［J］. 当代教育论坛，2012（05）：67—71.

③ 姜晓燕. 俄罗斯班主任制度的前世今生［J］. 中国德育，2010（6）：73—75.

④ 杨佳. 俄罗斯班主任制探析［J］. 当代教育论坛，2012（05）：67—71.

⑤ 姜晓燕. 俄罗斯班主任制度的前世今生［J］. 中国德育，2010，5（06）：73—75.

通过以上梳理可以看出：第一，苏联的班主任源于“小组指导员”，把对学生的“教学”和“教育”两种职能分开，指导员负责对学生指导、与家长联系等任务，具体分担形式主要有两种，一种是在一定时期内，由一名教师主要负责这些事务，另一种是多名教师同时共同分担。第二，班主任支持学生自治。班主任的职责中的“同学生会、少先队、共青团组织联系”仅为联系，班主任支持和尊重学生自治。第三，俄罗斯认可班主任工作的价值，对班主任给予一定的津贴。

二、 民国时期班主任：“学级担任制”

民国时期的教育改革，算是我国教育现代化的探索阶段，这一阶段教育改革的思想来源主要是日本、美国，而日本和美国均向欧洲学习，究其根源来自德国。康德、赫尔巴特、福禄贝尔等人的教育思想对我国教育产生了重要影响。在赫尔巴特的影响下，人们把教育分为“教学”“训育”“管理”三个主要部分，“教学”目的在于培养学生的理性，而“训育”指师生之间的情感交流，指导学生自治工作，“管理”主要指的是对学生外在的不当行为进行约束。[①] 这种划分方式影响至今。

我国 1952 年实施班主任制，人们对从苏联引进的该制度的情况不够了解，多误以为是民国时期的“级任制”。[②] 我国现行班主任制度与苏联和民国时期的制度均有一定的相关性，在此对民国时期的“学级担任制”进行简单的回溯。

民国时期我国中小学普遍实行级任制。

（1）级任制，为“学级担任制”的简称，亦称“级任教员（师）制”，是同“科任制”并举的概念。《小学规程》（1936 年）规定：每个学级设级任教员一人。在一般情况下，每个小学教师应胜任多门课程的教学和训育及学生行为管理工作。只酌量情形设“专科教员”[③]。《中学规程》规定：“中学每一学级，设级任一人。择该级一

---

① 陈桂生. 聚焦班主任：“班主任制”透视［M］. 北京：教育科学出版社，2012：18.

② 陈桂生. 有别于“班主任制”的“级任制”［M］//陈桂生. 聚焦班主任：“班主任制”透视. 北京：教育科学出版社，2012：15.

③ 民国政府教育部. 小学规程（1936 年 7 月修正公布）［M］//宋恩荣，章咸. 中华民国教育法规选编（1912—1949）. 南京：江苏教育出版社，1990：275.

专任教员任之，掌理各该级之训育及管理事项。”①

（2）民国时期的级任教师需要承担教学任务，且相当繁重。民国时期中学实行“专任教员制”。初级中学专任教师每周教学时间原定为 22—26 时（节），1947 年开始调整为 18—24 时（节）。高级中学专任教师每周教学时间原定为 20—24 时（节），1942 年改为 16—22 时（节）。

（3）级任教师承担训育与学生行为管理的职能，这并非级任教师专职。按照当时的规定，小学为便于个别训育起见，施行“训导团制”。小学教师“均负直接训育儿童之责任”②。其中“直接负责”这一规定，便预先杜绝了把此责任推给级任教师的借口。

《中学规程》规定，“中学校长及全体教员均负训育责任，须以身作则，采用团体训练及个别训练，指导学生一切课内课外之活动……校长及专任教员均以住宿校内为原则，与学生共同生活”③。训育包括社会教育、公民训练，或以“社会教育”“公民训练”取代“训育”。

（4）“级任制”中，训育与学生行为管理既为所有教师的职责，又诉诸学生自治，级任教师的职能有限。其职能主要在于了解本班学生的基本情况及学生动向，关注本班学生组织活动的正常开展，为教育学生协调相关各方的关系等。

1938 年，国民政府教育部颁布了《中等以上学校导师制纲要》，规定实施类似于大学的导师制，由于缺乏可行性，结果昙花一现，不了了之。绥德专署教育科于 1942 年编制的《小学训导纲要》首次提到“班主任”，这一岗位“实行教导合一制，必须加强班主任的责任”④。

通过以上梳理可见：第一，级任制度充分给予了学生自治的权利和空间，有利于培养学生的自主能力；第二，级任教师仅为辅助，所有教师均是直接训育者，不可推

---

① 民国政府教育部.《中学规程》（1935 年公布. 1947 年修正公布）［M］//宋恩荣，章咸. 中华民国教育法规选编（1912—1949）. 南京：江苏教育出版社，1990：387.

② 民国政府教育部.《小学规程》（1936 年 7 月修正公布）［M］//宋恩荣，章咸. 中华民国教育法规选编（1912—1949）. 南京：江苏教育出版社，1990：278.

③ 民国政府教育部. 中学规程（1935 年公布. 1947 年修正公布）［M］//宋恩荣，章咸. 中华民国教育法规选编（1912—1949）. 江苏教育出版社，1990：387.

④ 陈桂生. 聚焦班主任：“班主任制”透视［M］. 北京：教育科学出版社，2012：24—26.

脱训育的责任；第三，除了专业授课之外，教师的管理职能主要分为三个部分，即一般性的行政日常事务、对学生的外在行为指导和约束、对学生内在情感和心灵关怀，不包括对少先队（团）或童子军的管理工作。

三、 我国 1949 年以来班主任制的发展

1949 年中华人民共和国成立，各项事业百废待兴。国家对教师工作也进行了重新规划。

（一）新中国班主任制的政策梳理

1. 班主任工作的几个重要文件

1949 年，中华人民共和国成立之后，陆续发布文件对班主任工作进行规定，具体见表 2。

表 2　1952—2009 年关于班主任工作的重要文件①

时间	政策颁布主体	文件名称	对班主任工作的认识
1952 年 3 月	教育部	《小学暂行规程（草案）》	《小学暂行规程（草案）》规定："小学各班采取教师责任制，各设班主任一人，并酌设科任教师。"
		《中学暂行规程（草案）》	《中学暂行规程（草案）》规定："中学每班设班主任一人，由校长在各班教员中选聘。班主任任课时数，可根据具体情况，较专任教员酌减。"
1963 年 3 月 23 日	中共中央	《全日制小学暂行工作条例（草案）》	简称"小学四十条"，对班主任的职责进行了规定
1978 年 9 月	教育部	《全日制小学暂行工作条例（试行草案）》	在上一条例基础上修订
1979 年 11 月 27 日	教育部、财政部、国家劳动总局	《关于普通中学和小学班主任津贴试行办法（草案）》	班主任应挑选工作好、思想好、作风好，具有一定教学水平、管理学生经验和组织能力的教师担任。 对班主任资格、职责、课业负担做出了具体规定。 对班主任工作的津贴给出了具体规定

① 本表及后续相关文件来自中华人民共和国教育部官网、中国教育新闻网、人民网。

续表

时间	政策颁布主体	文件名称	对班主任工作的认识
1988 年	教育委员会①	《小学班主任工作暂行规定（试行）》	班主任工作的基本任务是在学校校长的领导下，按照德、智、体、美全面发展的要求，开展班级工作，培养良好的班集体，全面关心、教育和管理学生，使他们的身心得到全面健康的发展，长大能够成为有理想、有道德、有文化、有纪律的社会主义公民
		《中学班主任工作暂行规定》	班级是学校进行教育、教学工作的基本单位。班主任是班集体的组织者、教育者和指导者，是学校领导者实施教育、教学工作计划的得力助手
1993 年 2 月 13 日	中共中央、国务院	《中国教育改革和发展纲要》	第二十九条指出，中小学要充分发挥思想品德课和思想政治课教师、班主任及共青团、少先队干部的作用。对从事思想政治工作的人员要进行培训，不断提高他们的思想政治素质和政策、业务水平，并采取实际措施解决他们的待遇问题
1996 年 3 月 9 日	教育委员会	《小学管理规程》	第二十二条规定，小学应在每个教学班设置班主任教师，负责管理、指导班级工作。班主任教师要同各科任课教师、学生家长密切联系，了解掌握学生思想、品德、行为、学业等方面的情况，协调配合对学生实施教育。班主任教师每学期要根据学生的操行表现写出评语
2004 年 2 月 26 日	中共中央、国务院	《中共中央国务院关于进一步加强和改进未成年人思想道德建设的若干意见》	第十条指出，要完善学校的班主任制度，高度重视班主任工作，选派思想素质好、业务水平高、奉献精神强的优秀教师担任班主任。学校各项管理工作、服务工作也要明确育人职责，做到管理育人、服务育人
2004 年 6 月 1 日	教育部	《教育部关于学习贯彻〈中共中央国务院关于进一步加强和改进未成年人思想道德建设的若干意见〉的实施意见》	加强班主任队伍建设。制定《班主任工作条例》，完善班主任制度。 地方各级教育行政部门和学校要把班主任队伍建设作为一项重要工作，加大对班主任的培训力度，不断提高班主任的工作水平。把班主任工作经历和业绩作为评聘职称的重要条件，采取切实有效的措施，提高班主任的待遇。大力表彰优秀班主任和德育先进工作者
2006 年 6 月 4 日	教育部	《教育部关于进一步加强中小学班主任工作的意见》	中小学班主任是班级工作的组织者、班集体建设的指导者、中小学生健康成长的引领者，是中小学思想道德建设的骨干，是沟通家长和社区的桥梁，是实施素质教育的重要力量
2009 年 8 月 12 日	教育部	《中小学班主任工作规定》	班主任是中小学日常思想道德教育和学生管理工作的主要实施者，是中小学生健康成长的引领者，班主任要努力成为中小学生的人生导师。班主任是中小学的重要岗位，从事班主任工作是中小学教师的重要职责。教师担任班主任期间应将班主任工作作为主业

① 全称中华人民共和国国家教育委员会，成立于 1985 年 6 月，为教育部前身。

由此看出，1952 年的文件规定，在小学和中学普遍实行班主任制，以取代在此以前的级任教师制（原称“级任教员制”）。

1979 年下发的《关于普通中学和小学班主任津贴试行办法（草案）》的附件《关于班主任工作的要求》指出，班主任工作应包括以下六个方面：

（1）热情关怀、爱护学生，负责做好本班学生的思想政治工作，教育学生遵守中小学学生守则，努力使本班形成一个遵守纪律、团结向上、勤奋学习、朝气蓬勃的集体，使学生在德、智、体几方面都得到发展。

（2）经常与科任教师联系，了解和研究学生的思想学习情况，教育学生明确学习目的，端正学习态度，改进学习方法，学好各门功课，不断提高学习成绩。

（3）关心学生的生活和身体健康，加强生活管理，组织和指导本班学生参加文体活动，搞好清洁卫生，培养学生具有良好的生活习惯。

（4）组织领导班委会的工作，指导本班共青团、少先队开展活动。

（5）负责组织领导本班学生参加生产劳动，指导学生的课外活动，配合有关科任教师开展课外活动。

（6）与学生家庭和社会有关方面取得联系，加强学生的思想政治工作。

1979 年下发的《关于普通中学和小学班主任津贴试行办法（草案）》强调了班主任在学校中的地位，明确了班主任的工作量。虽然《办法》规定班主任职务占有一定的工作量，以保证班主任的教育时间和经济利益，然而，在现实中操作起来困难重重，比如受到经济原因、教师编制等因素影响，班主任的经济待遇、职称评定等得不到保障，加之班主任工作量大，缺乏合理的评价机制等，班主任工作可以算是教师工作中最难的一项。

2006 年发布的《教育部关于进一步加强中小学班主任工作的意见》指出，中小学班主任工作是学校教育中极其重要的育人工作，既是一门科学，也是一门艺术。在普遍要求全体教师都要努力承担育人工作的情况下，班主任的责任更重，要求更高。

2006 年 8 月 31 日，《教育部办公厅关于启动实施全国中小学班主任培训计划的通知》要求，班主任工作培训内容主要包括班主任工作基本规范、学生心理健康教育指导、班级活动设计与组织、班级管理、未成年人思想道德教育、相关教育政策法规等相关专题。这其中班集体建设就不再作为一个单独板块了。这说明班集体建设的相关研究基础不够，也说明人们的观念发生了变化。

2009 年下发的《中小学班主任工作规定》明确了班主任工作的职责与任务，内容摘要如下：

第八条 全面了解班级内每一个学生，深入分析学生思想、心理、学习、生活状况。

第九条 认真做好班级的日常管理工作。

第十条 组织、指导开展班会、团队会（日）、文体娱乐、社会实践、春（秋）游等形式多样的班级活动。

第十一条 组织做好学生的综合素质评价工作。

第十二条 经常沟通，努力形成教育合力。

这几条内容可总结为促进学生全面发展、班级管理、开展班级活动、操行评定、与其他教育人员沟通等五项核心内容。与 2006 年的文件内容相比，班集体活动变为班级活动，集体主义教育淡化。笔者认为不应且不能淡化集体主义教育，这个问题本节稍后进行讨论。

2. 小结

笔者认为不应且不能淡化集体主义教育。首先，从国家层面来看，集体主义价值观是社会主义核心价值观的基本内容之一，是社会主义制度的标志之一。党的十九大报告指出，要广泛开展理想信念教育，深化中国特色社会主义和中国梦宣传教育，弘扬民族精神和时代精神，加强爱国主义、集体主义、社会主义教育。“社会主义核心价值观是当代中国精神的集中体现”，换言之，新时代集体主义核心价值观是社会主义核心价值体系精髓即“以爱国主义为核心的民族精神和以改革创新为核心的时代精神”基础上的“新时代爱国主义”中国精神的集中体现。① 新时代集体主义教育超越了原来极端的、初级的、压制个体的集体主义教育，是建立在新的政治、经济、法律等条件基础上的集体主义教育。其次，从学理层面来看，如前文指出的，学校与班级具有社会属性，学校教育尤其是具有教育意义的班级生活有助于学生社会化发展，集

① 王黎静．构筑新时代集体主义价值理念的哲学思考［N］．中国青年报，2018－07－09（2）．

体主义教育就是其中的指导思想。从学生发展来看，人的发展必然需要集体，没有集体，人的社会性需要就无法得到满足，人只有在集体中才能实现生存、发展，获得意义。集体主义教育正是符合基本人性和人的发展需要的教育。

通过上述梳理可见，国家对于班主任工作越来越重视。班主任工作的指导理论是人的全面发展，任务是培育“四有新人”，培育社会主义公民，具体途径是开展班级工作、培育集体。班主任工作具体内容包括：第一，关于班级工作的相关事务；第二，促进学生全面发展，帮助学生实现社会化；第三，建立良好的师生关系，具体内容包括关心、教育与管理，且关心放在第一位。

现实中班主任制度类似于包班负责制，班主任负责组织、管理、德育和各科教学等工作，科任教师侧重于教学。然而管理、教育、授课应是所有教师的职责，即所有教育工作者首先是一名教师，其次是一名某学科教师。这其中就存在专门化与非专门化的矛盾。职责专门化对班主任的角色、工作内容要求颇多，岗位职责没有明确边界，这也在一定程度上淡化了学科教师的其他职责。

（二）关于班主任制的理论探讨

在国家持续颁布各种班主任制度相关政策的同时，学者的研究也与国家政策相辅相成。

1994 年，南京师范大学成立班主任研究中心，李学农、齐学红等人主编了一系列关于班主任工作、教师专业发展的图书，如“21 世纪班主任文库”等。这为班主任研究奠定了一定的理论基础。

2000 年以来，我国基础教育课程改革中提出了很多新的理念，对教师提出更高的要求。国外教师专业化的相关理论得到关注，在教师职业专业化的进程中，班主任的专业化和角色多元化也引起了重视。

2002 年，首都师范大学的王海燕老师提出“班主任专业化”的设想。2003 年的班集体建设研讨会，将主题确定为“班集体建设与班主任专业化发展的研究”。2003 年，柳州市教育局编著的《班主任专业化的理论与实践》一书由漓江出版社出版，班华的《来自实践的教育智慧——感谢班主任》成为该书的第一篇。同时，天津的班主任老师们提交了一本包含 47 篇文章的班主任专业化研究文集《新时期班主任发展的必由之路》。[①] 2004 年，《人民教育》第 15、16 期合刊中的“班主任专业化”专辑，同时把精神关怀问题突显出来。

黄正平也指出，班主任专业化的核心是教育信念，核心内容是精神关怀，载体是班级建设，关键是能力建设，有效路径是专业引领，价值取向是道德情感，保障是制度建设，文化建设与专业精神、自我管理能力等也十分重要。[②]

檀传宝提出德育教师的专业化与教师的德育专业化问题，对于中小学教师而言，班主任多兼任德育课程，他们的专业化更为重要。[③] 教师公正、教师仁慈等教师伦理也应成为班主任工作的要求。

班主任工作的特殊性究竟在哪里？朱小蔓等从人类学、生态学，尤其是情感教育的角度讨论班主任的特殊角色与功能。1997 年，她即指出班主任与班主任工作是一种值得重视和挖掘的教育资源，提出班主任是学校教育时空的富有者，是教育生态关系的调节者，是两种智能整合的执行者，并特别论证其情感素养很重要；之后她又进一步强调班主任是心灵关怀者、精神关怀者[④]。班华指出精神关怀是班主任专业化的核心内容。班主任专业化的内容主要包括四个方面：教师道德、专业学科知识、教育学原理、教育能力等[⑤]。

班主任工作的焦点是对班级的管理。有学者引入人本管理的思想研究班级管理，即：（1）班级管理的目的和着力点在于学生的精神生命的成长，即学生个体的精神生命在班级中得到“敞现—交流—辨析—提升”的过程[⑥]。（2）班级管理的重要途径主要有两条——培养学生干部和利用信息技术。其一，以人为本，加强学生干部的领导能力，让他们当家作主对班级进行自主管理[⑦]。其二，班主任利用信息技术进行具有时效性的管理。这使班主任工作更加便利、有活力，使思想教育、服务管理等变得更

---

① 班华．班主任专业化问题的探讨过程［J］．人民教育，2010（05）：3.

② 黄正平．道德情感：班主任专业化的价值取向［J］．天津教育，2007（02）：13—14.

③ 檀传宝．德育教师的专业化与教师的德育专业化［J］．教育研究，2007（04）：32—34.

④ 朱小蔓．班主任与班主任工作——一种值得重视和挖掘的教育资源［J］，教育理论与实践，1997（01）：31—34.

⑤ 班华．给班主任老师的几点建议［J］．中国德育，2010（01）：9.

⑥ 李伟胜．更具专业品质的班级管理的教育思路［J］．教育理论与实践，2010（07）：28.

⑦ 姚胜权．充分发挥班干部作用 提高班级管理效益［J］．教育理论与实践，2009（29）：25—26.

加形象、生动和人性化[①]。（3）班级管理中的价值与伦理问题。班级管理应注重公平、仁慈等。例如，班级管理中的不公平现象的产生原因既与学生个体和家庭的状况有关，更与班主任的素质密切相关[②]。（4）班主任管理的关键能力在于班主任的自我监控能力[③]。还有相关研究考察班主任的胜任程度等问题。

在班级管理中，谁是班级主体？有学者指出，班主任在某种意义上“支配”了班级与学生。陈桂生对班主任制度进行了梳理，指出了班主任制度的来源、历史、现状和问题。他指出，近二三十年来，班级逐渐成为“班主任的班级”[④]，学生成为消极被动的角色。李家成指出，班主任工作需要变革，需要有学生立场[⑤]。

班主任应承担的当代社会使命是什么？班主任与其他教师一样，应成为公民教育者，承担起民族国家现代化的使命与责任。檀传宝指出，公民教育是全部教育的现代转型，这就意味着教师应当具有现代公民的基本素养。刘铁芳指出，“教师（应）作为公民实践的范型”[⑥]。李镇西指出，班主任是在为共和国培养公民，班主任要为现代化中国培养真正的公民；做一个反思型的教师，要能够对教育实验、教育行为、教育现象和教育理论进行反思。[⑦]

（三）班主任工作的实践考察

班主任是一项制度，是学校教育工作的重要内容与基础。然而，职前教育从学科逻辑出发培养学科教师，关于班主任的内容却很少。

尽管班主任工作存在诸多困难与障碍，一批批专家型班主任却不断脱颖而出。霍懋征工作几十年没有对一个孩子发过火，她让“差生”当班级干部，实现学生的转

---

① 李晓莉．浅谈信息技术在班级管理中的作用［J］．中国教育信息化，2011（22）：24．

② 陈强．教育公平的微观透视：中小学班级管理中的不公平［J］．基础教育，2008（08）：57．

③ 杨洁，夏惠贤．班主任班级管理监控能力的调查［J］．上海师范大学学报（哲学社会科学·教育版），2003（04）：104．

④ 陈桂生．一次坐失的教育契机［J］．中国德育，2010（04）：91—92．

⑤ 李家成．论班主任动态生成的能力——聚焦当代中国班主任的专业能力之三［J］．思想理论教育，2013（14）：38—42．

⑥ 刘铁芳．公共生活与公民教育：学校公民教育的哲学探究［M］．北京：教育科学出版社，2013：167．

⑦ 李镇西．班主任应该有怎样的素养［J］．班主任之友，2011（07、08）：15—20．

变，与学生约定上课举左手代表不会，举右手代表会等。

还有斯霞的“童心母爱”教育思想等，她们对班主任的实践产生了重要影响。[①]

魏书生强调学生自主管理与自治。魏书生的《班主任工作漫谈》中班级管理的方法、机制，其核心在于让学生学会自我管理，充分给予学生自治的空间与时间。

李镇西的“未来班”“玫瑰色的教育”等在班主任工作方面做出了榜样。在李镇西的班主任工作过程中，苏霍姆林斯基的教育思想的影响功不可没，李镇西被称为“中国的苏霍姆林斯基”。

国家和各个省市都有评选优秀班主任与优秀教师的制度。任小艾、张万祥、万玮、郑学志、郑立平、田冰冰等班主任的个人事迹和经验，成为其他班主任学习的楷模，对基础教育实践产生了重要影响。

此外，优秀班主任经验总结的著作也陆续出版，如万玮的《班主任兵法》、赵坡的《班级管理实战指南》、郑学志的《班主任工作招招鲜》、李进成的《班级有效管理密码》、王怀玉的《小学家校沟通的艺术》、钟志农的《班主任心育活动 36 例》、吴增强的《班主任心理辅导务实》等，每一个领域都有很多著作。

四、 班主任工作现状的小结

通过上文梳理以及参观、访谈、调查问卷、学习班主任的论文、参与班主任论坛与演讲等活动，笔者发现班主任对班级工作的想法与做法基本上可以分为几个层次：其一，控制与应付层次，即勉强合格水平的班主任，遵守学校要求，勉强完成班主任工作的基本内容，疲于应付，没有太多想法与主动性，对学生以控制为主，少讲原因与道理。其二，管理与规范层次，在完成学校规定的班级工作的基本内容之上，班主任有一定的方法，在某些层面超越应付阶段，对学生以规范要求为主。其三，领导层次，即优秀班主任，能够胜任班主任工作，超越学校对班主任工作的要求，对班主任工作有教育理念、方法与成效，保证质量与效率。

实践中，班主任工作的基本状况大致如下：

（1）班主任选拔与任用的理论应然与实践工作逻辑出现矛盾。从理论上来看，小

---

① 朱小蔓．童心母爱：永不熄灭的教育精神［J］．课程·教材·教法，2011（02）：24—28.

学低年级是学习、生活习惯的奠基阶段，涉及入学适应等问题，小学高年级、初高中都依靠低年级打下的基础。因此小学低年级更需要有经验、有爱心、有耐心、有责任心的班主任。然而在实践中，班主任数量不足，校长选派班主任过程中通常考虑的是新教师教低年级，新班主任与新学生一起成长；有经验的教师和班主任教毕业年级，保证教学质量与升学率。这是现实的工作逻辑。

（2）班级常规管理、日常事务、操行评定、相关行政事务等使班主任陷于琐碎，流于形式，疲于应付。为了保证班级生活的基本秩序，班主任注重班级的制度建设（如班规和班级守则等），强调"刚性"管理，相对轻视学生的自主管理及其培养。

（3）班主任注重教室环境布置，强调班级物质文化，相对轻视营造良好班级氛围和"班级道德社区"的建设。良好的班级氛围与舆论对学生发展的重要意义与价值还没得到足够的重视。

（4）班级活动在实施中有模式化、公式化倾向，学生的主体地位、参与活动的广泛性和真实意愿往往被忽视。班级活动中缺少系列化的设计理念，不能很好地依据学生的年龄特征进行系列化设计，亦不能在同一主题内部进行系列化的设计。活动缺乏连续性，学生的活动经验就不能持续深入，活动的教育效果将大打折扣，活动背后的价值观教育难以深入人心。

活动研究中缺少整合的视角，未能把班级活动和班级文化建设以及其他教育教学活动进行有机整合。注重大型班级活动、常规班级活动，相对忽视活动形式的创新和微型班级活动的设计和开展。

（5）班主任工作的价值取向存在误区，对道德意义、集体主义等价值观念存在顾虑。班主任工作停留在表面的经验操作层面，趋向于操作化、技术化、工具化，其内容多集中于班级管理，管理本位的思想明显。班主任工作的价值、意义、理想、责任与使命、情感、价值等受到忽视。

（6）班主任的情感充沛，拥有想要把工作做好的热情、关爱学生的爱心与耐心，然而在控制情绪、表达情感与价值期待、沟通方面有所欠缺。

基于以上粗浅的研究梳理，关于班主任工作的研究，在未来我们至少需要在以下方面努力：

第一，应努力提升班主任的专业化程度。这需要理论工作者以系统、完整、深入的理论去探讨相关问题。班主任工作的专业伦理、价值取向、情感素养等问题需要持续关注。

第二，从现代社会、未来社会对人的素质要求来看，班主任工作与公民教育的相关主题有待深化，需要补充公民教育的视角，多关注班主任工作的公共性维度，如权责、自主、正义、民主参与、公共生活等，以促进班主任工作的公共性转向。

第三，鉴于部分学校已实行学分制、走班制的教学组织形式，班主任的职能也将随之发生变化。对此有人指出，专职班主任可能成为新的任职形式；发展性的班主任评价制度会成为重点；班主任培训将呈系统化趋势。① 鉴于前文分析，班主任的管理、教育与教学三部分主要职能，在小班化的未来更倾向于调整职能，更多关注学生的精神成长、心理咨询等功能。

第二节　班主任工作的现实挑战：建构班级公共生活

培育未来社会所需要的人是当代教育的使命，是所有教师的职责。未来社会所需要的人，应具备参与公共生活的基本能力，班主任也应具备相应的育人素养。因此，班主任主动创建班级公共生活，是未来社会发展的要求与时代的召唤。

然而主动创建班级公共生活这一过程存在诸多困境。第一，以往班集体教育的污名化导致人们谈集体教育色变，这是重塑班级公共生活的观念层面障碍之一。第二，关于公民教育、学校公共生活、班级公共生活的理论支持匮乏，教育实践支持匮乏，可供参考的实践路径与案例较少。第三，班主任的个人素养准备不足，以往职前教师培养中支持公共生活的相关内容匮乏。班主任的专业边界不清晰，这对班主任的内在情感与教育动力有很大影响。学校教育中班级组织管理形态的变革给班主任职能带来挑战，传统的教育、教学与管理三种职能被分割，班主任需要重新定位职能，以便发挥育人作用。

---

① 杨晓峰. 我国中小学班级管理工作发展趋势 [J]. 天津师范大学学报（基础教育版），2006（04）：10.

一、 专业困境：责任边界模糊的“良心活”

班主任在实际工作中遇到边界模糊的困境，很多人是在凭借自身的良心在支撑工作。底线层面的岗位基本要求与较高的无边界的道德责任之间，需要依靠班主任的情感素养，尤其是公正、关怀、良心、负责等品质。班主任以全部人格呈现在学生面前，班主任对学生的教育是全部人格魅力的显现。

（一）班主任工作的无边界性

班主任工作的社会期待较高。习近平总书记指出，教师应努力成为“四有”好教师，即教师有理想信念、道德情操、知识学识、仁爱之心。① 然而，在要求迅速做出决断的班级生活情境中，通常不是教师用观念去主导班级生活，而是被观念控制。部分班主任仅凭借教育经验中的类似本能的反应在应对班主任工作。

班级生活对人的发展具有重要影响，在本能支配下的班级生活是否能够发挥自觉的教育作用？班级生活中有很多教育性、非教育性与反教育性的要素充斥其中，这需要班主任具有教育敏感性，班主任的教育敏感性意味着专业化程度。拥有教育敏感性的教师可以在很大程度上避免误导学生，能够发现、创造并利用教育性因素，使班级生活充分发挥教育作用。

社会期待、学生的发展要求，班主任是否能够满足？班主任工作陷落在烦琐事务中，面临付出与回报的内外冲突，班主任如何坚守？

通过对班主任的访谈和观察了解到：第一，从付出层面来看，相对于其他教师，班主任工作内容多、付出多，工作没有明确的边界。由于班主任处理的事情很多且辛苦，因此很多教师不愿意当班主任。第二，班主任的津贴标准仍然偏低，很多教师当班主任是为了做好工作，同时班主任得到的学生情感回报较多。第三，班主任发挥教育力量的机制是班主任的权威、真情实感与道德的力量，即权力机制、情感机制、榜样机制。支持班主任比其他教师做更多工作的动力是自身的责任感。第四，通过调查

---

① 焦莹，温飞，刘玉蕾．习近平与北师大师生座谈 提出“四有”好教师标准［EB/OL］．（2014－09－10）［2015－04－03］http：//politics．people．com．cn/n/2014/0910/c70731－25631746．html

发现，部分班主任几乎不理解何为公共生活。当然，如果用班级公共生活的具体内容如班规、民主等去审视，多数班主任在班级生活中均有部分公共生活的要素。班主任用班集体的概念和特征去理解班级公共生活，而他们理想的班集体特征又少见公共性。

佐藤学指出，教师职业有三大特征，即“回归性”“不确定性”“无边界性”。“回归性”就如投掷者手中势必回归的飞镖，责任没有明确的边界而且无法推诿。“不确定性”是指在实践情境中，教师所面对的复杂的问题不是一些抽象的术语所能够概括的，教师工作的评价也受到不确定性的支配。“无边界性”无限制地扩大了教师职业的职域和责任，同时也导致了专业属性的空洞化①。这三个特征用来形容班主任的工作职责恰到好处。

班主任责任的无边界，主要是指班主任与学生的精神、道德与价值观之间存在着道德责任。马克斯·范梅南指出，现代社会充满着诸多的不确定性，“教师们正与一群来自多元化的背景和有着不同的广泛经历的孩子生活在一起。这些教师对这些托付给他们照看的孩子履行着一种‘教师替代父母’的职责”②。

班主任这一岗位，一方面是教育体制所认可并赋予权力的岗位，另一方面它也需要通过与学生的深度的情感交往来开展工作，然而这两者之间存在着某种内在矛盾。班主任需要在运用岗位权力和建立情感性师生关系之间寻求平衡。这需要班主任有良好的情感素养，包括在运用岗位权力进行管理的时候，对情绪的控制、调节与表达的能力，与学生交往时保持公正、仁慈、关怀，还包括控制泛滥的同情心。

（二）班主任工作“凭良心”

我国面临社会转型，从前现代社会向现代甚至后现代社会转型，这一过程中必然存在社会现实、未来要求、相对滞后的伦理道德三者之间的冲突与张力，这种撕扯与断裂就体现在人的观念中。樊浩指出，当前中国社会的伦理道德面临三大难题：第一，理念与现实的矛盾，在伦理观与伦理方式、伦理范型中守望传统，但现实伦理关

---

① 佐藤学. 课程与教师［M］. 钟启泉，译. 北京：教育科学出版社，2003：264—269.

② 范梅南. 教学机智——教育智慧的意蕴［M］. 李树英，译. 北京：教育科学出版社，2001：8.

系和伦理生活已遭遇个体主义的严重解构，表现为诸多伦理问题和伦理冲突；第二，家庭伦理实体意识相对坚韧，社会伦理实体意识兴起，国家伦理实体意识严重蜕变；第三，伦理认同潜在工具化危机，缺乏“精神”，甚至一定程度上没有“精神”。伦理道德精神链的断裂，伦理精神形态的改变，道德同一性力量的危机，是伦理道德发展的三大“中国问题”。道德和伦理冲突主要表现为三大对峙，即义—利对峙、德—福对峙和发展指数—幸福指数对峙。[①] 这些伦理冲突在整个教育体系、日常班级生活、师生关系中也存在。班主任工作“凭良心”，可以理解为在义—利对峙中，他们选择了义，在德—福对峙中，他们选择了德，在发展指数—幸福指数的矛盾中，他们选了幸福指数。

班主任的具体工作如何开展凭个人的道德操守，很多工作是局外人不可理解、测量和评价的。“凭良心”蕴含着教师对职业特殊性的理解，如教育对象的特殊性、教育评价的复杂性以及教育过程的迟效性。[②] 班主任所说的良心，是我国传统文化中的概念，在这里意味着对得起自己、学生和家长等。

教师职业的良心，主要指班主任对教师职业的认同感、对道德义务的自觉意识、自觉履行职责的使命感和责任感，以及对自身行为的道德调控和评价等。良心对人的约束主要依靠周围社会群体的影响和个人素养。

良心的两种主要观点包括：其一，巴特勒是从知觉以至直觉的意义上谈论良心的，“他把良心看作一种能辨别善恶的心灵知觉能力，认为良心是一种人心中的据以赞成或反对他的欲望和行动的支配原则，而自身并不直接趋向于行动。良心具有一种普遍性和优越性”[③]。良心属于先天获得的直觉能力。其二，包尔生从社会风俗或意识的角度认识良心，认为良心是“对风俗的意识或风俗在个人意识中的存在”。他把良心看作是一种从习俗中获得的“世袭智慧”，主张良心的后天获得性。他说：“确实没有人会相信：一个民族，倘若它完全缺乏我们称之为风俗和良心的东西，缺乏个人

---

① 樊浩．当前中国伦理道德状况及其精神哲学分析［J］．中国社会科学，2009（04）：27—42．

② 蔡辰梅，刘刚．“教师是一种良心活”——对教师职业认同方式的分析与反思［J］．教师教育研究，2010（01）：6—11．

③ 何怀宏．良心论［M］．上海：三联书店，1994：6．

在其中通过审慎和畏惧控制自己行为的东西，能够支持哪怕一天以上。”① 如果良心属于后天获得，然而成年人的素质很难转变，那我们该如何培育具有良心的班主任?

如果班主任的个人素养好，则可以达到具有职业良心的层次。檀传宝指出，教师的职业良心包括恪尽职守、自觉工作、爱护学生、团结执教四个方面，具有层次性高、教育性强的特点。② 这几方面说起来容易，做起来难。每方面又存在不同层次与水平。

良心与岗位职责、基本的自爱也存在一定的张力。“凭良心”意味着一定的随意性，依靠个人的责任、人格、道德感去进行主观决定，还意味着受制于风俗、氛围、情境、传统文化的影响。传统文化中关于公、公共、公共伦理等观念发育相对不足。在今天，班主任关涉公共生活的意识先天不足也就不足为奇了，然而这些可以通过后天努力尽量弥补。

班主任工作不能单纯依靠个人良心，基本的岗位职责要求也十分重要。班主任工作的开展，一部分是依靠“人”，一部分依赖“岗位权力”。班主任工作“凭良心”，也就说明相关制度和评价还不够完善，主要依靠个人自觉。班主任工作的性质包括人和岗位两部分，这两部分之间存在一定的张力，需要二者彼此融合才能更好地完成班主任工作。班主任需要恰当地使用岗位所赋予的权力，保持岗位所赋予的制度权威，以避免失去制度权威而个人内在权威不足，班主任工作可能面临诸多困难。同时，班主任需要积极提升自我，建立涵盖知识、道德、人格魅力的内在权威，依靠良好的班主任素养维系教育关系，同时不放弃岗位赋予的权力。

二、 教育变革的挑战： 班级形态变革对班主任职能的弱化

2000 年左右，我国推行第八次基础教育课程改革，课程权力下放，地方和学校获得了更多的课程自主权，部分学校率先实行学分制、学生选课制，在学生管理中采用“走班制”等，这对传统的班级授课制和班主任负责制是一种新的挑战。

上海较早采用走班制。1998 年，上海市第二初级中学开始在预备年级实行“走

① 包尔生. 伦理学体系［M］. 何怀宏，廖申白，译. 北京：中国社会科学出版社，1988：310－312.

② 檀传宝. 论教师的良心［J］. 教育理论与实践，2000（10）：29－32.

班制”的试验工作，1999 年在全校全面铺开“走班制”，该校 4 个年级，21 个行政班的数学、英语两门学科和 43 门活动课全部实现了“走班”教学。2002 年，上海晋元高中实行走班制。①

在走班制方面，影响较大的是李希贵担任校长的北京十一学校。2009 年，北京十一学校进行课程改革，试行走班制，2011 年实行高中学生完全选课走班制，2012 年初中实施选课走班制。北京古城中学部分课程采用走班制，称之为“小走班”，即必修课程按照传统班级授课制进行，选修课程依据学生兴趣采用选课走班制。

在小学中多采用“小走班”，即选修课程采用走班的形式。例如，北京史家胡同小学分校在部分校本课程中实行走班制。还有很多优质小学也开出了精彩纷呈的选修课程。

选课走班制与导师制紧密相关。2005 年，关于导师制的研究成果数量增加。我国部分学校开始实施“选修课”“学分制”和“校本课程”“分层教学”等，出现了“走班制”，引起了班级组织形态和教师岗位职责的变化。为了适应这种变化，部分学校实行导师制、辅导员制、导师制和班主任制并行等诸多形态的管理变革。② 这些学校的举措，似乎取消了班主任，即便没有取消，班主任也改头换面成为“导师”或“辅导员”。

走班制成了教育中的时尚热点，然而这是一个必然趋势吗？走班制对教师尤其是班主任意味着什么？实行完全走班或者不完全走班的制度，会在一定程度上弱化和分散班主任的原有职能。这种职能的弱化与分散会给教育、教师和学生带来什么？

第一，学科教师教学的针对性减弱。由于职能分散，学科教师更多地将精力集中在教学本身，容易相对忽视学生课堂之外的状况，学科教师对学情的全面掌握状况弱化。教师和学生的情感联结是有效教育发生的必要条件，学科教师只负责教学不利于学生学习、师生交往等。

第二，辅导教师对学生的管理弱化。部分走班制学校实施扁平化管理，即谁的课程谁全面负责。部分学校实施双轨制管理，即学科教师与辅导教师均为第一责任人对

---

① 佚名．走班制“走”出来的好感觉［N］．中国教育报，2002—04—09（15）．

② 陈桂生．聚焦班主任：“班主任制”透视［M］．北京：教育科学出版社，2012：29．

学生负责。扁平化管理有利于学生在观念层面生长出平等、民主等意识，使得传统学校管理中的金字塔形式受到冲击，有可能减少班级科层制的负面影响。

第三，辅导教师与学生交往的弱化，使师生情感关系陌生化，教育关系弱化。辅导教师与学生的交往活动减少，最直接的后果就是师生情感关系的淡化、陌生化。一方面，教师和学生的交往是熟人伦理与陌生人伦理相互交织在一起的，且基于熟人的关怀应占主导地位。另一方面，师生交往陌生人化表面上看起来是现代新型平等的师生关系，但如果缺少了学生对教师的敬畏这一内在的情感联结，那么这种教育关系就失去了内核。

最后需要指明的是，走班制不是一种制度，不能取代班级授课制，它是针对传统班级授课制的弊端做出的适当调整，例如班级构成方式、班额等，授课方式仍然是班级授课，走班制能够弥补传统班级授课制的不足。但与之相应，班主任的职能是否也需要做出调整？

对此，笔者认为，班主任工作内容的变或不变，都是教育改革的一个组成部分，可以理解为教师职责的重新划分。

第三章

班级公共生活的现实考察

人的公共性决定了人类的生活必须是社会生活，社会为人的分工协作提供了一个良好的场所。从公共生活的要素的生产过程来看，制订规则是重要的环节。社会生活中的规则秩序在生活中扮演重要的角色，对公共生活起到基础性的保障作用。罗尔斯指出，制度是开放的规范体系，分配彼此的利益，明确行为底线。“我把一种社会制度理解为一种公开的规范体系，这一体系确定职务和地位及它们的权利、义务、豁免等等。这些规范指定某些行为类型为能允许的。另一些则为被禁止的，并在违犯时，给出某些惩罚和保护措施。”① 制度设计应体现教育目标，将国家、学校教育的教育目标具体化，体现出教育的制度和规则意义。

在重视规则的同时，还有参与方式、公共利益与公共精神、主体的地位与关系等问题，本章从班级公共生活的四个核心要素出发，分别考察现实的班级生活。

第一节　班级规则的制订与执行的现状

班规对于班级公共生活具有重要的意义，是班级公共生活的制度基础和首要内容。班规主要承载教育和管理的双重职能。在班主任的带领下制订的班规，凝聚着班主任的劳动，折射出班主任的教育理念，同时也是班级制度文化的重要体现。建立班规是班级公共生活的首要内容，良好的制度可以保障基本的班级公共生活顺畅。

本部分的案例以具有明确文本制度班规的为主，无明确文本规则的为辅。后者意味着对学生的奖惩权力均在班主任的掌握中，当然不排除部分优秀班主任不依靠既定的文本制度也可以培养出具有公共精神的学生，然而“名师”“名班主任”毕竟是少数，公共教育不能仅依靠少数优秀者，而是应依靠教师队伍的整体水平的提升。正如余净植所说，我国传统文化中有浓厚的清官情结，清官属于稀有资源，对清官的倾慕折射出的是对道德力量的信赖，而法官相对普遍，法官严格按照权力制约、法律制度

① 罗尔斯. 正义论［M］. 何怀宏，译. 北京：中国社会科学出版社，1998：51.

和程序来履行职责，法官背后折射出的是法治，法治旨在尽可能通过硬性制度控制人的恶。[①] 在清官和法官之间选择法官，在人治与法治之间倾向法治。因此，班级应具有一定的文本规则，当然规则内容可以根据具体情况而定。

一、 文本形式的班规： 拘泥于琐碎而缺少公共性

以班规为代表的各种规则保障基本的生活秩序，同时对人的行为和思想起到规训作用，规则可能导向秩序、文明、道德，也可能成为奴役人的工具，那么就很可能伤害学生的自主性、独立性，限制学生的反思能力，侵犯学生的隐私等。制度可以分成既定性的制度和生成性制度、正规制度和非正规制度、文本化的制度和非文本化的制度等。后文将具体分析所选取的班规文本为既定的正规制度，纪律维持和奖惩相对具有随意生成性、非正规等性质。

目前，班级规章制度存在这样的不足：（1）制度文本本身不健全，多为外在行为的禁止性要求，缺少可内化为品德的要求。（2）多数班规是教师根据校规或学生守则单方面制订的，主要针对学生的学习和纪律，多呈现为对学生的禁止性的命令，学生对此仅仅需要了解、记诵和遵守。由此导致班规的有效性不强，教师需要进一步强化纪律，如此恶性循环可能导致纪律由教育的手段和内容异化为教育的目的。（3）从班规文本中蕴含的价值导向来看，利己主义取向明显，教育性不足。檀传宝指出，教育"拘泥于物象，拘泥于琐碎的规范授受，从而对学生的终极价值求索无所关怀"[②]。班规应该体现班级的基本要求、公共交往的规则和价值导向，学生的行为需要符合公共交往伦理的基本要求。

班级规则隶属于学校规则制度之下，一般的班级规则是学校规则的细化、具体化，具有补充学校规则的功能。学校的规章制度更多的是一种"规范性的调整"，而班级的规章制度更多的是一种"个别的调整"[③]。然而，具体、个别并不等同于琐碎的规范传递。

---

① 余净植．清官与法官［J］．读书，2011（07）：102—103．

② 檀传宝．信仰教育与道德教育［M］．北京：教育科学出版社，1999：8．

③ 谢维和．班级：社会组织还是初级群体［J］．教育研究，1998（11）：19—24．

（一）班规实录：拘泥于琐碎的行为规范

拘泥于琐碎的班规是指其内容过细，过于琐碎，多指向学生的纪律、卫生、学习分数，指向具体行为的惩罚。班规指向个人自我的自律、行为操守是合理的，班规细化、具体不为过，而且个人品德也需要外在行为规范来要求使其不断提升。因为学生可以通过具体的行为规范获得一定的习惯、技能和能力，然后内化为情感形成稳定的品质，外化为自觉的行为。然而，任何事物都过犹不及。如以下案例：

契约型班级①

一位班主任表示，在班级组建的初期，要建立契约型班级，于是我就制定了《班级内部成员管理实施细则》（以下简称“细则”），不怕细，就怕事情出现时没有依据，力求做到“有法可依、有法必依、执法必严、违法必究”。

在《细则》中我明确了对学生的各项具体要求，而且对一些明令禁止的行为有一个具体的“量刑”标准。如：在“不允许迟到、早退”这项要求中我明确界定出迟到的标准是：早中晚上学时，应该在上课铃响前五分钟到教室，如有违反，视为迟到；平时上课应该在上课铃响前两分钟进入教室，如有违反，视为迟到。科代表课间送作业也不得违反。如有违反，一经发现就记录在案，一次提醒，二次将会得到为班级洗窗帘一次、擦黑板一周的“机会”等。

《细则》中还明确规定：“男生不允许留长发、留奇怪的发型，不允许使用摩丝类东西使之定型，如有违反者，初犯责令其立即洗净；再犯则立即通知家长来校为其洗净，直至恢复自然状态。”可是有一天，我们班有一个男同学弄了个爆炸式发型来上学，同学们都用一种观望的态度看着我，看我如何处置。晨会一结束我就向晨读的老师为其请了 10 分钟的假，带他到办公室并责令其洗掉摩丝，并声明如有再犯，就请家长来校配合清洗工作，决不含糊。这样，我们班再也没有出现过类似的事情。

对上述案例的分析：（1）班主任想要建立新型的“契约型班级”，出发点值得肯

① 案例来自 2017 年 7 月 14 日对天津市静海区某学校刘老师的访谈。

定。然而班主任不明白何为契约，教师单方面制订的规则，要求学生执行，最多也只能算“不平等条约”。

（2）班主任强调依法治班，却出现了班主任的班规和“铃声”所代表的通常意义的规范之间存在不同的标准的情况。就学生休息的角度来看，提前进教室压缩了学生的休息时间，课间只有十分钟，提前两分钟进教室，学生在两节课之间的时间不够休息。

（3）班主任的用词体现出他管理过度。“量刑标准”“记录在案”等性质的词汇容易造成师生隔阂，如后文有学生故意挑战班主任的权威，挑战班规，虽然最后失败了，但其他学生都在“观望”。可见学生对“班主任的班规”可能有疑虑。班规本应服务于公共生活，使之更顺畅，但此时却变成了制造矛盾的导火索。

初中某班学生操行评分细则①

一、加分办法

1. 所有文化课平时考试每次前 3 名各加 2 分。

2. 月考测评前 10 名，各加 1 分，单科第 1 名加 1 分。

3. 凡是参加学校举行的各种竞赛活动获奖的每人每次加 2 分（包括文化课竞赛和音体美竞赛）。

4. 每天班级卫生获好评，本组成员各加 1 分，被本组成员指责值日不认真或不做的学生不享受加分权利。

5. 受学校表扬或班级大多数同学公认的好人好事（如拾到饭卡或借书证之类的东西等），每人每次加 2 分。

6. 按时圆满完成老师布置的任务，根据成果加 1～3 分。

7. 课堂积极发言加 1～2 分，任课老师点名表扬加 1～2 分。

二、扣分办法

1. 所有文化课作业一次不交，扣 3 分。

2. 上交未完成的作业，扣 1～2 分。作业抄袭，扣 5 分。不及时改错，扣 3 分。

---

① 笔者 2017 年 8 月 9 日在吉林省长春市榆树市某学校的初中班级教室内所见。

3. 不参加卫生值日，扣 1 分。

4. 周一晨检，头发、指甲、校服、鞋不洁净，扣 1 分。

5. 团徽、阳光少年牌没有按时按要求佩戴，扣 1 分。

6. 说脏话、骂人、乱取乱喊绰号、乱写纸条、乱拿别人的东西等行为，一次扣 3 分。

7. 在教室吃东西破坏环境卫生，不及时清扫，1 次扣 2 分（水除外）。

8. 星期一到星期五迟到，1 次扣 1 分（在劳动除外）；缺勤补课，1 次扣 1 分（在班主任处请过假除外）。

9. 在教室打牌、下棋、玩玩具（如弹枪、水枪、溜溜球等与学习无关的玩具），犯一次扣 1 分。

10. 用劳动工具打闹、拿粉笔乱写乱画、乱扔粉笔头、用脚踢教室门，犯 1 次扣 3 分。

11. 不爱护班级财产，故意损坏财物，扣 2 分。

12. 乱扔垃圾，别人提醒后不捡干净；不讲卫生，随地吐痰，1 次扣 1 分。

13. 上网打游戏（包括在教室里用手机上网或玩游戏），发现 1 次扣 2 分。

14. 不遵守课堂纪律、睡觉扣 3 分，随意讲话，扣 5 分。

15. 不能积极配合老师认真听讲、回答问题，扣 3 分。

16. 课间操集合不准时，扣 1 分。做操不认真，扣 2 分。

三、奖惩结果

1. 成绩突出同学，评优优先考虑。

2. 操行评比前 10 名的同学，学期末进行物质奖励。

3. 授予评比名列前茅的同学“标兵”称号，并发喜报给家长。

本制度从 XX 年 XX 月公布张贴之日起执行。

希望同学们认真对照自己容易犯错的行为，尽力改正，争取获得加分而不是被扣分。同学们加油吧！

该班规略显平常，稍微有些琐碎，代表了很多教师制订的班规。

（1）该班规一共 23 条加减分数的规则，加分 7 条，扣分 16 条，关于学习、纪律、卫生的占绝大多数。

（2）班规内容表述多为禁止性规定，惩罚为主，减分为主，较少涉及学生的内心世界。虽然能够勉强维持日常教学，但是班规的作用不应止于此。

（3）值得肯定的是，该班主任具有一定的道德教育意识，在班规中涉及“好人好事”，给学生以奖励。然而，班主任通过班规培养学生道德品质方面还有提升的空间。虽然纪律、卫生等涉及基本的公共生活秩序，属于公德范畴，然而对于初中生来讲，以分数的形式进行公德教育还不够。班规主要通过规范行为期待学生养成良好的道德品质，班规需要具有教育性。班主任可以在班规中融入更多的品德部分，例如，助人为乐、拾金不昧、团结合作，并关注学生的尊严感、集体荣誉感等。

（二）班规的价值导向分析：缺少指向公共生活的品德

规范对人的规训功能多为潜移默化的。每天面对这样的班规，学生的思想意识中早已接受了这种行为规范背后的价值。在价值导向上，班规指向学生的外在行为考察是必要的，也是班规内容的重要组成部分。

班规在价值导向上存在外显化的倾向。班规多依靠给学生评分数来评价学生，惩罚倾向明显，这显然是不够的。古尔德纳论述过规章有三种类型，代表性规章、以惩罚为中心的规章和虚幻的规章。[①] 笔者所了解到的班规多为以惩罚为中心，违反纪律将被扣分，减分多者将被惩罚。班主任采用显性化、简单化的班规来评价学生，学生的短暂行为表现可以满足外在规范的要求，因此班级仅仅采用简单化的评价，也就意味着消解了道德教育的内涵，可能起到南辕北辙的作用。如果评价者过分重视琐碎的外在行为规范，容易导致学生仅关注外部、外在的行为，学生为了满足外部要求，忽略内在的情绪情感等，这就不足以培养道德品质。道德本身是内隐的，道德行为内化为道德品质需要时间和实践生活经验。规范需要指引学生学会自律，班级才能拥有更好的公共生活。

有的班规中支持学生过公共生活的公共品德的因素不足。班规的导向没有指向学生集体生活的建构，而是过分强调学生在学习成绩方面的个人竞争，没有导向合作，

---

① 汉森. 教育管理与组织［M］. 冯大鸣，译. 上海：上海教育出版社，1993：38.

反而导向竞争，忽视学生与他人的交往。在奖励和惩罚方面，导向外在的物质，忽视了内在精神和道德荣誉方面的引导。另外，班级共同理想和公共价值欠缺。班规与公共生活的规则具有同样的教育目的，班规中应该包含具有公共性要素的内容，因为班级公共生活不仅包括学习和纪律，还包括公共生活中学生的道德品质、班集体的建设目标等。班规本应保障集体建设的目标顺利达成，然而班主任对于班集体建设的目标不够清晰，就会导致班规中涉及他人与集体的品质被忽略。

班规应导向道德教育。作为学校纪律的一种，应符合教育伦理的要求。裴斯泰洛奇指出，学校教育的纪律必须建立在同情与理解的基础上，纪律必须严格、公正和人道，教育不能从外部强加给儿童。初步的道德教育包含着三个显著的部分：儿童的道德感必须首先由他们富有生气的纯洁的情感所引起；然后他们必须练习自我控制，并教导他们关心一切公正和善良的东西；最后，他们必须通过思考和比较，自己形成关于他们的地位和环境所应有的道德权利和义务的正确观念。①

班规应符合道德，培育道德品质，鼓励道德行为。鼓励合作，而不是仅仅通过评价强化竞争和个人利益，同时也不排斥竞争，要求学生敢于竞争、善于合作。根据片岗德雄的观点，班级的纪律应是“体贴人的纪律”，而不是强调细则的。班规应遵循：少规定拘束人的条目；不用表示禁止的命令型语气，侧重于指明大致方向，为学生保留一定的选择余地；对违纪者处分不过分。② 班规的内容随着学生身心发展的变化，应呈现出不同年龄阶段需要的阶段性和连续性，对于学生的品德培养具有积极的促进作用。

班规把学生引向利己主义，即仅关注个人利益，忽略了学生参与公共生活所需要的品质。学校尤其是班级应该帮助学生实现公民品德的生长，获得他们在当下和未来进行公共生活所需要的品质。就班规的产生而言，有班主任为了满足学校要求、管理方便而随意编写一些条款，因此班规也就形同虚设。有些班主任制订的班规几届学生一直沿用，甚至十几年如一日。每一届学生的特点不同，班规也需要因人而异，考虑学生的特点来制订，不能一成不变。

---

① 张焕庭．西方资产阶级教育论著选［M］．北京：人民教育出版社，1979：202．

② 谢维和．班级：社会组织还是初级群体［J］．教育研究，1998（11）：19—24．

以利己主义导向的班规为代表的学校评价制度，是追求升学率导致的、对学生的片面的标准化要求，有可能导致学生仅重视外显行为，忽视道德内在动机。学生只需要管理好自己，学习成绩好就可以获得好的评价，学生把学校当成“个体升学的扶手”和实现“私己性欲望的工具性场域”，然而学校本应是“灵魂上升的阶梯”“人性的教化性场域”。[①] 学生看起来是在学校的公共场所中进行着共同生活，然而这种共同生活仅是共同存在于一个物理空间，班规校规等过度注意学生的学习和纪律，忽视了学生的情绪、情感、品德的发展。学生之间缺少彼此息息相关的责任感、交往、合作、互助与关怀，仅是一群人在一起过着各自的生活。

二、 班规的执行和奖惩： 培养顺从者

任何静态的东西，一旦执行起来就复杂了。本书除了从静态的角度分析班规的文本，也从规范执行的动态过程来解析班规的公共性。缺乏公共性要素的班规容易导致学生仅懂得服从，缺少内在动机，从而沦为具有奴性的顺从者。规则意识是公共生活的必要要素，然而仅依靠外在行为规范维持的秩序，难以养成学生的道德品质。

从维持纪律的主体来看，不同的纪律维持者会产生不同的影响。

第一，依靠学生维持纪律。学生的公共生活在教室中，可以彼此监督，学生干部可以随时随地维持纪律。然而，这会在学生中产生两个团体，即班干部团体和普通学生团体。班级纪律的维持者表面上是学生，由于学生的认知发展还不够成熟，还需要班主任的指导，班主任采用各种方式委派不同的同学监督纪律，其中需要注意的是避免以“派间谍”的方式监督纪律。

第二，维护纪律主要依靠教师。任课教师与班主任对班规的阐释不同，班级中刚性制度和弹性执行之间的张力不好把握，学生会有选择性地违反纪律。有教师认为，“差不多就行了，不要太刻板，偶尔也需要放学生一马”。然而这就产生了教育不公正，对遵守规则的学生不公正。教师弹性地执行规定，也就意味着学生可以不遵守校规和班规，或者可以通过“走后门”来达到目的，人情超越制度。

---

① 刘铁芳. 公共生活与公民教育：学校公民教育的哲学探究［M］. 北京：教育科学出版社，2013：1.

（一）班主任全程监控

班主任亲自上阵，对学生实行全场景式的监控。班主任独自看管一群学生会疲惫不堪，学生也会因为逐渐增强的自我意识而反感班主任的监控，激起叛逆和反感，教师像警察管犯人一样严防死守着学生，学生像防贼一样盯着教师，这种状况下的师生关系可想而知。仅依靠班主任监管纪律可能产生以下弊端：学生容易养成两面人格，即当着教师（以有权力的班主任和学校领导为主，在任课教师面前也视情况而定）规规矩矩，教师不在场的时候就为所欲为。对其他人而言，教师专管而其他学生并没有权力和责任彼此监督，就会产生“事不关己高高挂起”的心态，有可能内化为人格的一部分。这样的教育生活失去了教育的意义，教师与学生变成了警察与犯人的关系。这就无异于消解了班级公共生活的实质性内涵，变成了班主任主宰下的生活。

班主任亲自监督的过程中存在私人情感和公平公正之间的摇摆。教师作为成年人，对于制度具有一定的理解能力和把握尺度的能力，可以在一定程度上避免刻板的执行，然而学生作为监督者就未必，如学生可能滥用班干部的权力，“以权谋私”造成学生之间不平等，分散学生的学习精力。与此同时，教师在维持纪律的过程中，受到偏私的情感影响可能有失公允，对于喜欢的学生、成绩好的学生、一贯破坏纪律的学生，同样的错误行为却差别对待。这种状况具有一定的普遍性，教师以个人喜好作为规则的尺度，可能会影响师生关系，影响班级建设与发展，这也涉及教师公正伦理的问题。公正与仁慈作为教师职业伦理的两大支柱，不可偏废。

由于班主任无法时刻监督学生是否遵守纪律，因此班主任就会采取一定的方式，较为普遍的是将经常扰乱纪律的学生通过排座位孤立起来等诸多方式。每个班级中总有几个令班主任头疼的学生，这些学生经常违反纪律，学习成绩不好，家长与班主任的沟通也不顺畅。因此，班主任或公开或私下地孤立学生，比如告诉全班同学远离谁或将座位调整成远离其他学生等。孤立的座位，学生戏称为“雅座”，通常在教室的四个角落或讲台旁边。这些座位与其他学生的座位相互隔离，这样学生彼此说话就必须提高音量，沟通具有一定的困难，这有利于维持课堂纪律。苏霍姆林斯基说过，学生在学校最糟糕的经历和情感体验就是孤独。班主任人为制造的孤立会带给学生很大的伤害，造成情感和心灵的孤单，情感上的孤独类似于精神监狱。这涉及班主任的教育观和教育方法的问题。

除了对学生的空间管控以外，班主任还采取其他的方式维持纪律。例如从教室后边的门、窗向内看，依靠班干部维持纪律，安排普通学生记录不守纪律的学生名字等。这些维持纪律的方式非常不恰当，会产生诸多弊端。相应的规范制度不健全，教师或规则的执行者具有一定的弹性空间，通常多“人治”、少“法治”。

（二）班干部带特权色彩的监督

公意和合法性来自共同的同意，需要落实在所有成员的行动中。康德指出公共性主要表现在三个方面：一是言论的公开和自由；二是公共批判的理性；三是公意和合法性的基础。① 这几个层面的公共性都需要作为班级公共生活的必要内涵。然而，班干部在履行职责的时候，以不遵守或违反规则的方式维护规则，有失公允。根据公平原则，班级中的监督者和受到纪律约束的人，都处于规则之下，均应遵守规则。根据片岗德雄的观点，纪律的检查必须改变为“相互内省”。② 班规的执行者应在遵守规则的情况下执行规则。当小干部执行班规或班级的其他规定的时候，通常有这样的情况：

上午课间操时间，班主任在学生队伍的最后，冷冷地观察着。当学生做课间操的时候，某同学在同学之间来回溜达巡视，或者站在班级队伍的前边或侧面，像狱警一样看守着，监督大家做操，自己站着。

下午丁零一声，下课铃响了。学生们该做眼保健操了。班级中的学生会成员立刻走出教室，挨着班级的前后门观察，检查做操情况。笔者所在的班级中，立刻有一名学生站在讲台前边，一边睁着眼睛做眼保健操，一边目光来回扫，监督大家。偶尔也会有同学睁开眼睛，来回看。

当有两个同学说话、扰乱纪律的时候，某个角落突然就会传来一声怒吼，“不要说话了”。声音在教室里回荡，顿时静悄悄了。

---

① 杨仁忠. 公共领域论［M］. 北京：人民出版社，2009：128—131.

② 谢维和. 班级：社会组织还是初级群体［J］. 教育研究，1998（11）：19—24.

这种维持纪律的方式，值得考虑。这是一种凌驾于制度之上的维持纪律，纪律执行者站在高于规则的位置，自己用违反规则的方式要求其他人遵守纪律和规则。小干部要求他人维持规则仅是规则意识的一个层面，另一个层面是自己也需遵守规则。案例中班干部的行为表现出缺乏规则意识。所谓规则意识就是“在公民社会中成员的独立主体性得到社会（政治国家）确认与尊重，人与人交往的公平规则成为社会成员普遍遵从的公共理性，个体的主体性与社会规则体现的主体间性”[①]。也就是说规则意识的养成，需要具有公平、平等的环境，如班干部要求他人遵守规则的同时自己也需遵守。

在一个案例中，老师在课间来到教室，催促孩子们赶紧进教室，有一个孩子很不高兴地问老师，还没到上课时间，为什么进教室？老师毫不客气地回了一句，听你的，还是听我的？孩子也毫不礼貌地回了一句，不听你的，也不听我的，听铃声的。[②]

（三）普通学生“间谍的荣耀”

班主任要求学生或学生干部随时向班主任汇报班级同学的情况本也合情合理，因为班主任对班级负有重要责任。然而班主任以何种方式要求学生汇报、汇报何种内容会影响学生和班主任工作的效果和班级公共生活。班主任要求学生记录干扰纪律的学生名字，学生的心智发展水平不同，对这件事情的理解也不同。

笔者在学校观察到：在初中一年级的时候，多数学生的心智发展水平与小学生差异不大，多认为教师是权威，多数认可班主任的安排。初一年级，下课铃响了之后，需要告状的学生、想得到老师关注的学生都到老师办公室，他们一起向班主任汇报违反纪律的同学和情况。

初二以后，学生对此则会有不同的理解，多数学生认为告状不好，而且主动找老

① 曾盛聪. 中国现代化与公民社会发展［J］. 重庆社会科学，2005（1）：84.

② 凌宗伟. 听谁的［EB/OL］. （2013—05—25）［2013—12—03］http：//blog. edu11. net/space. php? uid＝3649&do＝blog&id＝593126.

师学习是“显摆”和“装”，他们不屑于与老师走得很近。学生认为，与老师走得近，就是同学中的叛徒。

这种类似于敌我关系的师生关系，说明班主任工作中存在一些问题。班主任和学生沟通的过程中存在以下几个方面的不足。（1）班主任对学生只有要求，缺乏培养，班主任忽视了对学生做事情的技能和方法的培养。根据多元智能理论，学生有多种不同的智能，理想的状况是班主任可以根据学生的不同情况给予具体的指导。（2）把班级情况简化为纪律情况。班主任要求学生汇报班级情况，学生多数汇报的是其他同学违反纪律的状况。这与前文把纪律当作教育的内容和目的是一脉相承的，这种观念窄化了班级生活的内容，也不利于班级公共生活。这还反映出班主任对班干部职能的定位。通过笔者了解，班主任通常认为学生干部是班主任的小助手和左膀右臂，是班集体的代理管理者。从一个层面说明班主任管理过度的现象。班主任仅了解纪律情况，就无法全面了解班级的总体状况，无法针对学生的良好表现及时表示赞同和鼓励，会错过一些良好的教育机会。

发抖的小“间谍”①

初一年级的一名小男孩，戴着红领巾，穿着校服，短发，有点黑，看起来有点憨厚，初一上期期中考试，思想品德课开卷考试却不及格。

老师：班主任让你上课记名字的事情对你的学习有影响吗？

学生沉默不语，抬眼看一下老师。

老师：你上课多长时间记一次名字？

学生：五分钟。

老师：老师让你五分钟记一次了吗？

学生：没有。

老师：那你不需要五分钟记一次。每隔五分钟，你就要分散精力去观察别人，耽误你学习。你不需要一直记，你需要记那些说话声音特别大的、扰乱课堂纪律的。但

① 笔者在北京某中学观察到的师生对话场景。

是，如果老师让大家课堂讨论、活动、发言啥的，就不需要记。

学生：嗯。

老师：你要是觉得耽误你的学习，你不能处理好学习和记名字这两件事情，你就去和班主任协商。知道了吗？

学生：知道了。

以上的案例只是笔者在学校当中听到的众多故事之一，这种培养“间谍”的管理班级的方法已经渗透到小学甚至是幼儿园。为此，有些家长忧心忡忡，只能教导自己的孩子明哲保身，即不向班主任透露其他学生调皮的情况，家长对此心怀不满而不敢表达。试想，在这种环境中成长起来的孩子，学到的是什么？孩子的天真何在？中国社会未来的希望在哪里？

（四）坚持规则还是关怀学生：管理者之间的冲突

班主任作为班级的管理者，同时也作为学校领导的管理对象，与学校管理中的管理主义之间存在一定的张力。虽然也有一些班主任对于过度的管理持反对意见，但班主任毕竟需要接受学校的管理，难免有一定的冲突。就以下案例来看，纪律执行属于学校的基本规则，规则应具有公共性、合理性，才能得到教师的支持。

今天中午被叫去校长室，校长跟我说，今天午休时间，大概十二点二十分时，你们班纪律有点乱。然后把我说了一顿。我感到很委屈、很愤怒，那么不爱哭的我居然忍不住眼泪。我就不明白，为什么中午休息时不允许学生吵闹呢？①

这位老师在“QQ说说”上发表的感慨，下面有很多评论的，有人仅表示安慰，有人立场鲜明地表示应该允许学生吵闹。

这种状况在现实生活中很多。班主任与学校的管理理念存在冲突，多表现在纪律和学习方面，实则是管理和教育理念的差异。面对这种状况，班主任在遵守学校规则

---

① 笔者QQ好友中某班主任的QQ说说，2011年。

和关爱学生之间游移不定。对此，笔者建议班主任将正义与关怀相互融合。

偶尔放一马[①]

夏天天气很热。一所学校是封闭式管理，学生只有拿到班主任签字的出门条才可以出门。一天中午，两个男生兴高采烈、自信满满地走到门口，向学校领导出示了出门条。

领导接过来一看，脸立刻拉下来说，学校不让吃零食、不让喝碳酸饮料，不能出去。两名男生还据理力争，说是他们班主任让的，让他们带着班费出去给同学买雪糕吃。

领导说，谁说的也不行，快回去吧。

两名小男生犹豫了一下，悻悻地走开了，一边往回走一边向门外和领导的方向看了几眼，眼中充满了失望和无奈。之后，领导给班主任打了电话，说我们要给学生健康的生活，以后坚决不允许买零食。

然而戏剧性的是，刚刚打完电话，又进来两个学生提着一个塑料袋，里面装着几瓶饮料，他们稍微做了掩饰，但也很明显。

领导问，拿的什么啊？

学生笑笑说什么都没拿，就迅速地走开了。

领导笑了笑，什么也没说。

我问为什么，领导的解释是有时候也不能管得太死，偶尔也得放他们一马。

通过班主任的行为可以看出，班主任对学生以关怀为主，在明知学校禁止学生吃零食、喝碳酸饮料的情况下，给学生开了出门条，让他们出去买东西。（1）班主任维护规则的意识不强。（2）班主任对学生的关怀超越了规则的范围，甚至有些顺从和放任。通过学校领导的行为，可以看出：（1）有胆量的学生就能钻空子，老实听话的学生就得遵守规则。（2）规则是否具有效力因领导所处的情境而定。（3）学校教育多依赖人治，缺少“法治”。学校有诸多刚性的规定，烦琐而具体，在执行的时候却具有

---

① 笔者2011年秋的一天中午在校园所见。

弹性，这种弹性取决于管理者和被管理者之间的关系和所处的情境。学校的规则在制订和执行方面都不具有同一性，在同一个人身上，也因情境的不同而变化。

（五）班主任随意性的奖惩

在教育中合理的奖惩是必要的。班主任采取了诸多手段监督学生，发现了违反纪律的学生，就必然采取相应的惩罚措施。夸美纽斯、赫尔巴特、涂尔干、杜威、马卡连柯等都在著作中表达过合理惩罚的必要性。如夸美纽斯所言，我们可以从一个无可争辩的命题开始，就是犯了过错的人应该受到惩罚，他们之所以应受惩罚，不是由于他们犯了过错（因为做了的事情不能变成没有做），而是要使他们日后不再犯。① 教育中必须要禁止严酷的惩罚，因为这会对儿童的身心造成巨大伤害。

奖励一般表现为精神奖励和物质奖励，精神奖励如奖状、表扬、小红花（星星）等，物质奖励如奖学金、奖品等。惩罚一般可以分为身体惩罚、精神惩罚、物质惩罚三个主要类别。班主任惩罚学生的依据在于学生违反了校规或班规等，也有个别班主任依据个人喜好和情绪随意惩罚学生。部分班主任对惩罚的教育作用认识不清晰，夸大了惩罚，忽视了宽容，其惩罚方式多采用训斥、罚劳动、罚钱、请家长等。

（1）劳动惩罚。一般而言班级内的劳动由值日生负责②，班主任通常命令违反纪律的同学进行值日，值日生休息。

首先，体力劳动对学生的身心发展具有积极的促进作用，尤其是在当前青少年普遍体质偏弱、生活技能匮乏的状况下，体力劳动对每个学生都必不可少。体力劳动可以培养人热爱劳动的习惯，促进社会性发展。当学生在一起劳动值日的时候，他们可以相互配合、帮助、交流，形成良好的合作关系。

其次，惩罚属于负强化，把体力劳动与惩罚联系起来，对学生而言不具有教育性。惩罚的目的是为了帮助学生改正错误，用体力劳动的方式无法弥补学生的错误，除非是学生逃避值日。班主任把体力劳动当作惩罚，对体力劳动的价值进行曲解，这

---

① 夸美纽斯．大教学论［M］．傅任敢，译．北京：教育科学出版社，1999：198.

② 多数学校的清扫工作由学生完成，例如班级内、走廊、校园内等，个别学校聘请专门的保洁人员清扫学校，对此笔者认为，学生可以做的事情让学生做，如果聘用其他人员打扫卫生而没有恰当的教育指导，容易误导学生的价值观。当然专业的、危险的劳动除外，如擦教学楼上高层的教室玻璃等。

会导致学生在心理上将犯错误和劳动形成联系，从而鄙视体力劳动，厌恶体力劳动；而这种潜移默化的价值影响也与社会上轻视体力劳动者的观念相互作用，相互强化。公共生活中首要的是平等的参与主体，在人的价值和尊严方面的平等，不因为劳动的种类、社会地位而受到不同态度的对待。因此，班主任需要对自己所实施的奖惩进行价值层面的反思。

（2）经济奖惩。由于市场经济的影响，班级中也多采用与经济、物质等相关的方式奖励或惩罚学生。

但是，经济或物质奖励对学生而言，不可过多，过多的外在奖励可能强化学生的外部动机，而忽视内部动机。因此，对学生的奖励可以侧重内在尊严和荣誉感的奖励。

另外，罚钱这一惩罚方式也值得商榷。罚钱不等同于赔偿。班主任教会学生损坏东西要赔偿是非常必要的，然而有时也会给班主任带来意想不到的问题，需要谨慎对待。

班主任要求学生损坏东西要赔偿，这本无可厚非。A 同学是个马马虎虎、大大咧咧的男孩子，不小心弄坏了 B 同学的文具，于是老师告诉 A 原价赔偿。过两天 A 不小心弄坏了 C 的东西，A 和 C 自己解决了这个问题，C 要求 A 原价赔偿，于是 A 就原价赔偿了。事后，别的学生告诉了老师，老师仔细一询问，原来 A 不小心撕坏了 C 的练习册的一页，A 给了 C 同学一本练习册的钱，而 C 拿了钱，继续使用着旧练习册。为此老师批评了 A 和 C。老师表示，没想到 C 会这样，这些小孩子太能钻空子。

赔偿者懂得了损坏东西要赔偿的道理，其他学生可能学会了“用久了的东西，可以通过这种方式让别人帮忙换新的”。于是学生之间有了新的矛盾。

经济惩罚的方式至少有下列几个问题需要考虑。

其一，惩罚的有效性值得探讨。惩罚也可以成为惩戒，目的是通过一定的手段避免不好的行为出现。这种罚款的方式却未必能够起到规范行为的作用。由于学生的家庭状况不同，对此规定的感受不同，因而相关规定在教师和学生之间没有产生同样的约束力。对于经济富裕的学生而言，此条规定无异于告诉学生，钱可以买一切，犯错误也可以通过花钱的方式来获得原谅。

其二，惩罚方式背后存在“金钱至上”的价值观教育。罚钱仅是形式上的惩罚，不具备教育的意义，甚至还有金钱至上的价值观隐藏其中。

其三，这种惩罚方式本身的合理性也不具备。罚钱的合理性依据缺失，金钱不能成为衡量一切的基础。随意的经济惩罚超越了教师的权限，对于学生而言，学生没有独立的经济能力，也就是说惩罚教育的对象发生了偏转，由学生指向家长，由品格或具体事件转向了经济。

三、强化公共性要素的班规：培养学生的法治精神

以往的班规具有微弱的公共性，即“共知”，明显的公共性要求班规不仅具有“共知”意义上的公共性，还要求具有“共同策划”“共识”“公意”层面的公共性，还要求公开、公平、公正。[①] 规则涉及的是人的纪律与自由的问题，是公共生活的制度基础和首要内容，规则的产生和维护也是首要的公共事务。理想的班规是教师和学生共同制订的，用来调整所有班级成员的关系，制订的过程中全体学生表达意见，倾听，对话。最后，得到全体学生一致同意的、接近理想状态的班规。它具有价值指向、品德养成等作用，从产生到执行都能够促进学生的自我约束能力，从文本内容到价值指向都可以培养学生的法治精神。

（一）班规：平等的权利主体签订的契约

班规是教师和学生之间、集体成员之间的契约，契约的前提是平等自愿。制订班规自然是班主任和学生共同参与，班主任起引导和帮助的作用，学生发挥主体作用。

班主任要有平等的意识，不可以权力或利益等诱惑学生按照班主任意识行事。鉴于班主任拥有的权力，学生可能会在制订班规的过程中主动站在班主任的立场考虑问题，考虑老师想要的班规是什么，表达出班主任期待的内容而获得班主任的赞赏。因此，班主任需要注意避免在没有获得学生的充分讨论和一致同意的状况下影响学生的自主判断。例如，对学生的某点意见表示出明确的赞许或反感，这些话语或态度可能会对学生产生误导和压力，长此以往学生可能会失去自主性，养成奴性。学生的真正的平等表达需要产生在无恐惧的环境中，产生于多次的练习中。胡适指出：“法律只

---

① 博曼. 公共协商：多元主义、复杂性与民主［M］. 黄相怀，译. 北京：中央编译出版社，2006：33.

能规定我们的权利，决不能保障我们的权利。权利的保障全靠个人自己养成不肯放弃权利的好习惯。”① 因此，班主任可以从我做起，平等地对待学生，从教育学生的立场出发，帮助学生养成平等意识。

有了平等的权利主体，才能够有平等协商的过程。班规制订的过程是一个从提出议案到讨论协商、达成共识的过程，也是培养学生过公共生活的重要机会。审视一些班规的文本，会发现班级管理缺乏“法治”意识，带有明显的“人治”色彩，甚至存在班主任情绪化管理的印记。

班规制订的流程可以如下。

第一，自愿参与制订班规。班主任需要提前做好学生的动员工作，向学生阐明参与公共生活的意义和目的，尽量鼓励学生参与；对于不参与的学生也不能勉强，可以通过其他方式吸引他们，尽量避免外在物质刺激的方式。

第二，学生提案，公开讨论。每个学生都有理想的班规、每个人都有自己独立的思考和观点，如果所有人的观点都一致，没有任何异议，那么这种一致性就很可能存在问题。

第三，班规的产生过程也就是班规深入人心的过程，也就是从“人治”走向“法治”的过程。学生参与制订的班规具有公信力。陶行知指出，学生自治所立的法比学校里所立的更加近情，更易行，更深入人心。自己所立之法的力量，大于他人所立之法，大家共同所立之法的力量，大于一人独断的法。② 通过举手表决等表达意见的方式，在不违反基本伦理道德要求的前提下，多数或一致同意以后，就意味着权利和义务的契约关系成功地建立了。

第四，班规执行过程中需要注重彼此监督和自我反思。契约制订之后，意味着所有成员的部分权利被让渡给少部分成员，他们负责班级成员的组织和管理，其他同学有监督的权利。班规的执行多需要教师和部分学生来监督甚至惩罚违反规范的学生。如果班规是所有学生制订的，这就意味着所有的学生都同意并愿意遵守班规，所有学生都可以相互监督。班规一方面是对本班学生的基本要求，另一方面也是学生自我约

---

① 刘军宁. 北大传统与近代中国［M］. 北京：中国人事出版社，1998：112.

② 陶行知. 学生自治问题之研究［M］//陶行知. 中国教育改造. 北京：人民出版社，2008：19.

束和反思的工具。

第五，班主任的指导需要贯穿整个班规制订过程，班主任的正义与关怀的情感需要适当平衡，在坚持正义原则的同时对学生保持关怀。班规需要能够体现公平正义，并促进公平正义的实现，在正义原则的基础上将导向培养学生的公共精神。班主任作为成人，受社会和教育的委托，代表社会和国家的需要向青少年提出要求，要求学生具有良好的品质和能力等。在班主任的指导下制订的班规需要能够培养学生的公共精神。班规恰当处理个人的自由与集体的秩序之间的关系，应指向个人和他人、个人与集体之间紧密相连的合作关系。班级的公共利益中包含着良好的秩序，为学生的成长营造良好的环境。同时，班规作为班级全体成员的“法律”，也需要考虑规则的底线问题，即在不影响班级公共利益的前提下，最大限度地保障学生个人的自由。

（二）具有公共性的规则，培育法治精神

班规可以折射出法治教育的相关问题。对于学生而言，可以从班规、校规等身边的规则入手，以法治教育推进公民意识的培养和民主社会的建设。法治不仅是一个国家现代化的标志，更是人类价值追求的现实载体。一个国家的现代化程度和社会的文明程度在很大程度上取决于社会的法治程度。具有法治精神的公民是实现依法治国的现实基础。对公民进行法治教育关系着每个公民的法治素养和人生幸福、关系着社会的和谐与安定，更关系着建设社会主义法治国家能否顺利进行。当前，我们建设法治国家的一个最大瓶颈就在于中国公民缺乏法治观念和精神。为了提高公民的法治观念，建设法治国家，就必须对公民加强法治教育。

班规作为最贴近学生的“法”，具有培养学生法治精神的可能性。关于培养学生的法治精神的具体路径，有学者从宏观方面，指出应从以下几方面努力：首先要强化我国政治制度的法治基础，党必须依法执政。其次，不断发展和扩大基层民主自治。再次，深入推进法制宣传教育。① 具体到学校教育的途径可以包括，学校应通过教材和课程加强公民法治教育，以社会实践活动进行法治教育，以学校隐性课程、文化等渗透法治教育，使学生的生活环境中充满法治精神。

---

① 程秀玲，梅义征. 论公民法律意识的培育［J］. 法治论丛，2003（06）：69－70.

班规应当情理原则与契约原则并重，以情理原则为主导促进学生发展。培育现代中国社会公民，既要关注传统又要适应现代社会发展，我国传统社会注重人情关系，现代社会则注重法治和契约，因此教师在培养学生的时候，也应情理原则与契约原则并重。“用情理来规范秩序与用契约来规范秩序是不相同的。情理依据的是远近亲疏和自我边界伸缩的状况，因而不能一视同仁，也就不能体现平等的原则。在中国，‘公事公办’是不近人情的意思，而不是通情达理的意思。”[①] 因此，班主任需要清楚分辨公事公办、通情达理和情理原则三者之间的关系，对待学生首先要一视同仁，尤其涉及班规协议中的内容，更需要遵守规则。班规作为一种规范其首要的要素是正义。制订和执行班规的过程，应该是公开、公平、公正的过程，是培养学生的公共意义、规则意识、法制观念的过程，也是教师与学生之间建立契约、深化了解和交流情感的过程。与此同时，也需要为人与人之间的关怀留下余地，为宽容等美德留下余地。因此，班规的内容需要多柔性、弹性，多给学生自由发挥和改正错误的空间。

法治教育不是仅仅停留在法律至高无上、法律是衡量一切的根本标准的层面上，在学校教育中，不能仅仅用法（学校规则）的惩罚威力去震慑学生，使之遵法守法。这种教育模式往往只是了解违法的恶果，教育的内容往往只是法律常识，这样的法治教育本身违背了法治的内涵和精神。法治的内涵高于法律知识，是实现法治社会的基本精神和基础。法治教育主要内涵是法律精神的教育，即自由、平等、人的尊严至高无上等价值观念。法治是为了人的价值与尊严、社会的和谐与发展而存在的，为了保障人权而设置。从这个意义上说，学生有基于良心而不服从恶法的权利。我们需要的是体现法治精神的教育。

公共生活中的宽容包括两种形态：一是教师与学生、学生与学生之间应该相互宽容，彼此尊重对方的权益与个性化的要求而不妨碍对方的发展权益。二是制度对人的尊重。[②] 学校中的各类规则与制度必须内在地充分体现对师生尤其是对学生的尊重，包括对他们的“异见”的尊重。制度宽容营造了师生自由交往、和谐发展的精神氛围，为师生自由平等地参与学校公共生活提供了制度保障。

---

① 杨宜音. 当代中国人公民意识的测量初探［J］. 社会学研究，2008（2）：54—68、243—244.

② 张睿. 略论学校公共生活的建构［D］. 南京：南京师范大学，2011：35—36.

第二节　班级的民主选举：班级公共生活的重要内容

面对社会转型、学校变革，将学生培养成为合格公民是当前很多学校的口号之一。学校实施民主教育、民主班级管理的意义与重要性毋庸置疑。班主任作为一个班级和中队的负责人，必然需要和学生共同开展班级工作，因此需要一些班干部或具体事务的负责人，班队干部多通过选举而产生。

班级选举过程中容易出现很多状况，迫切需要探讨。班级民主涉及的问题很多，如教师支持民主选举的动机不纯，选举具有功利化、形式化的倾向。这反映出我们对教育民主的理解简单化和工具化。

本部分提出班级民主生活的可能出路在于：理解教育民主的三层含义，即价值追求、政治生活的程序和美德；参与即意义建构，注重学生的民主参与；在参与中培养学生的参与能力。

一、 班级民主选举的问题

民主是现代社会普遍认可的一种价值观念，民主的观念和能力对于学生的成长十分重要。现在人们对民主的理解存在误区，可能导致学校教育出现一些问题甚至悲剧。

（一）实施选举的动机："扔掉烫手山芋"

学校今天要求每班上报几个平时在思想上表现不好的同学去参加一个心理辅导班，其实就是道德提高班。我思量再三，建议班委以投票的方式推荐产生人选。

下午放学时，除张同学外，其他四位被推荐的同学出现在我的办公室，他们都以虔诚的表情问我不上报行不行?

他们还带来了一封保证书：

老师，我不想去上那个道德提高班，我觉得那是个丢人的事情，怕别人笑话。虽然我犯了好多错误，如喝酒、吸烟、欺骗您和打扰同学学习，但我觉得我还是不想去，我觉得我自己应该能慢慢地醒悟。上道德提高班太打击我对学习的信心，我本想慢慢地赶上学习，可如果去上那么一节课，我就会失去信心。

虽然我在道德方面表现差一点，但是我想由您给我上就行了，不必去那么大的场所。我觉得您给我上就挺好的，我现在也相信我自己能赶上，能恢复以前的那种状态。请您相信我，如果老师同意我不去的话，我一定会努力学习，不辜负老师和父母对我的期望，上课一定会认真听讲，不做任何一件坏事，争取在中考前，使每门科目都能及格，并取得理想的成绩，请老师相信我。

学生：某某某

2013 年 12 月 20 日

我想，当我把这个难题交给了班委时，感到自己一下子扔掉了一个烫手的山芋。没有想到现在问题又摆在了我面前，我以什么理由说服他们呢？

我没有想到他们会来求情。作为班主任，在处理班上一些事务时，应尽量避免自己一人说了算。把权力下放到班上，或许能减少班主任和学生之间的许多不愉快。学会放权，学会权力的转移，这也是班级管理的一种有效方式，何不尝试呢？[①]

部分班主任放权的最初起因是事情难办，方法是扔掉，收获是“减少自己和学生的矛盾”，结论是放权有效。然而这“权”本来就是学生的，学校生活也原本就是学生的公共生活。这件事情显然已经伤害了学生的自尊心。苏霍姆林斯基指出：“自尊感是学生道德发展的重要因素。”[②] 显然，案例中教育的契机已经出现了，教师应考虑保护学生的自尊心。

（二）选举前具有功利倾向的思想动员：“可以评奖评优”

某学生具有某一方面特长，班主任想让该学生当干部起到榜样示范作用，学生却不愿意。班主任就会多方面开展思想动员工作，包括给学生家长打电话、找学生谈话、各种威逼利诱等。

---

① 某班主任的博客，笔者稍作精简。

② 苏霍姆林斯基. 苏霍姆林斯基选集：第 1 卷［M］. 北京：教育科学出版社，2001：439.

班主任：你来当班干部吧。

学生：我不想当。耽误学习，我妈让我专心学习。

班主任：当班干部有好处，你可以锻炼自己。

学生：我不用锻炼，我妈说学习好就行。

班主任：你可以交到很多朋友。

学生：我不需要朋友。（事实上，她几乎没有朋友）

班主任：当了班干部，你可以为班级做贡献，你可以评三好学生和奖学金什么的。

学生：那好，我就当吧。①

班主任所看重的通常是学生的成绩和能力，会相对忽视能力较弱的学生。班主任对选举具有很强的倾向性和预设性，有违公共性。前期的思想动员工作明显与班级公共生活的公开、公平等要求相背离。

（三）选举过程形式化：班级干部负责民主监督

我费了好大劲才让某个能力一般但家世背景显赫的孩子当上班长，这可把我累坏了，我得花好长时间找他的优势，长时间地给他造势，表扬他，最后还要通过各种方法让他在选举中获胜。②

通过调查问卷和访谈，笔者总结出：多数班主任前期动员工作的目的主要是为自己寻找小助手。通常班干部有几个条件：第一，学习成绩中等以上，或者在某一方面有一定的特长；第二，有一定的协助班主任工作的能力。如果在同学中的影响力不够，班主任会帮助他做一些选举之前的宣传和铺垫。

这样的选举过程基本上能够按照班主任的意志进行，很少出现意外。但选举过程

① 对北京某中学班主任的访谈。

② 对北京某小学班主任的访谈。

中学生参与的主体性体现在何处呢?

班级要进行换届选举了，班干部 A 在班级工作的时候有些方式不受同学欢迎，他担心自己可能选不上。选举过后，班主任让 A 等几名班干部来统计结果，A 顺利连任。这引起了几名同学的疑惑，课下他们对照了投票，都没有投 A，果真如此的话，A 的票数存在问题。于是，他们去找班主任反映此事。

班主任重新核对了选票，果然 A 存在作弊行为。然而班主任却批评了这几名同学，说他们拉帮结伙、搞小团体。班主任对 A 采取了暂时不处理的方式。①

除了学生作弊，还有一些学生家长采取代学生请全班同学吃饭、请学生逛公园等不正当手段。

班主任需要提前做好学生的动员工作，尽量避免不正当竞争的行为。有些概念在民主选举的时候是需要区分的，例如集体出游、贿选、拉票、小团体、竞争、不正当竞争、竞选演讲、人身攻击等。

（四）选举结果：强化官本位意识

第一种选举结果异化的情况是“人人都是班干部”。

2012 年《新京报》针对学校官本位的问题进行了一次调查。近半数（49.0%）受访者认为“官本位”不是取消“几道杠”就可以淡化的，还有约两成（20.6%）受访者认为“不好说，社会影响太大，不乐观”②。还有新闻报道：某小学全班 61 名学生全是班干部，班长按学号轮换。③ 另据报道：小学全班 42 个学生有 50 个干部，学校称这是在尊重学生的表现欲。

班级的班干部很多，班长、学习委员、各科课代表、值日班长、值日组长、学习小组组长、饭卡管理员、植物管理员、图书管理员，甚至班级的门、窗、灯等都专门

---

① 陈爱苾. 春华秋实每一年——班主任的每一学年［M］. 北京：教育科学出版社，2009：69—91.

② 高明勇. 取消几道杠无法根除官本位［N/OL］. 新京报，2012—10—27［2013—09—02］. http://epaper.bjnews.com.cn/html/201210/27/content_383657.htm? div=—1

③ 秦珍子—小学全班 61 名学生全是班干部 班长按学号轮换［N］. 中国青年报，2012—10—10（09）.

有管理员，名目繁多，数不胜数。如果在小班教学的班级，也就容易出现人人身兼数职、人人都是班干部的情况。部分班主任谈到这些的时候，多是扬扬得意、沾沾自喜，以为自己想出的好办法，使得班级管理井然有序，任何事情都会有学生专门负责，同时还可以培养学生的责任感。

第二种情况是选举结果出来之后，落选学生说“选上的还不如我”。

学期末学校评选三好学生，每个班级推选三名同学。于是，班主任老师让大家自己报名，举行竞选演说。最后结果出来了，A 等几名同学没有选上。班主任老师让每个人都回去写个感想。其他同学的感受是：自己还有很多不足，还需要努力等。A 同学的感想中写道：他们都不如我，上次考试我看见 B 同学偷偷打小抄，前两天 C 同学和别的同学吵架了，C 不团结同学。他们都没有我优秀，不如我。对此，班主任老师找 A 同学聊天，试图纠正他的想法，说服他遇到问题也要从自身找原因。

经过了解，A 同学的家长就是这样的人。A 的妈妈每天在家里都这样说话，总说别人的缺点，很少从自身寻找原因。为此，班主任也和家长沟通过，但基本没有什么效果，对此班主任有些无力感。

这个案例体现了几个问题，对选举的失败不认可，对选上的同学不服气，班主任的个别教育效果甚微，还有民主选举的信息公开程度不够。当然落选同学本身也存在不足。对于这种情况，班主任可以尝试建设班集体、通过集体的力量帮助学生发展。

2010 年，15 岁的初中女生雷梦佳（化名）和同学打架，老师秉承学生自主管理的原则，发动全班同学投票，决定是让她留下学习，还是请家长将其带走进行家庭教育一周。26 名同学选择让她回家接受教育一周，12 名同学选择再给她一次机会。

在得知自己被大部分同学投票“赶走”后，女生留下遗言，投渠自杀。

班主任说，这是为了实施民主管理，才鼓励学生投票的，少数服从多数，没想到造成了这样的后果。①

第三种选举异化的后果是被停课回家然后自杀。当然学生自杀的原因是多方面的，滥用民主而伤害了学生尊严是原因之一。案例也反映出，教师以及多数人对民主存在误解，容易导致“民主的暴政”，侵犯到利益相关者的权利。民主选举的内容也有其限制，民主的适用范围有界限。义务教育法保证受教育者接受义务教育的权利，这不是所谓的班级民主投票可以适用的范围与内容。

我来之前，他们已经换了好几个老师了，全校都没有老师愿意接这个班。没办法，只能我接了。进行民主选举，选出来的班干部都是小霸王。如果班级氛围不好，选举出来的都是所谓的坏学生，他们课下用各种手段恐吓同学以获得选票，然后拧成一团和老师作对。那些孩子很调皮，处在叛逆期，故意和老师作对，以成功气走老师、换老师为荣。同学们敢怒不敢言，班级事务也没有人做。②

第四类的选举结果就是“小霸王”当选。班级氛围对于班主任工作十分重要，其本身也是班主任工作的对象。民主选举不能够只有投票一个环节，它受到很多因素的影响和制约。当然还存在其他情况，笔者不一一列举。

（五）选举的外在因素：众多压力和干扰

同事的孩子在我班，中考推优，我进行班级公开投票，她直接跟我说，不要选，把名额给她儿子就好了。商量不成，她很生气。我也感受到了来自同事的压力，但还是进行选举，结果她儿子高票当选。但这是依靠孩子自己的能力，而不是我违背良心偏袒的结果，我问心无愧。③

---

① 奚春山．15岁少女因同学投票欲将其赶走留遗书自杀［EB/OL］．（2010—04—24）［2013—10—03］．http：//news．gxnews．com．cn/staticpages/20100424/newgx4bd2678a—2892522．shtml

② 对山东青岛某中学班主任的访谈。

③ 对山东青岛某中学班主任的访谈。

推优类的选举还可能遇到一些家长的压力，例如孩子没选上家长来闹，怀疑评优评的是其他老师的孩子。

以上种种选举乱象，与陶行知指出学生自治的弊病如出一辙，甚至有过之无不及。他指出自治可能会产生如下弊病：（1）把学生自治当作争权的器具。（2）把法治当人治。（3）学生自治与学校立在对峙地位。（4）闹意气。[①] 对此，我们需要分析相关影响因素，当这类问题产生的时候能够恰当地进行价值引导。

二、 班级民主选举的问题分析

班级民主选举的问题不仅是选举过程的问题，也是平日教育的问题。在追求功利化、竞争主义的教育影响下，很多教育者不自觉地被市场经济的逻辑侵蚀了，失去了教育的应然立场。

（一）重视竞争和选拔，忽视培养和教育

通过选举把机会给了能力相对较强的学生，忽视能力需要发展的学生，重视学生的听话和执行能力的培养，忽视领导能力的培养。富兰指出：领导者不是天生的，而是培养的；我们处于分布式领导的时代，每个成员都可以通过工作经验的积累以及相互间的学习等，养成一定的领导能力，只有这样才能随时分担职责。[②] 学校教育不能够仅选拔能力强的学生，更应该注重培养全部学生的领导力。学校教育中实施民主教育，目的是培养学生的能力，为此我们应该更多为学生能力的发展提供机会。

（二）重管理、轻服务，存在科层制和官本位倾向

班主任在班级中设置众多干部职位，一方面有利于班级事务的良序进行，另外一方面也存在班级被等级化、官本位思想笼罩的倾向。就学生而言，也存在认为自己是小干部，有管理其他同学的权利的观念。这样不易建立良好的师生情感联系，难以形

---

① 陶行知．学生自治问题之研究［M］//陶行知．中国教育改造．北京：人民出版社，2008：19－20.
② 张晓峰．分布式领导：缘起、概念与实施［J］．比较教育研究，2011（09）：44－49.

成班级生活共同体和情感命运共同体。

学校生活是儿童社会化的重要阶段，儿童有必要了解一定的社会生活状况。教师、班干部所要做的绝对不是单纯的管理，更重要的是服务和奉献。科层制是马克斯·韦伯提出来的组织管理模式，强调分工明确，追求高效率。在学校教育中，尤其是班级生活并不适宜完全的科层制管理方式。科层制强调地位分层、职权分明，容易强化不平等，消解公共情感，挤压公共生活的空间，不利于学生形成平等、独立等观念。

此外，这涉及如何理解班级性质的问题。班级是学生学习共同体、生活共同体，但首先应该是师生的情感命运共同体。学生身在其中，彼此不仅应该存在集体关系，更应该存在彼此依赖信任的情感关系。

（三）“责任田”可以培养义务感，不足以培育道德责任感

责任，简言之就是“对行为主体的客观要求和行为主体对责任的心理体验”[①]。责任心或称责任感，是主体在了解责任的基础上内化而成的内在约束力。帕森斯指出，责任感可依次分解成两个部分：履行广泛的社会价值的责任感和完成社会结构中某一特定类型角色的责任感。[②] 学生的责任感更确切地说是义务感，可以通过所安排的岗位职责来进行培养，但责任不仅仅是服从、履行职责。学校教育所追求的是能够积极主动担负起责任的道德人，显然，通过教师把班级事务分解成小块责任田是无法完成以上教育目标的。

（四）对民主理解简单化和工具化

对民主的理解简单化和工具化主要体现在动机和过程两方面。其一，教师之所以在班队工作中采用民主的方法，是因为民主可以堂而皇之地推卸教育责任，甚至是滥用民主，超越了民主选举的范畴，忽视教育本身的道德性、容错性和学生发展的可能性。

---

① 罗国杰. 中国伦理学百科全书·伦理学原理卷［M］. 长春：吉林人民出版社，1993：342.

② 帕森斯. 作为一种社会体系的班级：它在美国社会中的某些功能［M］//张人杰. 国外教育社会学基本文选. 上海：华东师范大学出版社，2008：420.

其二，学校将民主化约为选举，而选举简化为投票，投票多为形式主义。只有竞选演讲和投票的选举不是完整意义上的民主，无法培养学生公共理性、公共精神等。公开的讨论和辩论环节使得人们获得了表达自我的机会，使得人们的观念和思想从单一走向多元。安米·伽特曼认为孩子们在学校里“必须学会的不仅仅是按照权威的要求而行动，而且是对权威的批判性思考”①。教育中的民主应有相应的价值基础、制度、教师领导的相互配合，学生的民主应与坚实的知识基础、独立思考能力、批判式思维相伴。

三、参与即意义——教育民主生活的可能出路

美国发展心理学家詹姆斯·尤尼斯通过研究青少年期的社会性与道德发展和教育提出“青少年道德发展理论”。他指出，积极参与社会实践活动，可以改善社会现实中的问题；改善学生对弱势群体的看法；改变学生自我认识，提升学生的自我效能感，认为自己有能力与智慧纠正各种问题；成年以后，他们在社会参与、政治参与方面的积极性显著高于青少年时期没有此经历的人。② 可见，成熟的民主社会对于公民的参与能力、理性能力等有很高的要求。这些能力需要在学校尤其是班级生活中进行锻炼，学生需要在非正式学习的情况下习得这些情感、态度与技能。

学校和教师可以从以下层面入手：首先，重视和尊重学生自治，让学生感受到自己的参与具有实效性。其次，进行关于民主参与的知识教育，在实行学生当家做主的自治之前，需要有充分的舆论来了解自治。再次，学校和教师为学生创造自治的空间和氛围。具体层面而言，学校和教师需要认识到以下内容，即教育民主包含价值、程序和美德，学生的民主参与具有不可替代的价值，培养学生的民主参与能力。

（一）理解“教育民主”的三层内涵：价值、程序和美德

民主至少包括价值、政权组织形式、个人生活方式等三个层面的意义。

第一，价值观念层，民主所主张的是人民当家作主，倡导的是人人平等。民主与

---

① 金里卡．当代政治哲学［M］．刘莘，译．上海：上海三联书店．2004：555.

② 陈会昌，谷传华，秦丽丽，等．尤尼斯道德发展的实践活动观述评［J］．心理科学，2004（01）：156.

平等、自由、公正等同为人类宝贵的价值追求。

第二，民主作为政权的组织形式之一，是组织运行的程序和手段。民主的实行和操作都以尊重每个个体的基本权利为前提和底线，其决议原则是少数服从多数、多数人考虑少数的意见。作为程序的民主必须以作为价值的民主为依托，而不能以“少数服从多数”一条原则取代民主的全部内涵。

第三，教育民主作为生活方式和个人美德。教育民主的教育性优先于民主的其他特性。学校教育与社会中的民主的区别就在于教育的立场。教育的全部需要符合民主的价值要求，教育的内容包含民主的内容，教育目的指向具有民主情怀的人。归根结底，民主的价值、程序和内容，都要依赖于对民主具有情感和能力的公民，诚如怀特所言，“民主程序或许正在被确立，与程序和方法同样重要的，还有作为民主程序之基础的价值观念，以及实施民主程序和依靠民主程序才能生存的公民的感情和素质”①。践行民主所需要的品德和素养，如诚信、友谊、爱、责任、和平、平等、正派等，才是教育所追求的根本。

学校教育是一个专业领域，并不是所有的领域和事物都应该、可以进行学生民主管理的。我们需要有依据地区分学生应该且能够参与的事务，和学生不应或暂时不能参与的事务。杜威说过：“民主主义不仅是一种政府的形式；它首先是一种联合生活的方式，是一种共同交流经验的方式。”② 在班级培育学生的民主精神、实施民主管理也并非只有选举一种形式。此外，为学生营造民主的氛围也十分重要。

当学生能够进行抽象、逻辑思维的时候，就可以着手培育学生的公共理性。公共理性是指公民的理性，“是那些共享平等公民身份的人的理性。他们的理性目标是公共善，此乃政治正义观念对社会之基本制度结构的要求所在，也是这些制度所服务的目标和目的所在”③。根据罗尔斯的观点，公共理性是公民的理性能力和道德能力，公共理性的目标是为了整个共同体的发展而寻求普遍的公共利益。在此基础上，“公共理性区别于世俗理性和世俗价值之处就在于其公共性”。公共理性并不是一种超越个人的道德‘大我’，它仅仅是在个人的道德能力和理性能力基础上形成的能够保证

① 怀特．公民品德与公共教育［M］．朱红文，译．北京：教育科学出版社，1998：10.

② 杜威．民主主义与教育［M］．王承绪，译．北京：人民教育出版社，2001：79.

③ 罗尔斯．政治自由主义［M］．南京：译林出版社，2000：225.

公共生活的合作正常展开的一种方式①。公共理性应该成为现代学校教育中所培养的基本能力之一。

（二）参与民主生活具有当下和未来的双重积极意义

参与既是目的也是手段。“学生参与民主生活既可以作为自身的目的，又可以作为实现成人民主生活的手段。”② 情感上的认同和外在行动上的参与，二者之间相互建构，相互促进。一方面，参与就是当下生活的过程与目的。参与的过程伴随着生活经验积累与随之而来的精神成长。在参与中彰显个性，在与他人的交往互动中完成个人的个性化和社会化过程。参与的过程必然不会一帆风顺，但这就是成长的契机，也是参与的意义所在。当参与、决策、分工等出现分歧、陷入困境时，学生需要学会依靠与人协商解决问题。在解决困难中成长，在参与中学会参与。另一方面，无数个当下参与的经验的获得积淀成为未来的素质和能力。参与这一行动可以为学生成为民主社会的良好公民打下坚实的基础。

（三）走向自治：培养学生民主参与的能力

参与本身就是生活，参与是自我的展现。“选”之前班主任和学生减少心里的预设，公开选的过程，鼓励学生参与其中并彰显自我，形成重叠共识，班主任需要向学生阐明“选”的价值、意义，选后的培养或疏导，鼓励学生自治。对此，檀传宝指出，班级实施民主管理可以采取以下措施：首先精心设计班级管理体制，其次通过推选与竞选演讲相结合的方式选拔班干部，再次建立激励机制与约束机制，最后工作过程注重协商、对话和集体表决，公正地执行规则。③ 学生自治首先需要良好的环境，需要教师降低个人预设，鼓励学生广泛参与。

1. 鼓励学生广泛参与，班主任降低预设

首先，班主任减少或者取消心里对班干部的预设，鼓励所有学生参与。教师可以

---

① 戚万学．静水流深见气象——鲁洁先生的教育思想与教育情怀［M］．北京：教育科学出版社，2010：4—5．

② 诺丁斯．教育哲学［M］．许立新，译．北京：北京师范大学出版社，2008：39．

③ 檀传宝．德育与班级管理［M］．北京：高等教育出版社，2007：421—423．

放弃理想的班干部人选，放弃对学生的偏见，因为每个学生都具有无限的可能性。学生更需要抛弃原来的偏见，包括诸如班干部是帮助老师管理其他同学、帮老师做事情的、可以得到奖励、班主任已经内定了班干部人选等。

其次，班主任鼓励所有的学生积极参与，应向学生说明参与班级生活的意义和价值。“现代政治已经远远超出普通公民伸手可及的范围，使之形成对政治的无力感和疏离感”[①]，这是对社会的失望甚至是绝望。希望是“行动的本质上的生成”，马塞尔在希望和行动之间做了强联系[②]。有希望就有行动，公民只有参与、介入、采取行动积极改变不够合理的现实，才能创造更好的社会和环境。因此公民参与公共生活十分重要，学校教育的普及和培养也十分重要。

班主任鼓励学生参与公共生活，可以要求但不可以强制。首先，可以要求学生参与公共生活。参与班级的公共生活本身就是一种班级生活，也就是学生的学校生活。只有在参与公共生活中才能学会参与，才能提升其他方面的能力，实现小公民的成长。“公民自我的构建大体上是象征性的和间接的。”[③] 其次，班主任不可以强制学生参与公共生活，因为被强制的学生在参与中没有主体性的展现，对学生而言其实质就是没有参与。参与权利本身就是公民权利的一种，学生可以选择不参与。最后，班主任需要对学生的不参与进行分析，找到原因，针对学生的状况尽量帮助学生实现参与公共生活。

学生参与班级公共生活可以强化学生的认同感，有了认同感可以促进学生对班级的希望和期待，更有行动的动力。“学生参与民主生活既可以作为自身的目的，又可以作为实现成人民主生活的手段。在这样的参与中所学到的不是将来要应用的一组信息，而是技能和实际的程序、真正的生活的式样和民主的式样。”[④] 情感上的认同和外在行动上的参与，二者之间相互建构，相互促进。

2. 过程公开公正，培养沟通协商能力

班级公共生活的公共性表现为公平公正的价值取向，表现为公开接受监督的过

---

① 希特．何谓公民身份［M］．郭忠华，译．长春：吉林出版集团有限责任公司，2007：中译者序 10.
② 怀特．公民品德与公共教育［M］．朱红文，译．北京：教育科学出版社，1998：12.
③ 雅诺斯基．公民与文明社会［M］．柯雄，译．沈阳：辽宁教育出版社，2000：119.
④ 诺丁斯．教育哲学［M］．许立新，译．北京：北京师范大学出版社，2008：39.

程，公开表达意见、以公共理性为支撑的讨论协商的过程。学生对于公开、公平、公正这一系列的价值有着天生的敏感，因此班主任需要格外注意。

班级公共生活需要人们沟通、表达、共同商讨，需要理性的判断，“理性判断来源不是单纯的个人偏好，而是私人对公共事务的关注和公开讨论”①。

公共理性是指公民的理性，“是那些共享平等公民身份的人的理性。他们的理性目标是公共善，此乃政治正义观念对社会之基本制度结构的要求所在，也是这些制度所服务的目标和目的所在”②。根据罗尔斯的观点，公共理性是公民的理性能力和道德能力，公共理性的目标是为了整个共同体的发展而寻求普遍的公共利益。在此基础上，“公共理性区别于世俗理性和世俗价值之处就在于其公共性”。公共理性并不是一种超越个人的道德“大我”，它仅仅是在个人的道德能力和理性能力基础上形成的能够保证公共生活的合作正常展开的一种方式③。学生的公共理性是有限的、多元的、动态的，伴随着学生心智成熟而日趋成熟的。鼓励学生自主选择，鼓励民主选举，就必须要包容多元，因为民主必然带来多元。选的过程，就是教师引导学生学会表达、协商、妥协的过程，就是达成“重叠共识”的过程。

3. 学生练习自治，班主任保持价值引导

班主任应放手让学生自我管理，鼓励、引导学生自治。学生自治本身就是一种学生的公共生活方式。班主任同时保持价值引导的姿态，这对于学生学会自治非常重要。保持关注的姿态就意味着教师随时准备引导。学生自治具有多方面的意义和价值。班级公共生活是学生自己的生活，学生自治具有天然的合理性，班主任是指导者而非操纵者。学生自治的根本目的是为了锻炼学生的能力，培养他们的公共精神。学生自治可以培养学生的自我管理、共同治理能力。然而主张学生自治并不排斥成人尤其是班主任的价值引导。反之，学生自治的能力更多地来自于成人的支持、培养，尤

---

① 哈贝马斯．公共领域的结构转型［M］．曹卫东，王晓珏，刘北城，等译．北京：学林出版社，1999：203—204.

② 罗尔斯．政治自由主义［M］．万俊人，译．南京：译林出版社，2000：225.

③ 戚万学．静水流深见气象——鲁洁先生的教育思想与教育情怀［M］．北京：教育科学出版社，2010：4—5.

其是价值方面的引导。

（1）学生自治是公共生活的重要路径。学生自治是学生成长和社会国家的需要。从社会需要的角度来看，社会需要能够自治、合作的公民。“共和国所需要的公民，是要他们有共同自治的能力……想有能够共同自治的公民，必先有能够共同自治的学生。”[①] 学生自治在民国时期就广泛推行，说明学生通过锻炼是可以自治的。民国时期，许多学校都自觉不自觉地为国家培养“自主、自动、自立”的公民。陶行知指出，学生自治是自动主义贯彻德育的结果，是我们数千年来保育主义、干涉主义、严格主义的反应，是现在教育界一个极重要的问题。[②] 蔡元培主张学生自治，他对学生说：“我们既自以是人，尊重自己的人格，且尊重他人的人格，本无须他人代厄。”蔡元培指出，学生自治至少有两方面的益处，即学生自治比被治要好得多；学生实行自治作了先导，可以提起国民自治的精神。五四运动中，北大学生所展现出来的领导能力，与蔡元培推行和提倡学生自治是有直接关系的[③]。学生的自治能力需要有意识地培养，需要环境的熏陶和支持。

学生自治中较为常见的形式是学生社团。

南开中学众多社团中，南钟社、南星社等出版刊物、壁报、诗歌的社团，影响较深。1945 年 11 月在新复校的南开校园里，共产党员马鸿宾和刘廉志、程忠义、李玉珊等六位同学发起组办南钟社。该社主要活动内容一是组织读书，二是出版《南钟》杂志。南钟社团建立后，没有钱出版刊物，大家来凑，家境贫寒的李玉珊把每天一角钱的早点钱捐献出来。读书小组缺书，刘廉志把家里的书取来，供大家阅览。从这些小事可以看出他们的一番苦心。“料不到八年浴血抗战，闹了个前门拒虎，后门引狼”，“你不改造社会，社会便剥夺你的生存”，“莫忘记了这个口号，起来，不愿做奴隶的人们”……匕首一般的语言，不断地从《南钟》刊物的文章中发出来[④]。

这样活动形式和内容不仅体现出学生自治，其内容中体现出为民族国家而努力、

---

① 陶行知. 学生自治问题之研究［M］//陶行知. 中国教育改造. 北京：人民出版社，2008：17.

② 陶行知. 学生自治问题之研究［M］//陶行知. 中国教育改造. 北京：人民出版社，2008：16.

③ 高平叔. 蔡元培教育论集［M］. 长沙：湖南教育出版社，1987：278—279.

④ 史沐，李立，肖荻，等. 解放战争时期南开中学学生社团活动［EB/OL］.（2013－03－29）［2014－05－05］. http：//www. nkzx. cn/nankai/dibulianjie/xiaoshiyanjiuzhongxin/2013/0329/446. html

为了社会而积极行动的公共性思想。这就是学生公共生活的重要路径。

（2）理解学生自治的基本内涵，避免误区。陶行知指出，学生自治，学生指全校的同学，有团体的意思；学生自治指自己管理自己，有自己立法执法司法的意思；学生自治与别的自治稍有不同，因为学生还在求学时代，就有一种练习自治的意思。简而言之，学生自治是学生结起团体来，大家学习自己管理自己的手续[①]。班主任如果不了解学生自治的意义，认为有些事情学生可以自己处理，便可能演化为“放任”。学生自治不等于班主任对学生放任。有的班主任在班级事务上任由学生考虑、折腾，指导甚少，导致出现一些问题。学生自治不等于班主任可以推卸责任，将班主任不好处理的问题转嫁给学生处理。有的班主任一味“放权”的目的在于减少自己的工作负担、缓解师生矛盾、缓和师生关系，“放权”的动机是从班主任工作便利、省事的角度出发，而不是培养学生能力、鼓励学生自治等。

学生只有在自治中才能真正地成长。鼓励学生自治对于学生的成长具有多方面的益处。学生自治可以充分发挥学生的公共精神，有利于学生积极主动地关注公共善，锻炼学生参与公共生活的能力。学生自治是学生对未来参与社会公共生活的准备。同时，学生学习和练习自治，必须具有一定的限度。陶行知指出：学生愿意负责又能够负责的事体，均可列入自治范围。[②] 当然考虑自治的范围，还需考虑学生的年龄和经验，以及与学生身心发展有关的因素。学生自治的内容、范围、年龄阶段等都是需要考虑的问题。这需要根据学生的身心发展阶段，尤其是思维和道德发展水平来决定。

基于学生所面对的诸种道德关系，学生从小学到大学的自治内容可以有一系列的设计，从个体与自我的关系入手，扩展到个体与他人、与社会和国家、与自然和世界的关系，帮助学生学会处理逐渐复杂的关系，提升自治能力、道德能力等参与公共生活的能力。从小学至初中，学生从较多整体、直观、浪漫的学习逐渐走向可以精确化、抽象化、结构化的学习，就道德学习而言，也从正面的、模仿的、信奉的姿态向善于推理、对话、批判和独立思考的姿态过渡。小学低年级可以从他们身边的生活开始，从处理好同伴关系开始，以儿童最常见、最需要学习的生活为线索，融合丰富、

---

① 陶行知．学生自治问题之研究［M］//陶行知．中国教育改造．北京：人民出版社，2008：16.

② 陶行知．学生自治问题之研究［M］//陶行知．中国教育改造．北京：人民出版社，2008：20.

直观、活泼的知识，以开启心智、培养习惯（道德的、情感的、行为的、思维的）为重。

一个小学低年级的女孩子，找到班主任老师说，咱们班级有几个男生总是爱追着她们几个女孩子打闹，可是她们不想和他们玩。老师回答说，你们自己想想办法吧。于是，几个小女生就在一起开会想办法，每人出一个主意，然后大家举手表决。

以上这个案例就是当学生遇到问题时，班主任鼓励他们自己想办法，而不是像个别班主任一样，把捣蛋的学生叫过来训斥一通。陶行知指出，学生的德育发展，全靠遇到困难问题的时候，有自己解决的机会。这样就长进了一层判断的经验。问题自决得愈多，经验越丰富。[①] 这说明，班主任放权给学生，鼓励学生自治，同时给予学生必要及时的引导，对于学生的成长具有重要的意义。

学生自治需要限定在一定的范围之内，如果学生自治没有得到成人的及时指导，或者超出学生能力范围，就会产生弊端。

学校和教师需要注意以下方面。第一，重视和尊重学生自治。“学校里也须以大事看待它，认真赞助，若以为它是寻常小事，不加注意，没有不失败的。”第二，学校和教师为学生创造自治的空间和氛围，吸引学生了解自治，保障学生自治具有实效性。在自治之前，需要有充分的舆论来了解自治。博曼认为，重叠共识，既有的共识和共同的价值，在给定充分的多样性（以及自由表达和结社）的前提下，当我们的各种学说恰好产生一套有限的相容解释时才产生的一种“重叠共识”，民主有可能建立于“重叠共识”之上。这是健全的民主实践的最低限度的条件，而不是充分条件。[②] 第三，学生制订合理的规则，培养学生领袖。“学校要制订适合学生自治的规章制度，选择恰当的学生代表来领导自治事业。”目前学校和教师对于学生的培养十分不够。因此，教师尤其是班主任需要多关注学生的领导能力的培养，给所有的学生成长的机会。此外，学校和教师对学生自治应保持乐观、宽容的心态，允许学生犯错误。

---

① 陶行知．学生自治问题之研究［M］//陶行知．中国教育改造．北京：人民出版社，2008：19.

② 博曼．公共理性与多元文化主义：政治自由主义与道德冲突问题［M］//谭安奎．公共理性．杭州：浙江大学出版社，2010：195—196.

第三节　班级公共利益与公共精神：班级公共生活的价值指向

在我国学校教育中，指向公共利益的班级公共生活与集体教育之间有着密切的联系。鉴于集体教育在我国中小学的班级生活中占有重要地位，公共生活的意识却相对欠缺，因此建设班集体是必须考虑的问题。班集体建设是新中国成立以来，从苏联引进的教育理论，其深刻而深远的影响延续至今。一直以来，党和国家都十分重视青少年学生的思想状况，尤其关注爱国主义、集体主义的培养状况。2000 年 12 月，中共中央办公厅、国务院办公厅印发了《关于适应新形势进一步加强和改进中小学德育工作的意见》。2004 年 2 月中共中央国务院印发了《关于进一步加强和改进未成年人思想道德建设的若干意见》。2007 年，胡锦涛总书记在中国共产党第十七次全国代表大会上强调："大力弘扬爱国主义、集体主义、社会主义思想，……动员社会各方面共同做好中学生思想道德教育工作，为中学生健康成长创造良好社会环境。"国家对青少年的教育事业尤其是青少年的思想状况十分关注，也要求他们具有集体主义思想。

班级公共生活与班级中的日常生活、集体生活、班级生活的关系需要厘清，这几者之间具有相互交叉重叠的关系，在功能上相辅相成。

第一，班级公共生活与日常生活存在差异。一般而言，从辈分与生活经验、阅历的区别上看，日常生活中的人际关系是一种相对固定、封闭与不平等的私人关系，日常生活是一种亲密的生存共同体中的生活。这种家庭共同体生活具有非功利性、非对待性（非反思性、非批判性）、规定或义务性、高信度和低风险性。[①] 相对而言，日常生活最原初和广义，公共生活被包含在日常生活中，是指日常生活中具有公共精神的特定的生活。

第二，班级公共生活与集体生活并不等同。班级不等于集体。班级是由于外力因素偶然地结合在一起的，被安排成为一个集体并不代表就可以形成共同的群体归属感。集体是需要通过共同的努力来经营的，集体生活的目的是建设一个好的集体，而不是要求个人服从和让位于集体。班级生活也是一群人的生活，班级公共生活的目的

---

① 晏辉. 公共生活与公民伦理（下）[J]. 河北学刊，2007（3）：40.

是使人在好的公共生活中获得关于公共品质的提升。

第三，在班级公共生活和班集体建设二者之间的关系方面，班级公共生活是班级生活中的一部分，学生的全部生活中带有公共性、涉及他人共同利益的部分被称之为公共生活。班级公共生活的立场是人的立场，主张学生在班级中就是学生完整生命、生活的一部分，班级中并非仅有学习生活，还有更重要的交往等社会生活，还有蕴含着公共性的生活。班集体建设，是站在集体立场、成人立场的，从整体的角度考虑众多学生作为一个集体如何更好发展。在理想的状况下，班集体建设和班级公共生活的追求、教育效果、学生发展状态应当是一致的、美好的。然而，由于种种状况，班级公共生活的思想在实践中被忽视，而集体主义思想大行其道，同时也出现了一些偏差和误区。被曲解的集体教育相对忽视了个人的权利义务、公共精神等方面的培养。在新的时代背景下，集体生活需要融入时代的新特质，如果集体生活中含有部分的公共生活的要素或特征，这种集体生活是可以培养公共精神的。如果全部符合公共生活的要素，这种集体生活就是公共生活。如果集体生活中展现了公共生活的要素，可能促进集体生活的开展。

关于公共生活的价值指向问题，有学者认为是公共精神，有人认为是公共利益。本部分将公共利益与公共精神并列提出，意在强调外在的、可见的为公共利益，内在的、品质性的为公共精神。

公共利益必然具有一定的主体归属，班级的公共利益通常指向本班级的全体师生，然而不同主体的公共利益不仅具有相互重叠和彼此一致的情况，也存在不同主体、不同层面的公共利益相互矛盾、冲突甚至对立的一面。目前部分班级中存在对公共利益的理解狭隘化的状况，狭隘的公共利益观与不完整的公共精神的教育二者密不可分，相互嵌套。这二者的状况都可以称为“捡芝麻丢西瓜”，班主任在工作中所关注的都是“芝麻绿豆”的小事情，属于狭窄的公共利益和公共精神，如迟到了几分钟、指甲长了等涉及班级卫生、纪律、分数、排名评比的细节；而对于班级是否构成一个集体相对忽视，如学生在班级中是否有安全感、归属感、共同的精神生活和情感体验等；对于学生的品德、精神状态等关注不够，如学生的公德、对公共利益的关切心等。班级是否成为实质意义上的情感共同体，在很大程度上取决于是否有共同的精神生活和情感体验。

我国班主任的重要工作之一是进行班集体建设，在部分班主任的逻辑中，班集体建设等同于班级管理，班级管理被理解为相对简单化的管理。“班级是旨在开展学校教育，为使之从制度上成为一定的教育单位所编制的校内团体。教师整顿这种团体的教育条件，有效地推进有计划的教育的行为，谓之班级管理。”① 班主任作为班级的管理者，在实际的管理活动中，往往容易把权力绝对化。在班级管理中存在过度管理的倾向，“把加强班级的管理活动作为解决班级教育教学活动中出现的各种问题的重要手段和基本途径，有时甚至是唯一的手段”②。

一、 狭隘化的公共利益 无处安放的公共精神

教育本身具有促进社会阶层流动的功能，同时也有传递文化和价值观念的功能。部分班主任在教育的过程中强化了教育对个人的工具价值，没有意识到自身所承担的公共使命，教师应培养学生的公共情怀。虽然有学者指出教育乃至整个社会都陷落在功利主义的泥潭中，教育的功利化可能无法避免，但这并不意味着这样的教育价值取向是合理的、正当的。班主任作为学校教育中最直接影响学生的人，需要对此保持清醒的认识。

（一）各种束缚下的班级公共利益：学习成绩

班级公共利益中学习、纪律等处于十分重要的地位。班级总体学习成绩名列前茅就是最大的班级公共利益。然而片面追求成绩就可能走入误区。班主任强化学习的工具价值存在一定的危险性。管理学生的学习是班主任作为教师的基本职能之一。为了促进学生学习，班主任有意识或无意识地强化了学习的私人的、外在功利的价值，对学习的内在价值忽视或弱化。加之其他原因，导致学生把学习当作获取物质以及未来美好幸福生活的工具和手段。

我们通常会在教室里听到这样的话。老师苦口婆心地说，请你们给我好好学习吧。只有你们今天好好学习，才能考高分，才能上好的高中，才能上好大学，然后才能找个

---

① 王本余．从两个定义反观班级管理理念［J］．班主任，2007（04）：3.

② 谢维和．论班级活动中的管理主义倾向——兼答吴康宁教授的商榷文章［J］．教育研究，2000（06）：54—59.

好工作赚钱，之后才有钱结婚成家，然后你们就过上了幸福的生活。你们今天要为未来而努力。你们父母花钱供养你们吃穿、上学，你们不好好学习，也愧对父母啊。

按照此种逻辑，既然学习是学生的主要任务，学习的目的是为了将来的美好生活，那么现在的一切都仅具有工具性价值。班级仅仅是获得未来名利的工具性场所，学校也成为个人升学、向上流动的扶梯，班集体与我无关，同学均为竞争对手。

班主任老师要求学生们要背诵某些课文，如果来找老师主动背出课文，就可以在平时的考核中加分。下课的时候学生们都争先恐后地去找老师。有一个学习成绩不是很好、人际关系也不好的女学生，主动找老师背课文，回去以后被别的同学追着说了一天难听的话，例如“嘚瑟”“虚伪”“是为了更多地得到老师的偏爱，积极主动找老师就是献媚”等。

笔者问班主任，那您怎么办呢？您对此有什么行动吗？

班主任：没关系，不用管。学生相处自有他们的平衡点。班主任不能管太多，很多事情他们自己能处理。

据笔者了解，这名班主任总体而言算是认真负责、兢兢业业的老师，对学生的事情也十分关心，对学生有真情实感。但这个案例所折射出的问题并不简单。这件事情的表象是学生之间的小口角问题，同伴关系不够融洽，班主任便把这些事关学生友谊、人际关系的问题留给学生处理。虽然有时留白也是一种教育智慧，但需要依据情境而定。通过这个案例可以看出，班主任对学生的情感关系没有足够的关注，缺乏专业敏感性。就学生而言，考试成绩、应试教育带来了价值观念上的恶果。对这方面，班主任可以对班集体进行引导，学习的目标指向不是彼此竞争，而是大家共同学习、共同进步。班级是共同学习生活的地方，是一个学习共同体和情感共同体。

当然，教育也的确存在个人收益的问题，而且这种现象并非偶然在某间教室中出现，这是目前中国教育的普遍性问题。第一个层面，就狭义的学习问题而言，可能会导致学生在认知和社会性发展的偏差。片面强调考试成绩的重要性，学生就会认为学习是功利性的、竞争性的、排他性的，仅看到学习的工具性价值。进而推广其他，世界所有的资源都有限，必须通过排他性的竞争，才能尽可能地占有各种资源。第二个层面，价值观方面的问题。这种引导背后的观念无形中形塑了学生的价值观念，把学生的理想限制在狭小的笼子中，学生的眼中、耳中、口中都只是自己的前途和“钱途”，品行稍好的学生眼中还有父母和家庭。他们忘却了或者没有关注到他人、社会和国家，个人的历史使命和道德责任等问题。这种排他性竞争可能导致学生的人际关系冷漠，彼此不信任，也就很难相互合作与团结互助，缺乏合作的交往互动也就难以形成精神和情感意义上的班集体。

初中学生正是迷茫而寻求人生理想的重要时期。如果他们陷落于封闭的、小我的精神世界中，缺乏关注社会的公共品德，就难以成长为具有“大丈夫”或“君子”人格的人。学生需要意识到除了自己还有他人，自己也是国家的公民，每个人对国家民族、历史文化都有一份责任。朱小蔓指出，“对逻辑—认知层面及其活动的片面强调导致人的社会性情感受损”，人的感受力下降，如同情心、审美能力等，容易导致认知兴趣扭曲甚至泯灭，自尊心的丧失、社会责任感的淡漠。① 其实，学习对于学生的神经发育和精神成长具有重要的意义，学习本身就是学生当下的生活，在学习中本来应该可以获得生命的意义，同时获得支撑个体价值观的经验。对此，班主任应该起到积极促进的作用。这与教育的公共性、教师职业的公共性和使命一脉相承。

（二）维护公共利益的手段值得商榷

追求公共利益的手段和方式应符合正当与善的要求。追求班级的公共利益是正当的，以不正当的竞争手段获取本不属于本班级的利益，这并不符合公共性的内涵。公共性包含着正当性、公共利益、公益性。在既往的集体教育中一向突出强调集体的利益，相对忽略集体的不同范畴、集体利益的正当性和维护集体利益之手段的正当性问题。这容易导向狭隘的集体主义，只顾自己的狭隘小集体而轻视其他集体的正当性，甚至以集体利益的名义做不道德的事情。

有个学生上早自习迟到了，被学校领导抓住，问是哪个班级的，因为迟到要扣班级的分，学生就说我是A班级的。然而，该学生并不是这个班级的。回到B班级以

① 朱小蔓．情感教育论纲［M］．北京：人民出版社，2007：56—57．

后，该学生和同学们说这件事情，结果得到了部分同学的表扬，称赞他机智、反应快，维护了集体荣誉。班主任老师知道了这件事情，笑着摇摇头，没说话。

班集体的公共利益首先需要符合正当性的要求，班级中的集体教育首要的是道德的教育。虽然该学生和班主任对于自己的集体有一定的认同感，并积极维护集体利益，然而如果缺失了正当性的价值基础，那么就可能滑向偏执。案例中仅因为担心被扣分，学生和教师不惜抛弃道德品质而在乎评价中的一分、两分，可谓本末倒置。“维护集体利益”，仅是自己的班集体的利益，伤害了其他班集体的利益，过于狭隘。

学校里举行体育比赛，老师让学生A找外援帮忙参加比赛，学生A也有挣扎过，但还是去找人帮忙了。当学生A把这件事情告诉家长，家长非常赞同老师的观点，学生对此表示很气愤。

有的学校，校长和老师集体出面希望特长生可以留级，这样可以多为学校争得荣誉。他们对有特长的学生给予优待，例如免学费、给奖学金、为学校争得荣誉以后可以保送到更好的学校等诱惑。

他们为了小集体利益而忽略了参加比赛的基本规则、自己的教育职责、教育的道德性。“社会主义集体主义不把实现集体主义作为终极目标，而是把集体利益作为是实现个人正当利益的桥梁，在强调集体利益的同时，总是应该重视和尽量满足个人的正当利益要求。”① 也就是说，一般而言集体利益和个人利益应当具有同等重要的地位，当二者发生冲突的时候，其出路在于平衡好个人与集体的关系、一元与多元价值观的关系。其中有个基本的原则是人文主义思想。人文主义的本质就在于“一个人把其他人看作是最宝贵的。它表现为利他主义、施善的愿望、仁慈、有同情心、乐意帮助周围的人”②。班级公共生活必然要求多元、允许和支持多元，没有多元就无所谓公共、公益、共处，民主与多元也相伴而生。

---

① 吴潜涛. 当代中国公民道德状况调查［M］. 北京：人民出版社，2010：39.

② 古卡连科. 多元文化教育的理论与实践［M］. 诸惠芳，梅汉成，译. 北京：人民教育出版社，2012：10—11.

（三）形式化的集体活动很难触及学生的内心情感

班主任操控集体活动，把集体主义教育、班集体建设等同于加强班级管理。在班集体建设中，班会和集体活动是非常重要的教育契机。一般而言，班主任把班会当成重要的教育契机，体现学生主体性的重要机会。有时由于外在评价机制的原因，班主任需要像“备课”一样做出精彩的班会。班主任是“总导演”，学生就是听话的演员。于是就产生了“表演型班会”，这种班会是经过排练的、表演给评价者看的，以期待获得好的评价。为了展现班会的精彩，学生的活动尽量丰富多彩。结果导致活动流于形式，难以调动学生的思维，深入学生心灵。

有一次班会主题是“学会感恩”。走进教室发现桌椅已经被摆放成适合小组合作学习的方式，4 个小组，每组 7 个或 8 个人。

首先由两名女生做主持人，按照事先准备好的稿子念，宣布主题班会现在开始。所有学生鼓掌。

一名主持人学生像模像样地介绍了一下陶行知的生平，另一名同学讲了一个陶行知的“四颗糖果的故事”。接着主持人请同学发表一下感想，两名学生被叫起来发言，然后主持人说：“嗯，说得很好。”

接下来请一个同学给大家讲述《一滴小水珠的故事》。故事立意为小水珠只有融入大海才能生存下来，才能有力量。之后，主持人点两名同学发表感想，学生发表感想的内容也很正面、积极。笔者在现场，看见好几名学生手里攥着小纸条，看来这是安排好的，或者提前演练过的班会。

随后由另一名同学讲述“大雁的故事”，故事大意为大雁之间相互团结合作、轮流当头雁、轮流照顾弱者。小主持人表示故事讲得很好，又有两名学生发表感想。

接下来中场音乐欣赏，一名女生为大家演奏了一首古筝曲子。

班会的活动环节是游戏体验“开火车”游戏①。大家拿起桌子上事先准备好的报

---

① 游戏规则：报纸每个版面剪出一个尽可能大的圆形，让学生的头可以伸进去，报纸的边缘很细，容易撕裂。然后将报纸按照竖排顺序粘在一起，通过多人一起做同样的动作，如快跑、转弯等，使学生相互配合，尽量保持报纸不被撕裂。

纸，每个小组成员起立、排好队，随着小主持人的口令往前走，刚开始慢，随后加快，最后进行比赛，每个小队绕教室五周，看谁的报纸保存得更完好。这个游戏相比其他的活动持续的时间稍微长一些，因为需要学生活动，学生们玩得很高兴，有的用胳膊搭着前边同学的肩膀，保护报纸不被撕裂。活动结束了，小主持人要求同学们报告每个组是否有坏的报纸，决定谁获胜。选出了获胜组，同学们用掌声鼓励他们。

下面进行班会的最后一个环节，向老师表达感恩之心，把事先折好的心送给来听课的各位老师，然后各个小组的同学纷纷到教室后边给听课的老师送上一颗心。老师也对学生表示感谢。①

这个班会环环紧扣，每个环节都由小主持人把握时间和节奏。一节课 40 分钟的时间刚刚好。但班主任付出了很多，找故事、设计活动、把握时间、安排学生角色等，辛辛苦苦地准备一个班会（或者活动），却未必能收到深入心灵的教育效果。当然并不否认这种道德教育的方式可以达成传递价值观的目的，然而从理想的角度来看，还存在提升的空间。具体分析如下。

第一，这种类型的班会可以称为木偶剧式的班会、表演式班会或“管理下的主体性班会”。教师虽不出场，学生却像是木偶一般，严格按照之前排练的顺序演绎着属于班主任的精彩，更像是班主任“一个人的狂欢”，学生只是过客和看客。对此，日本学者尾关周二指出，日本学生的游戏也由管理主导，成人“因担心‘丧失游戏’而主张恢复孩子们的‘游戏权’，学校等也对学生的游戏进行指导。这在某种场合导致了‘管理下的游戏’，它反而可能损害孩子们游戏本来的丰富多彩性”②。班主任虽然没有出现，但是却设计了所有环节、掌握着所有时间和节奏，甚至班会之前还有好几次的彩排。③ 教师虽然从头到尾都站在门口的角落里，但是仍然是班会的主导者，犹如木偶戏中的幕后表演者，因此可以称之为“管理下的主体性班会”。班会的主持人

① 案例来源：笔者亲历的北京某中学的班会。

② 尾关周二. 共生的理想［M］. 卞崇道，刘荣，周秀静，译. 北京：中央编译出版社，1996：18.

③ 据笔者访谈，在全国各地的学校中均存在班会形式化的问题，班会开展之前有彩排，班会开展过程中有“摆拍”，也就是“挂羊头卖狗肉”，班会时间，打开电脑，展示 ppt，标题上赫然显示“某某主题班会”，叫学生拍几张照片，然后 ppt 继续挂着，应付检查，学生在座位上做练习题或其他。如何理解“摆拍”班会？笔者虽然可以理解这是教师应对各种命令式主题班会的无奈之举，但并不赞同。

也就是班主任的代言人，代表着高高在上的权威。小主持人对其他同学的答案给予的回应是“回答得很好”，这意味着一种制度性的肯定，而不是同学之间的平等对话，平等的交流一般为“谢谢，请坐”。

第二，情绪情感氛围的渲染、学生真情实感的调动需要一定的时间，调动情感经验需要一定的外界环境。从班会的实效性和学生的情感发展来看，它没有给学生留下思考和表达的空间，学生缺少表达的机会，真实情感没有被发掘出来。

第三，就班会的目的而言，主要意图是帮助学生学会感恩，但由于活动过多无法让学生有深刻体会。目的单一、着力点过多、活动过多，基本没有办法达成“感恩”这种深刻的情感教育的目标。从学生的角度而言，这样的感恩教育的思维深度明显低于学生的认知发展水平。初中生可以接受的思维难度和深度绝不仅仅限于背诵现成的稿子，做几个游戏，表演几个节目。初中阶段学生的道德认知水平已经能够清楚地了解很多具有普遍意义的价值观念，然而在道德行为上却未必能够做出相应的行为。

学生在抽象意义上认同某种观念，在具体情境和行动中却未必。例如，海尔维格从道德判断的普遍阶段理论和文化心理学，来说明权利和民主观念的发展。[①] 一般意义上，他们发现，抽象意义上的认同公民权利与具体情境中对公民自由和权利的支持并不一致。心理学家和政治科学家研究发现：即使个体被询问的问题很抽象，他们对公民自由也存在很高的支持率，但在具体的情境中，支持公民自由的比例要少得多。研究者发现，儿童在一般意义上认可言论自由的价值观。他们发现，在具体情境中的判断同这个群体试图实践言论自由的（正向或者负向）态度的强度有最密切的相关。[②] 因此为了提升学生的道德行为，应更多地采用实际情景中的活动，让学生在其中面对道德冲突和选择，从而做出符合道德的行为。因此，班主任想要教会学生团结和感恩，可以在本次班会的基础上，让学生在具体的道德情境中学习，使抽象的道理与具体情境相互结合、深化。

目前班集体建设中相当多地存在着活动热热闹闹，但是学生的集体精神生活却十

---

① 海尔维格．跨文化的权利、公民自由和民主［M］//基伦，斯梅塔娜．道德发展手册．杨绍刚，刘春琼，等译．北京：教育科学出版社，2011：188.

② 海尔维格．跨文化的权利、公民自由和民主［M］//基伦，斯梅塔娜．道德发展手册．杨绍刚，刘春琼，等译．北京：教育科学出版社，2011：189.

分匮乏的现象。一些教师虽然也有建立集体精神生活的措施，却因缺乏道德敏感性而没有达到很好的效果。可见的、可掌控的集体的精神生活主要包括共同参与的体育活动、阅读活动，以及其他偶然突发的震动心灵的事件。这两种主要的活动都包含着情感的体验和精神世界的成长。“精神的发展与学生的内在生活方面有关，学生由此而获得对其个人存在的深刻顿悟，这对他们有持久的价值。其特点是，通过反思，把意义归因到经验之中，对一个非物质的生活方面进行评价，和对一种持久的现实的暗示。”① 按照苏霍姆林斯基的集体理论，班集体最重要的是形成一个情感和精神的共同体，教师和学生在集体生活中享有共同、充实而高尚的精神生活。

笔者观察发现，教师创造教育机会的能力有限。集体建设中，班主任引领学生共同经历的充实、高尚、积极健康的生活，其核心是使学生精神世界丰满、有共同的积极的情感体验。如果学生在精神的成长发育的过程中缺乏高尚的精神引领，没有高尚而远大理想的感召，学生的精神世界就发育不起来。引领学生精神发展的重要途径之一是共同的阅读和反思。阅读在人的精神生活中占有不可替代的地位，阅读的内容决定精神的高度。没有经过思考的人生是不值得过的，没有理想和目标的班级生活不配称为教育生活。然而，现实的状况是，班主任对阅读等精神活动指导不足。学生存在集体的阅读空白，时间过多被繁重的学习任务占据。

很多学校建设了奢华的图书馆，拥有令人羡慕的大量的藏书、完善的借书制度，同时也有干净整洁的图书馆环境，可是在图书馆读书的学生却寥寥无几。即使是条件一般的学校，每个班级也有一个图书角或书柜，放着适合初中生阅读的图书，有的班级还配了图书管理员。可是，图书角里的新书落满灰尘，几乎没有被人翻过的痕迹。相比之下，倒是旁边挂着的纪律本显得很“热闹”，每天有纪律委员拿着记录，班长签字、班主任检查。

这种状况很常见，对于没有时间带领学生共同阅读的状况，班主任的回应是，每天回应领导和各种检查，写各种需要上交的材料，很多时候对于学生的精神生活无暇顾及，而且自己都很久没读书了。

---

① 泰勒．价值观教育与教育中的价值观［M］//朱小蔓．道德教育论丛（第 2 卷）．南京：南京师范大学出版社，2003：355.

有位班主任为了建设班集体，帮助学生树立理想和目标，要求学生每个人将一句座右铭用自己最喜欢的字体写在一张小纸条上，用胶带固定在自己桌子的右上角。学生写的内容有，“宝剑锋从磨砺出，梅花香自苦寒来”“失败是成功之母”“靠山山会倒，靠水水会流，靠自己永远不倒”“如果错过了太阳时你流了泪，那么你也要错过群星了”等诸如此类，也有学生写韩剧中的“Aza Aza fighting”等。因为有的学生有艺术特长，给自己的座右铭画了很好看的花边和图案。这些都是应该得到班主任的关注的，但却没有。

“吃得苦中苦，方为人上人”，“为了我的 LV，为了我儿子的 BMW，努力奋斗!”有的学生画了很夸张的画，笔者不太看得懂。看见我对他们的座右铭感兴趣，学生都很开心。但有两个学生很急迫地跟我说，老师，你看她写的啥。转身我看到一个清秀的女孩子写的“为了我的迪奥（Dior)，你的奥迪，咱们孩子的奥利奥。努力奋斗!”可见，这两个学生对这样的价值观并不是很认同。

以上学生所写的座右铭，从积极方面来看，学生可能并未全部了解其含义，仅是觉得有趣、有用。但这些话所体现出来的价值观需要得到教师的关注。因为这些话中蕴含着封建社会遗留下来的强烈的等级观念，以及“如果人一定要站在他人之上的位置，那么他必然踩在他人身上才能达成此目标”这样的观念。“苦中苦”“人上人”“奥迪”“迪奥”(如果从青少年文化的视角来解读，这种话语可能是积极向上精神的另一种表达。他们以流行元素为内容，以娱乐戏谑的方式表达反抗、表达自己的与众不同，从而寻求身份认同)，折射出物质享乐的强烈诱惑，这些话中蕴含着强烈的功利色彩，学生的潜意识中会认为学习的目标是为了消费、为了享受、为了自己，没有意识到自己也是社会的一员，也应为社会和国家民族承担起一定的责任。虽然追求享乐是人性的本能，而且通过努力获取自己所渴望的享受看起来合情合理，然而这是不够的。消费主宰了现代社会，人成为消费者，除了消费什么都不会，除了消费者什么身份都不是，心灵无处安放，精神流离失所。

在这个案例中班主任有意识地创造了教育契机，然而却对其把握不足，使教育效果不佳。班主任通过让每位学生寻找自己的座右铭的方式来引领学生的精神世界，这种班集体建设的做法是可取的，但仍然不够。通常而言，每个学生的座右铭都是学生自身生命的表达，他们有何种困惑就会选择何种名言。姚大志所说：真与假，正确与错误，正义与非正义，这些问题被社会意义和文化特殊性掩盖了。任何东西，无论它是多么不正义，只要人们有一种共享的理解，就都被合法化了。[①] 如果教师个人也秉持这种价值观念，也就很难识别出座右铭其中的问题。对于已经产生的教育机会，教师的道德敏感性不够，没有意识到自己所承担的核心任务是价值观的影响及引导。

就体育活动而言，班主任很喜欢学生搞体育活动。一位班主任向笔者讲述了以下故事。

初中一年级刚开学，班级中有一名个子小小的男生，身高不到一米四，还是小学生的样子。但是他很机敏灵活，跑得很快。这名男生在运动会上报名了中长跑比赛，像一只小兔子似的，取得了第三名的好成绩，但是他却哭了，因为他觉得跑得不够快，可能他在小学的时候经常跑第一名吧。老师和同学们都觉得他很可爱，他也因此在学校出名了。课间的时候，总有别的班的学生到他们班级教室门口，想要认识一下这个跑得很快的小个子男生，有的就是偷偷扒门看看，这件事情还搞得这个男生有些不好意思。

在运动会中，学生为了班级荣誉拼尽全力去比赛，其他学生为他使劲地加油呐喊，在那一刻一个班级就是一个集体。我问班主任老师，运动会该是班集体建设的重要契机吧？班主任回答说，是的，运动会的时候他们可爱又团结，可运动会也就是那么一会儿啊，一年也只有两次啊。

通过班主任的言论可以看出，班主任的确认可运动会对学生品格教育的作用，但同时班主任也会无奈："我不能天天开运动会啊，我能有什么办法呢？请您帮我弄弄班级活动吧。"

当学生出现良好的品质，其他学生的情绪情感也被激发的时候，就是最好的教育时机。如果班主任能够在这样的瞬间之后，引导学生重新体验、感悟、强化、反思等，那么这样的教育活动的意义和价值就会更大。美国教育学者内尔·诺丁斯提出"关怀伦理"，指出应以关怀为核心建构教育体系、学校和课程体系。她强调以"关怀关系"作为人与人之间的基本关系，尤其是教师应该首先倾听学生的需要，然后对之

---

① 姚大志．何谓正义：自由主义、社群主义和其他［J］．吉林大学社会科学学报，2008（1）：45－51、159.

进行关怀，这才是有效的；而非以自己所假设的、想象的学生需要为依据，对学生进行关心。她更强调师生在彼此的互动中建构、生成动态平衡的师生关怀关系。

就上述案例而言，班主任可以在运动会之后，在班内举行一个关于运动会的活动，对运动会中良好的学生行为给予积极的肯定，以强化这些好的德行。在一些地方，学校十分重视学生的体育活动，尤其是相关的集体项目。集体体育项目，首先要求每个学生经历一定的艰苦训练，在训练的过程中能够吃苦、坚韧不拔，才能具有一技之长，在团队中有价值和自己的地位；其次，要求学生必须学会相互配合；再次，当进行比赛的时候，更好地激发起学生的自尊、自信和集体荣誉感。

此外，这对于观看的同学而言也是重要的情感经历，他们有自己所支持的对象，他们的情感也随着支持对象的变化而变化。体育类集体活动，都可以促进学生的成长，班主任可以有所作为。如果这类活动没有得到班主任的重视，说明班主任缺乏道德敏感性。有了道德敏感性，班主任就会对学生的道德相关问题更加敏锐，更好地对学生进行道德教育。缺乏道德敏感性的教师则没有能力捕捉到学生的道德瞬间，没有办法运用教育机智使这一瞬间得到内化和提升。

二、 难以平衡的个人与集体关系

马克斯·韦伯在研究人的社会行为时区分了“目的合乎理性的”和“价值合乎理性的”两种行为，目的合乎理性的行为是通过把对外界事物状况和他人举止的期待当作行为的手段或工具，以实现自己的目的；而价值合乎理性的行为指对“无条件的固有价值的信仰，不管是否取得成就”①。

目前我国中小学的教育教学管理理论中，集体教育是非常重要的一种，它最早来自苏联。我国对集体理论进行了本土化的理解，但国情、文化多方面因素相互作用，导致集体教育出现一些误区，一方面集体高于一切，个体在集体中缺乏主体性；另一方面又陷入另一个极端，人人自利，忽视他人和集体。

有学者调查表明集体主义价值观念在当代中学生中依旧占主流。吴潜涛对不同年龄段公民的集体主义认知现状做过一项调查，结果显示，在青少年学生中，选择首先

① 韦伯. 经济与社会［M］. 林荣远，译. 北京：商务印书馆，1997：56.

考虑集体利益再考虑个人利益的比例为58.15%，仅考虑个人利益的比例为1.09%。在处理个人利益与集体利益关系上，中学生与其他各年龄段相比呈现出最为积极的价值取向。吴潜涛指出，这表明年轻一代并非人们所想象的那样是迷失的一代、堕落的一代，尽管他们在如何对待个人利益与集体利益的问题上还存在一些困惑，但思想整体是向上的。① 但是，笔者认为，这并不能充分反映学生的集体主义价值观，也很难证明他们在现实生活中的行动，更难以说明这就是社会主义集体主义教育的结果，因为道德和道德行为的影响源往往是多方面的，不能一概而论。

（一）忽视个人与集体平衡的集体主义教育

苏联的集体理论产生于20世纪20年代，由克鲁普斯卡娅和马卡连柯奠基，又在20世纪50年代左右在苏霍姆林斯基和孔尼科娃的教育实验和科学研究中获得了长足发展。1984年，诺维科娃主编了《集体教育学》，集合了多学科的最新研究成果，标志着苏联集体理论研究进入到新阶段。② 根据苏联教育家马卡连柯的观点，“儿童集体”具有以下六个主要特征：（1）具有社会价值的共同目标。“真正的集体并不是单单聚集起来的一群人，而是在自己面前具有一定共同目标的那种集体。”③（2）共同的活动。“集体只有当它显然是用有益于社会的活动任务来团结人的时候，才可能成为集体。”④（3）集体成员之间相互负责的关系。“集体成员之间的关系不是个人对个人的关系，而是同志关系，是集体的一个成员对另一个成员的关系。”⑤（4）组织各种自治机构。集体的自治机构是“为实现共同目标协作活动的形式”。（5）纪律、制度和舆论。纪律是达到集体目的的最好方式，制度则是组织集体活动和确定集体成员行为标准的形式。“有很高威信和值得敬爱的学生集体的社会舆论的监督，能够锻炼学生的性格，培养学生的意志，能就学生个人的行为培养起有利于整体的习惯。”⑥（6）工作作风和传统。以集体理论的观点来看，现在的学校班集体建设现状不容乐

---

① 吴潜涛．当代中国公民道德状况调查［M］．北京：人民出版社，2010：42．
② 鲁洁．教育社会学［M］．北京：人民教育出版社，2001：387．
③ 马卡连柯．论共产主义教育［M］．北京：人民教育出版社，1954：334—335．
④ 马卡连柯．马卡连柯教育文集（上卷）［M］．北京：人民教育出版社，1985：15．
⑤ 马卡连柯．马卡连柯教育文集（中卷）［M］．北京：人民教育出版社，1985：113．
⑥ 马卡连柯．马卡连柯教育文集（下卷）［M］．北京：人民教育出版社，1985：92．

观。由于苏联教育界长期盛行教条主义，马卡连柯的集体理论本身也存在一定的缺陷，而且在实践过程中会产生诸多变异，由此可能产生弊端，而走向集体本位的偏颇状态。

1949 年以后，我国学习、借鉴苏联的集体教育理论引进了班主任制度，但在引进的过程中，片面强化了班主任的管理职能，同时融入了我国传统文化中长期形成的国家主义、整体至上主义的思维特征。在当时的社会状况下，集体主义教育事实上发挥了正当的、重要的作用，但这一特定时期的意识形态的作用和传统文化的缺陷容易把集体绝对化、神圣化，导致管理观念的偏颇，对处理集体和个人之间的辩证的、积极的关系产生了负面影响。

有位接近 60 岁的东北老先生讲道，当年他上学的时候，东北特别冷，学生们都穿大棉袄。那时他们开会，教室里的玻璃破了，凉风呼呼吹进来，他立刻脱下大棉袄就堵在窗户上，没有任何的犹豫，心里觉得自己特别自豪，因为自己是第一个，没有被其他人抢先，而且当时也不觉得冷。他说，现在想想，当时年轻激情澎湃的感觉真好，现在想想也有点傻，如果是放在现在，肯定不会那么做了。①

集体活动需要从学生集体的学习任务出发，把学生的智力活动及相关的精神需求摆在首位。苏霍姆林斯基发现，部分领导只关心形式，认为“集体中只要看得见活动就好。由此产生的后果是，追求新活动，新形式，以能尽量展示出集体的积极性……此时教师实际上也变成了保姆……②”表面化、追求形式的集体活动，可能导致一群人的狂欢，在狂欢的人群中，个体仍旧孤独。

（二）班主任的价值观与学生价值观之间的多元平衡

在班集体建设中非常突出的一个问题是班主任对班级的巨大影响。班主任的价值观是否可以成为每个学生甚至班集体的价值观，是一个需要论证的问题。

班主任强势的价值观成为班集体的价值观，会遮蔽潜在的一元价值观与多元价值观的冲突。每个人都可以有基于自己生命经验的、业已形成的价值观系统，但作为教

---

① 案例来源：笔者访谈。

② 吴盘生．可贵的质疑　中肯的批评——苏霍姆林斯基《前进》一文简介［J］．江苏教育学院学报（社会科学），2013（01）：37—42、140.

师，应传递何种价值观，则是一个复杂的现实问题。班主任有意识传递的价值观当然要符合国家和社会的主流价值观、社会主义核心价值观的要求，但其自身携带和自然流露的价值观对学生的影响是无时无刻不在的。这个意义上，我们应该格外重视教师自身的人文修养及道德敏感性。

我初当班主任的时候还很年轻，什么都想要，什么事情我们班都要争第一，当时有三个特别优秀的女孩是我的左膀右臂，我把她们称为我的“三驾马车”。我对她们很好，她们与我的关系也同样好。现在还保持着联系，她们是我的第一届学生，是我的骄傲。

在那三个女孩中，A目前在香港，是著名银行的高管，她凡事争强好胜，但除了拼搏事业以外却没能在生活的其他领域中也获得幸福。B从毕业以后就一直没有联系，我一直非常牵挂她。直到有一天我在QQ群里求助一个问题的时候，B回应了我。我问，为什么这么多年一直没有联系我呢?

B说，我没有办法联系，我愧对老师，因为我大学毕业以后一事无成，还生了孩子。听说过A的事业情况，A一定是您的骄傲。

我心里一惊，没有想到原来自己给孩子们的影响是这样。我立刻说，当然不是，你们全都是我的骄傲，我30岁才做到的事情，你比我早几年做到了，你很棒啊。

这位班主任说，事情已经过去了一些年，她也已经成长为很优秀的学校领导，但她发现自己对学生的影响实在很深远，需要谨慎。然而她可能并没有意识到这个故事中所蕴含的关于价值观的张力。

这个案例揭示了教育中的价值观和价值观教育之间的张力，同时也反映了教育中的一元价值观与多元价值观的冲突问题。第一，就上文的案例而言，班主任的个人价值观僭越了国家社会的价值观教育。公共教育的本来目的是提升每个人的基本素养，同时能够为国家做贡献。班主任的个人价值观主导了学生的价值观，对于愿意受她影响的学生而言，班主任的个人价值观就构成了幼小心灵的主导价值观。

第二，教育中一元与多元的价值观冲突问题。案例中的班主任的一元价值观与其他学生的价值观发生了冲突，这个问题目前已经引起了人们的关注。女作家刘继荣的文章《我愿意成为在路边鼓掌的人》也表达了这种冲突，同时希望成人转变价值观念，如果儿童能够安然地过着自己想要的生活并成为社会上有用的人，成人还奢求什么呢？班主任的价值观需要具有共享性、包容性，否则会自觉不自觉地对学生造成负面影响甚至是伤害。公共性在价值层面的内涵即包括可共享性。

三、 指向公共精神和公共利益的学生集体

前文提到，由于人们对集体教育理论的误解，导致集体教育在实践中变异，集体压倒了个人，集体的利益倾轧了个人的权益，集体的要求强加给个人，忽略了个人是集体的基础，班集体的目的是促进儿童的发展。苏霍姆林斯基指出，有人把学生集体等同于生产集体；把集体建设与个性发展对立起来，把集体舆论变为摧残人的工具，将集体变成要求学生“灵魂示众”的工具。这使教育走向了违背人道的歧途。① 苏霍姆林斯基的教育思想于 20 世纪 80 年代开始传入我国，一直具有广泛的影响。苏霍姆林斯基生前最后两年对马卡连柯的集体教育思想，特别是其在实践应用中的偏差进行独立思考，提出了批评意见，对照起来有助于我们反思我国的集体教育及班级建设中的问题。

公共利益与个人利益的区分并不是很容易。“每个人出于个人需要，就会对政府加以祈求。诉状数量繁多，虽然大多都打着公共利益的名号，但真正涉及的却不过是一些琐碎私利。”②

班主任对班集体的管理首先考虑的应为价值问题。“在一个事实与价值总是纠缠不清的管理世界中，价值领域是第一位的问题，而事实和逻辑的成分则是次要的。”③ 教师首先应尊重人，把学生当目的。如康德所言，“人是目的”，“你的行动，要把你自己人身中的人性，和其他人身中的人性，在任何时候都同样看作是目的，永远不能只看作是手段”④。其次，在尊重每一个个体的尊严的基础上，追求指向公共精神的

---

① 吴盘生. 可贵的质疑　中肯的批评——苏霍姆林斯基《前进》一文简介［J］. 江苏教育学院学报（社会科学），2013（01）：37—42，140.

② 托克维尔. 旧制度与大革命［M］. 宋易，译. 南京：江苏文艺出版社，2013：112.

③ 谢延龙. 后现代主义对我国教育管理的启示［J］. 教育探索，2004（4）：45—47.

④ 康德. 道德形而上学原理［M］. 苗力田，译. 上海：上海人民出版社，1986：81.

集体。

（一）鼓励发挥学生自主性，参与集体生活

充分发挥学生自主性的前提条件是班主任适当放权。班主任的权力问题涉及每个细节、对象。吴康宁指出，班级组织的金字塔结构是导致学生形成地位差异观念及权威服从观念的重要“文化资源”①。班级中的权力关系，复制了社会中的权力关系，具有等级性等特征。

金生鈜认为，教育权力在支配性结构中转变成消极的霸权或暴力，暴力则破坏了公共利益和公共生活。教育权力的失能和不足，造成了教育中种种压制性暴力的泛滥②。

班主任的权力、权威，以及基于这些建立起来的权力关系网络，可能会压制学生，抑制公民的诞生。权力与权威具有密切的关系，班主任工作既有岗位所赋予的权力，也因为是人对人的工作，更大程度上依靠个人的人格魅力所形成的权威。权威可能包含着内在生成的自然权威和外在赋予的权威，前者是由教师个人的魅力涵养所自然带来的，后者与体制、传统有关。一般我们往往从后者的角度去理解权力与权威的关系。部分班主任管理班级的时候，事无巨细、亲力亲为，儿童在这个过程中处于被动、被支配的状态，并未学会为自己负责任。

因此，班主任在对班级进行建设的时候，可以纳入公共性要素。比如：在一定范围内尝试放权，鼓励学生发挥主体性。鲁洁提出“教育即人之自我建构的实践活动”③，应“使教育真正站到人的立场上来，以人之生成、完善为基本出发点，将人的发展作为衡量的根本尺度，用人自我生成的逻辑去理解和运作教育”④。

风扇该不该开

虽说是阳春三月，春暖花开，可温度并不是太高，中午我走进班里，看到两个大

---

① 吴康宁．教育社会学［M］．北京：人民教育出版社，1997：283．

② 金生鈜．论教育权力［J］．北京大学教育评论，2005（02）：46—51．

③ 鲁洁．教育：人之自我建构的实践活动［J］．教育研究，1998（09）：13—18．

④ 鲁洁．教育的原点：育人［J］．华东师范大学学报（教育科学版），2008，26（04）：15—22．

风扇在呼呼作响，又听到一两声咳嗽声。想起上午还有一名同学请假去医务室，我走向班里的电扇管理员 A，问她是不是感到很热，她笑着说，也不是太热呀。

“那怎么还开风扇呢?”

“一些同学说天气热要开风扇，我就开了。”

“哦，别的同学是不是也需要开风扇呢?”

A 羞涩地笑了笑，没有说话。她在班里年龄很小，是一个心地善良、纯洁可爱的阳光女孩。

“什么情况下我们可以开风扇，什么情况下我们应该开风扇呢? 大家讨论一下吧。”我对全班同学说。

有的同学说现在就可以开，有的同学说现在气温还不高，还不能开风扇，以免受凉感冒，还有人说：“只要大多数同学同意开，就可以开，少数服从多数啊。”

“真的是应该少数服从多数吗? 如果有同学感冒了不能吹风扇，现在开还是不开呢?”我问了一位刚才说要开风扇的同学，他说：“我想不能开，因为再开，就加重他的病情了。”

“很好，让我们大家为他的善良和爱心鼓一次掌。”教室里响起了热烈的掌声，我又问了几个刚才主张开风扇的同学，他们都主张这个时候不能开，我向他们投出赞许的目光，看来孩子们还都是懂事的!

“在生活中我们能不能关心他人，照顾弱者的利益，比如身边生病的同学，这是衡量一个人是否善良、是否有爱心的试金石。只有我们互相关心，互相体谅，我们的班集体才是温暖的，才是有爱的 716，生活在这样的班级里，我们才是幸福的!”我的话还没有说完，A 就主动把风扇关上了，我在心中暗暗为她竖起了大拇指，好样的，真懂事!

原来没有批评，没有呵斥，和风细雨一样可以达到目的。

班主任需要学会放手，在合理的范围内，减少对学生的干预，使学生通过讨论自己得出结论。这样的教育效果相对而言更好。从让儿童自己做出判断入手，培养学生的自主性是平衡权力关系的策略选择。“废除君主本身，并不能自动避免君主制的弊端。”① 也就是说，要求班主任放手，仅是班级公共生活的一个方面，班主任在放手的同时还得教会学生尊重和珍视他人意愿，更要像上述案例一样，考虑少数人的特殊需要，善良最为重要。

要建立班主任与学生之间的强韧的情感纽带。教师保持开放的心态、宽容的品质，允许学生犯些小错误，宽容学生的不成熟，引导学生发展。班主任需要努力营造良好的集体氛围和同伴关系，创设良好的集体环境布置等，这些对于班级生活也具有潜移默化的作用。

（二）以正义作为集体的重要价值基础

集体并非天然具有合理性，要具有一定价值基础的集体才具有正当性。正义作为集体的价值基础，可以作为衡量集体和个人关系的标尺，平衡个人与集体之间的关系。理想的班级应是“小的共和国”，“校内民主化管理，全体学生参与，具有公正的生活气氛”②。科尔伯格等人的研究表明，在公正团体学校中的学生比传统“家长式”学校的学生具有更高的归属感、对学校公共福利的责任感，会以“我们”的方式看待学校规定③。

以往的集体建设存在苏霍姆林斯基所批评的那些弊端，而今天的集体建设又面临着各种挑战。当前班集体建设面临困境：集体主义失效，集体被淹没在新的、个人主义的大潮之中。班集体建设在当下面临着与以往不同的状况。第一，社会现实状况不同。社会多元化发展，消费社会初步形成，价值观多元化趋势日益明显，流动儿童与留守儿童数量众多，而且还出现流浪儿童的问题，他们被统称为“三留儿童”。此外，优质教育资源匮乏，择校屡见不鲜、屡禁不止。这些都对学校和教师提出了新的挑战。第二，由于时代状况不同所带来的班级情况不同。传统的班级中，学生多为同质性群体，来自同一个地区，具有相对一致的区域文化，主流文化的价值观认同度相对较高。现在的学校，尤其是城市中的教师，需要面对来自各个地区的学生，学生群体

---

① 刘军宁．共和·民主·宪政［M］．上海：上海三联书店，1998：103．
② 袁桂林．当代西方道德教育理论［M］．福州：福建教育出版社，1995：67．
③ 袁桂林．当代西方道德教育理论［M］．福州：福建教育出版社，1995：68．

属于异质群体，他们的文化多元且差异巨大，有着各自不同的生活习惯。第三，学生状况不同。目前初中生多为“00后”，他们的文化呈现出非主流的特征，学生心理发展状况差异大，权利意识初步觉醒，受媒体影响巨大。鉴于以上这些问题，当下的集体建设至少应注意以下几个方面。

第一，集体建设要符合善的要求。班集体建设的目标和手段都需符合道德的要求，正确理解班集体的利益。班主任需要反思，区分善的目标和善的手段，以道德方式教育学生、建设班集体。班主任需要分清公私。集体是学生的集体，具有公共性的集体，不是班主任的私有财产，不能够以对待自己私有物品的方式对待班集体建设和学生。在分清公私的情况下，尊重学生的个人权利，培养学生的尊重意识、规则意识等。

第二，道德的集体必然尊重儿童的基本权利，能够分清群己界限，不能以集体之名强制或伤害儿童。班集体建设的价值取向是人的发展，首先需要尊重儿童的基本权利。苏霍姆林斯基生前最后的时间曾对马卡连柯的平行影响原则和方法做出独立思考和批判，提出其在运用上的限制条件，即：集体不是影响个性的唯一因素；平行影响方法不是万能的（影响儿童的一共有6位雕塑家），某些场合中，教育有分寸地个别接触会更有效；不宜用平行影响方法粗暴干预学生的某些“隐私”；教师不能借口平行影响而把集体当作自己为所欲为的、表达自己不合理意志的工具；不能像成人集体那样当众责罚儿童的类似过失；利用儿童集体必须首先培养儿童集体，使它能高度地尊重人和合理地要求人。①

第三，道德的集体具有包容性，能够处理个人价值观和社会共享价值观的关系。班主任需要对自己的言行做出反思，在不违背基本道德原则的前提下，以包容的心态看待多元价值观。泰勒指出，共享价值观这个概念具有重要的意义，它代表了一种积极的所有关系（positive ownership），像真理讲述和遵守法律规则这类价值观在原则上显然是广泛共享的。② 因此，班主任所传递的价值观需要具有核心价值观的要素，属于共享价值观。英国1987年推出《公民教育报告书》，提到共享价值（shared

① 王义高，肖甦. 苏联教育70年成败［M］. 北京：北京师范大学出版社，1999：256.

② 泰勒. 价值观教育与教育中的价值观［M］//朱小蔓. 道德教育论丛（第2卷）. 南京：南京师范大学出版社，2003：354.

values）的理念，提出个人价值观和社会共同的价值观同等重要。[①] 班主任成为集体的灵魂人物，以班主任的善育学生集体之善。苏霍姆林斯基指出，班集体建设需要经过一定的时间，需要教师和学生的共同努力，教师需要像耕种一样，把善的种子播在学生心中，等待发芽开花。为此，班主任需要“把一批批学生团结在自己的周围，并同他们一样倾心于某项创造活动，成为他们亲密无间的朋友和同志而形成的”[②]。这样，班主任的道德权威、人格魅力才可以长久地吸引学生。

班集体的整体氛围尤其需要班主任的努力。班集体建设与班级氛围密切相关。学生对情感的敏锐直觉优先于认知。李伟强的研究指出，学生对关爱氛围的感知程度明显高于对宽恕氛围、公正氛围的感知程度。在公正氛围感知方面，三个年级的学生都认为学校里有大量不公正的现象存在；在关爱氛围感知方面，初一与高二学生认为在班级里受到的关爱很多；在宽恕氛围感知方面，初一与初三学生几乎没有感受到。如果对他们进行干预训练，结果如下：以公正氛围感知为内容的干预训练，对提高被试公正氛围感知程度有明显的效果；以关爱氛围感知为内容的干预训练，不仅能提高被试关爱氛围感知程度，且能对宽恕氛围感知产生纵向迁移。以情境讨论或角色扮演的方式进行干预，对提高被试公正、关爱与宽恕氛围的感知程度都有明显的效果[③]。所以，这也证明了班级氛围中迫切需要以公正、关怀、宽容为价值支柱。

（三）共同的精神生活，充实精神世界

儿童是集体的基础，儿童的发展是集体的价值归宿。儿童对集体的认同是集体形成的标志之一，也是集体对成员的基本情感要求。情感是维系班集体的基本纽带，对集体的认同感是人类的高级情感，属于基于理性的情感。

集体的精神生活，是师生共同营造的情感共同体，彼此相互帮助和支持的关系，强化了儿童对集体的认同。正是各种处于基础地位的认同感，把儿童联系了起来。正如有学者指出的，认同感等情感对于共同体具有重要的意义。“正是民族认同，也就

---

① 朱小蔓，李荣安．关于公民道德教育的对话［J］．中国德育，2006（05）：23—33．

② 苏霍姆林斯基．和青年校长的谈话［M］．赵玮，等译．杜殿坤，等校．北京：教育科学出版社，2009：47．

③ 李伟强．学校道德氛围心理学研究［D］．上海：上海师范大学博士学位论文，2007：1．

是共同的历史、政治文化，以及同体一命的感受，让人们相信他对其他公民同胞有义务。”[①] 同时，集体对于个人的承认、尊重和接纳也十分重要。“如果没有国家主动地把个人联结在一起评价和追求善，个人就会陷入原子般的孤立。”[②]

建设儿童集体的关键是儿童共同的精神生活。苏霍姆林斯基提炼出培养学生集体的工作重点：重视同龄学生集体，重视学生的学科学习生活，重视学生的情感世界。[③] 他主张要让尽量多的人和物进入童年的精神生活，并在整个少年时期在情感领域中一直保存着这些人和物的迷人的吸引力。例如，全班同学共同经历了某种精神洗礼，共同帮助一个远方无法上学的小女孩，通过逐渐反思内化，成为历久弥香的道德财富。苏霍姆林斯基指出：造成少年教育困难的原因之一恰恰在于童年时期的情感——道德财富丧失了。形式主义给教育工作带来极大的危害，很难找到比这种做法更扭曲儿童心灵的事情了[④]。但这样的事情却屡见不鲜。

（四）指向美德的集体活动，培育公共精神

班主任应该成为集体的灵魂。“好教师不仅要指导学生，通常还要在教室和学校中创建具有探究和美德特性的共同体。”[⑤] 好的共同体可以培养学生高尚的情感和公共精神。公共精神具体体现在公民参与公共生活时，所表现出来的独立人格、社会公德意识、自尊自律、公共关切心等方面。学生的公共精神需要在学校的公共生活中养成，因此学生在班级公共生活中所经历的生活、获得的生活经验就十分重要。

班级公共生活的价值指向培育学生的公共精神。公共精神的形成和体现，需要依赖于其他具体的活动。通过良好的学校公共生活，教会学生过公共生活的基本态度、方法和能力，获得公共生活的情感。学生参与公共生活，不仅可以提升学生参与公共生活的各种知识和能力，还可以通过学校公共生活培养学生对社会的信任。这个信任不是指个人对自己的“自信”，而是社会信任（social confidence）。“说一个社会具有

---

① KEITH FAULKS. 公民身份［M］. 黄俊龙，译. 台北：巨流图书有限公司，2003：52.

② 金里卡. 当代政治哲学［M］. 刘莘，译. 上海：上海三联书店，2004：465.

③ 吴盘生. 苏霍姆林斯基对马卡连柯教育思想的批评——揭秘苏霍姆林斯基的要文《前进》［J］. 教育家，2011（07）：20—25.

④ 苏霍姆林斯基. 苏霍姆林斯基选集第3卷［M］. 北京：教育科学出版社，2001：753.

⑤ 朱小蔓. 教师道德专题研习（讲课中的观点）. 北京师范大学英东楼318，2013年5月7日.

社会信任，是说社会的成员意识到社会的主要价值（虽然不必达到关于这些价值的自我意识），认为它们是重要的（虽然不必任何时候都想着它们），有时含蓄地有时明确地共同增强这些价值。”①

首先，学生通过参与班级公共生活，学习参与社会公共生活的方法。这就意味着学校生活需要为学生提供“练习”和“学会”的平台和机会，强调的是从“学”到“会”，从无到有的过程。让学生成为生活的主人，重视活动的过程，提高生活的质量，学会过有道德的生活，过有公共精神的生活，从而获得有生活根基的品德。这就要求学校生活具有公共生活的精神和要素。有些学校已经迈出了探索的脚步，力争为学生提供丰富多彩的校园和班级生活，培养学生直接参与公共生活的方法和能力。

北京四中学生培养目标的第4条是：公民意识（学会尊重、学会交往、学会合作、学会选择、学会融合以及民主、守纪、诚信、自尊、自信等等）和文明习惯。直接把公民意识作为培养目标的学校在我国还为数不多。北京四中的学生活动非常丰富多彩，他们的社团有“辩论社”“模拟法庭”“爱心社”“记者站”等。

其中，“模拟法庭”的活动目的是“积累法律知识，培养法律意识；提高信息收集和整理能力，培养思辨力；增强沟通、协作意识”。活动方式以案件为单元推进，学生了解案例，分组准备，提交文书，开庭审理，活动总结。活动时间为每周四下午4：20—5：30。活动还配有专门的指导教师、帮助与支持者（天元律师事务所、北京大学法学院四中校友）。如果这个模拟法庭活动能够像他们预计的这样实施，对学生能力的提升可以说是巨大的。

其次，在班级公共生活中，学生可以提升沟通和达成妥协的能力。当前，我国第一代独生子女已为人父母、为人师长，独生子女二代正处于学校教育阶段。相对而言，集万千宠爱于一身的独生子女的关怀能力、人际关系的敏感性等方面稍弱，多以自我为中心，合作能力欠缺，培养学生合作的能力十分必要。同时，现代社会又是一个充满竞争的社会，竞争使生命充满活力。竞争和合作也是生活中的基本要素，是每个学生都必然面临的问题，处理好二者之间的关系十分必要。

班级公共生活强调培养学生的沟通、合作和妥协的能力，既回应了时代和社会对

---

① 怀特. 公民品德与公共教育［M］. 朱红文，译. 北京：教育科学出版社，1998：17.

于公民能力的需要，又弥补了传统中国人不善于言语表达的问题。沟通并不仅限于语言表达，还包括尊重的态度、认真倾听、换位思考的能力等。沟通交往是学习参与公共生活的重要能力之一。没有沟通交往的能力，个人就无法恰当地表达自己的观点，也不会倾听他人观点，很难形成公开讨论的气氛，也就不易从公共利益最大化的角度考虑问题，达成妥协和共识，参与公共生活也就无从谈起。

合作背后蕴含的是学生能够表达个人意愿、协调同伴关系、分工协作、协商妥协、人际感通能力、同情理解等一系列的情感和能力。合作不仅是一种能力，它与人的道德也密切相关。帕特南认为，公民共同体合作的社会契约基础，不是法律的，而是道德的。① 合作是人类社会存在和发展的必要条件。

学生需要在公共生活中学会妥协、寻求共识、解决问题。“教育能够为学生准备应付解决冲突，达到在一种多元社会中生活所要求的可接受的妥协的必要方法。”② 学会妥协，能够达成共识是一种很重要的能力。因此，教育工作者就应该有意识地培养学生的沟通、说服、论辩、妥协的能力。学会达成共识，用清晰的口头语言表达自己的立场和观点，能够理解他人的观点和立场，有换位思考的能力，能够找出差异、达成共识，并共同努力将之付诸实践。

再次，在日常生活中融入公共性的要素，涵养学生的公共美德和情感。学校和班级的日常活动也是培养学生公共精神的重要途径之一。通过日常生活的细节，获得公共生活的最真实的情感体验。通过班级公共生活所感受到的公民精神真实而具体，不像口号式的教育那般虚幻，“从而让社会真正成为每一个个人的社会，使国家真正成为每一个个人的国家”③。

李庆明提出，从公德养成做起，培养未来公民。他主张：追求公民人格完善、遵循公德基本伦理、倡导公益慈善活动、学会公共事务参与、达成公理世界认同，让学生们成为懂得捍卫自我和他人尊严与权利的现代公民。他认为，多年来国内中小学在公德养成教育中，对公德行为所涉及的领域缺乏详细规定，提出的多数是正面要求，而非“不可以”“勿伤害”的底线行为限制。提出“正面要求”当然是好的，但如果

---

① 帕特南．使民主运转起来［M］．王列，赖海榕，等译．南昌：江西人民出版社，2001：215.

② 怀特．公民品德与公共教育［M］．朱红文，译．北京：教育科学出版社，1998：48.

③ 张康之，张乾友．市民社会演变中的社会治理变革［J］．浙江学刊，2009（6）：115.

没有明确的行为限制，学生就缺乏行为的边界意识，不知道什么样的行为是“不可以”的，或是超越了“勿伤害”底线的。例如，你要学生“爱护花草树木”，看上去没有问题，但是“施肥浇水”属于值得嘉许的“美德”，而“不攀折”“不践踏”是不可逾越的道德底线，前者可倡导而不必强求，后者则带有强制性的“必须”。

李庆明校长又被称为“鞠躬校长”，因为当校长九年，他每天清晨都站在学校门口向孩子们鞠躬，只为告知他们每个人都平等。有个学生说：“我在央校从一年级读到九年级到现在毕业。试问有哪个校长会每天早上在校门口迎接学生？试问有哪个校长会看见学生没坐上公车就让学生上他的车送到学校？我就坐过很多次。李校是我见过最好的校长。”

校长鞠躬也属于仪式中的一种。仪式具有重要的教育意义，仪式能够营造一种庄重、严肃的氛围，唤起个体的神圣感，引起个体心中的情感体验，通过不断的强化和积淀，可能成为一种长久的心理或情感要素，保持个体对校长和学校的认同情感。仪式“巩固了群体的规范，给个人的行为提供了道德制裁，为共同体平衡所依赖的共同目的和价值观念提供了基础”[①]。相对于直接向学生讲述，要求学生具有公共美德、公共精神而言，日常生活中渗透的价值观教育更具有真实性，学生更容易将其内化。因此，班主任建构班级的公共生活的时候，不是追求一些新鲜的名词和口号，而需要在个人利益和公共利益之间寻找平衡点，需要的是健康生活方式的濡染。

第四节　班级公共生活权利主体的平等：师生关系

师生交往具有道德教育的作用。“现代心理学从人的基本需要中划分出：交往的需要、在交往者的激情中定向的需要、共同感受的需要、特殊的价值信息的需要。这既是维持生命的、‘基本生活的’需要，又是社会最高的‘人道主义的’需要。”[②] 同时，交往也具有道德教育的作用。班级公共生活的主体是学生和教师，师生关系在法律地位上是平等的，班主任以指导和引领为主。然而当下，师生关系中存在着几种支

---

① 王铭铭. 想象的异邦：社会与文化人类学散论［M］. 上海：上海人民出版社，1998：145.

② 季塔连科，石远. 情感在道德中的作用和感觉论原则在伦理学中的作用［J］. 哲学译丛，1986（2）：9—17.

配性的关系，这种关系的存在阻碍了班级公共生活的发生和发展。

一、支配型师生关系：强势支配或弱势顺从

支配型的师生关系是指在师生关系中存在着支配的关系。理解“支配”的关键就在于：（1）支配者拥有支配的能力；（2）支配是建立在专断基础之上的干涉。没有直接的干涉也会出现支配，因为支配的条件只是某人拥有任意干预你事务的能力，而不是事实上的干预；在非支配状态下也会出现干涉，因为干涉并不一定就是专断的干涉。① 师生之间的支配关系，既包括班主任通过各种方式参与、控制、支配学生，也存在班主任以尊重学生、实施民主教育的口号，对学生放任不管、无原则顺从学生，导致学生在实质上主导了教师的教育，牵制了教师。从教师的角度来看，前者简称为强势支配，后者称为弱势顺从。

笔者所批判的是班主任对学生的主人奴隶式的支配，或班主任处于被牵制的状态这两种极端现象。金生鈜认为，在效率至上的精英主义教育中，教育中的交往是不平等的权力支配机制。② 一般的法律规定对人的行动的限制和干涉，主要目的是为了维护公共的正义、秩序与安全等，这不属于人对人的奴役式的支配和控制。

（一）班主任的强势支配

班主任过度干涉学生生活，对学生进行时间、空间、情感上的管控，甚至无暇自顾、自我牺牲。在这种类型的师生关系中，班主任忽视自我并对他人生活过度参与，这样便降低了承担关怀这一行为的质量③。强势支配的师生关系，主要包括两个要素，过度参与他人生活和忽视自我、把自我投射在他人身上。

班主任和家长对学生“无孔不入”式的管控使得学生几乎没有自主的空间和隐私。

---

① 刘训练．从“无支配自由”到“论辩式民主”——佩迪特的共和主义政治哲学述评［J］．天津师范大学学报（社会科学版），2009（04）：11—16．

② 金生鈜．学校场域与交往惯习（二）——关于教育交往的对话［J］．福建论坛（社科教育版），2007（08）：7—9．

③ 沃克．性别与道德［M］//基伦，斯梅塔娜．道德发展手册．杨绍刚，刘春琼，等译．北京：教育科学出版社，2011：109．

有位年轻热情有干劲的班主任老师告诉笔者，她班级的学生只要不谈及学习都是可爱的孩子。有一天，她发现有个女生出现了早恋的迹象，连续几天放学和其他班的一名男生一起走。她很警惕，立刻联系女孩家长，家长对此也很紧张，老师和家长共同行动，成功扼杀了女孩早恋的苗头。

笔者问：真的是早恋吗，还是仅是友谊呢？

班主任老师说：我也不太能确定女孩是不是早恋，但是为了学生好，本着“宁可错杀三千，不可放过一个”的原则，必须断了这个苗头。我为她好，她妈妈明白，她以后也会明白的。

在目前我国中小学教师中，强势支配的班主任不占少数。班主任一方面对学生有一定的感情，对学生的现在和未来负责任，另一方面班主任在行使管理者的权力方面，存在界限不清、权力僭越的状况。很多班主任对班级具有很强的责任感，但在教育学生的时候却不得法，把加强对班级的管理（实质是控制和支配）作为核心手段。班主任对学生进行控制，导致学生也以“表演”回应班主任。

以下是一位主任写的教育笔记，反映了这个问题。

上周五处理了一起我班学生聚众喝酒事件。两位男生因违纪被我喊到办公室写检讨，因为班上还要上早读，我把他们俩安顿好，就回教室了。我中间有事又回办公室，发现两个男生不但没有认真写检讨，一个男生还正从兜里掏出一盒香烟，给另外一个男生炫耀。我上前一把夺过香烟，对他们一顿痛批。这时，拿香烟的男生说，抽烟处理这么狠，喝酒就不处理吗？我想，这孩子分明话里有话，于是连忙说，喝酒处理更严重。那男孩问：“如果我揭发喝酒的，能减轻我的处罚吗？”我说：“如果属实的话可以考虑。”

那孩子爽快地说：“我揭发咱们班同学聚众喝酒。”另外一个孩子见状忙说：“我也知道。”

这时，我说：“给你们一张纸，把事情经过写下来，谁写得好、写得详细，就给谁减轻处分。”这俩孩子一五一十地把我班班长召集同学喝酒的事情写了下来，包括谁喝了多少都写得一清二楚。我看到他们写的名单就懵了，我数了数，一共九个。我又气又急，强压怒火叫来身为组织者的班长，班长来到我办公室，一看俩“小汉奸”

在这儿，也不敢瞒我，一五一十地说出了周四上午她生日，因为父母都不在身边所以召集班里同学给她过生日的事情。说来也巧，我班另外一个男同学的妈妈正好不在家，他就邀请班长组织的人到他家去，他们一人凑了十元钱，买了菜和啤酒，自己做饭，吃得还挺丰盛。我听到这火冒三丈，严厉地对她说："把他们都叫来，要严肃处理。"人来了以后，每个人都痛哭流涕，信誓旦旦地向我表态，以后不再犯错，只希望不要告诉家长。

我乘胜追击，对他们说："这么大的事情家长不知道能行吗？"

他们讲，不行。

我说，那怎么办？

他们说不出话来。

我说："那里有个电话，排队打电话。"半个小时过去了，家长陆续来了，我先和家长开了个会，强调了本次事情的严重性，希望家长配合，家长都表态愿意配合。于是我给他们安排了任务，家长先教育孩子，然后由孩子向家长当面道歉。布置完这些，我把家长带到办公室，各找各的孩子。随后我离开了办公室，在外面只听到办公室吵成一片。

十五分钟过去，声音越来越小，这时我觉得火候到了。轻声推门进入，只见九个孩子都耷拉着脑袋，眼睛哭得红红的，家长一看我进来了，都安静下来。我用动情的声调对他们说："孩子们，我提议，你们各自当面给亲爱的爸爸妈妈道个歉。"完了我接着说："任何事情都有好的一面和坏的一面，经过了这件事情，希望孩子们知耻而后勇。我相信你们会变得更加优秀。"

这位班主任为我们展现了一幅真实的教育场景。第一，就教育对象而言，初一的学生正处于青春期，有叛逆倾向，班主任通过集体训和个别训的方式，让所有的学生都痛哭流涕。一般而言，学生受到老师的批评，同时受到家长的批评，都会感到自尊心受到了伤害、没有面子、心里难过等，哭也正常。

第二，班主任对学生管理的道德方面考虑不足。班主任的管理理念体现在他的语言和行为上。他的文字记录中"小汉奸""乘胜追击""知耻而后勇"等语言多为"战争"语言。冲原丰等人指出，"体罚或变相体罚学生的现象在所有国家的中小学中都存在，在不少国家还相当普遍，至于强迫命令与训斥学生的现象则更是家常便饭”①。上述案例中教师采用威逼利诱的手段使得学生成为所谓的“小汉奸”，长此以往会对学生的品格产生不利的影响。这些语言所折射出的管理理念、教育理念都存在问题，斗争有输赢、强弱，过度管理追求惩罚与服从，而教育强调的是教师陪伴、引导学生成长，既强调正义与原则，也讲究宽容和爱。

第三，班主任的“警察”角色。班主任在这里扮演的角色很多，从案例开始班主任是纪律的维持者、惩罚实施者，到发现有学生喝酒，就变成了警察、法官，从始至终都是真理的掌握者、家长和学生的支配者。班主任将家长“绑架”为教师的爪牙、管理学生的助手，这其中并无实质性的家校合作。角色意识对人的行为具有重要的影响。当人理解自己所应扮演的角色的时候，会主动调整原本的自我，适应新的角色。班主任本应有更多的角色，学生的同情者、理解者，学生的倾诉对象、心灵的关怀者等，但在此案例中却并未能展现。

对于强势支配的师生关系，一般不否认教师关怀学生的动机，但这种师生关系存在几个弊端。其一，就学生发展而言，过度参与学生的生活就相当于控制学生的自由思想，在某种意义上说是把自己的理想和期待投射在学生身上，把学生当作自己的私有物品，要求学生按照教师的意志行动，剥夺了学生的自主选择能力。

其二，就师生关系而言，班主任过度参与和过度关怀、牺牲自我，这超出了公共交往伦理界限，超出了班主任和学生之间的界限。追求自由是人的本能之一，教师费时费力、消耗本人的关怀情感，对学生过度限制，必然招致学生尤其是青春期的学生的反抗，而控制与反抗之间本来存在着矛盾，这必然伤害师生关系。

其三，就教师个人的角度而言，教师把全部的时间和精力都放在学生身上，尤其是班主任眼中的“问题学生”身上，个人容易产生职业倦怠问题。而且忽视子女的教育问题，导致教师尤其是班主任子女的“灯下黑”现象②，对教师的个人幸福和家庭都会产生不利影响。

---

① 鲁洁．教育社会学［M］．北京：人民教育出版社，2001：360.

② 毕景涛．教师子女教育缘何“灯下黑”［N］．中国教育报，2009－06－25（4）.

（二）班主任的弱势顺从

教师与学生的关系，除了过度干涉学生生活、自我牺牲的强势支配的方式之外，还存在另一个极端，即教师的弱势顺从。弱势顺从式的关系是指，个体因害怕别人的否定性评价而焦虑地产生出对他人表示关怀的行为，个体的自我表达由于顺从别人的观点而受到压抑①。弱势顺从的师生关系包括几个要素，教师压抑自我、害怕否定、迫于压力而做出的形式上的关怀。弱势顺从的师生关系中蕴含着压抑、恐惧、隐忍，一般而言在这样不平等的关系背后是权力问题。

随着市场经济的冲击，学校教育被认为是可以购买的服务，在以金钱衡量一切的观念下，教师为服务员、学生为顾客，教师由此变得弱势而不得不顺从"上帝"的要求。在这种班级中，教师和学生具有不同的组织目标，难以形成共同的群属感（we-feeling），师生关系带有强烈的支配—服从色彩②。学生不认同自己的学生身份，把自己当作顾客，顾客就是上帝，顾客一切都是对的，学生以消费者的满意与否评价教师与教育。然而师生关系不是、也不应沦为市场经济中的买卖关系。所谓教师与学生的平等是法律、人格上的平等，非教育地位的平等。

在弱势顺从的师生关系中，教师缺少清晰的自我认识，没有恰当地对待自我。就教师的动机而言，可以分为无原则的溺爱和对学生负面评价的恐惧。在部分学校对教师的考核中，学生的满意度占很大比重，这就必然造成教师对学生的评价的依赖，然而学生评价本身却未必能体现出教师的劳动价值，因为教师可以用最直接简单的方式取悦学生，与此同时教师还可以以民主、尊重学生主体的教育等理念作为幌子顺从放纵学生。

在课外补习班上，有个小男孩想去厕所，又怕黑，于是只好求助于老师。老师领着他的手，带他去卫生间。之后，回到教室继续学习。一会儿，他又说要去卫生间，如此反复几次、连续好几天，教师对此表示好奇。

经过了解，小男孩是想要获得老师牵着手的温暖，想要获得母亲般的温暖。因为

① 沃克．性别与道德［M］//基伦，斯梅塔娜．道德发展手册．杨绍刚，刘春琼，等译．北京：教育科学出版社，2011：109.

② 鲁洁．教育社会学［M］．北京：人民教育出版社，2001：366－369.

他是单亲家庭，跟祖父母一起生活。他参加补习班，不是因为他喜欢学习，而是因为他不愿回家，想跟同学和老师在一起，这样比在家里热闹些。

对此，老师表示暂时只能顺着他，因为情感的需要无法拒绝，但肯定会想其他办法，帮助学生在情感上成长起来。

这个案例揭示了很多问题，如儿童成长的情感问题，隔代教育问题等。故事中体现出女性教师的温柔，同时也可见教师对于孩子采取的方式是顺从的、迁就的，虽然暂时满足了某个学生的需要，但也在一定程度上扰乱了正常的教学秩序。

弱势顺从的师生关系体现了教师的温柔，他们可以在表面上获得学生的喜爱，但是这种关怀方式会导致如下弊端。其一，从学生发展的角度，学生的成长需要价值原则的引导。教师出于恐惧的关怀，可能顺从、纵容学生，逐渐失去自己的教育原则，这可能会导致部分学生的“得寸进尺”、任性、叛逆、肆意妄为，教师的顺从甚至会在某些情况下演变为纵容学生的“恶”。

例如，前文中提到的案例，学校规定禁止学生吃零食、喝碳酸饮料，班主任经不住学生的哀求，给学生写了出门条，结果被学校领导发现，最后三者都不愉快。不愉快的背后是班主任对学生的纵容式的关爱。这也就是苏霍姆林斯基所说的师生关系走向了“狎昵”。他指出：“怀着空虚的心灵去接近学生是危险的。教师如果不能在精神上具备很大的优势，学生（尤其是少年）就会企图跟他建立一种狎昵的关系。而这种情况在教育上是跟脱离学生同样有害的”[①]。教师需要具有丰富的精神世界，这样的教师才会充满魅力，才可以拥有教育学生的能力与资格。

其二，从师生关系角度看，依靠弱势顺从所建立的师生关系较为脆弱。顺从式的关怀会在表面上获得学生的喜欢，因为学生的需要暂时得到了满足，但从长远来看，学生因教师的纵容而失去了本该得到的教导、成长的机会，最后可能会责怪教师。教师因长期焦虑、压抑而痛苦，这样的师生关系难以维系。

其三，从班主任的角度看，教师一味顺从学生的要求，就是无立场、无原则的道德教育。弱势顺从的关系的实质是教师对青少年的内心世界不够关注。苏霍姆林斯基

---

① 苏霍姆林斯基. 和青年校长的谈话［M］. 赵玮，等译. 杜殿坤，等校. 北京：教育科学出版社，2009：178.

指出，精神上的贫乏会导致道德上的空虚和堕落，对人所造成的损失是无法弥补的。为了减少人的损失，我们首先就应当关心人的心灵的培养[①]。班主任对道德教育不敏感、对学生的精神世界不关心，那么教师专业自主和专业发展、教师的道德权威、专业精神等都无从谈起，这无异于消解了班主任存在的价值，消解了教育的意义。弱势顺从的师生关系，班主任对学生的关心和顺从匮乏正当性。如果没有正当性作为尊重学生自主性的基础和前提，那么这种尊重就沦为形式，失去了价值支撑。真正的有意义的关怀必须为正当性留一席之地。另外，教师的顺从也与个人性格和品格有关系，过度的顺从就是无原则，是对自身和学生不负责任。

学校搞活动，问当你们遇到什么事情时最开心，要求每个学生都在纸条上写下答案。学生的答案五花八门，有几个学生都写了“如果捡到钱就很开心”，班主任对于学生的这种观念没有任何敏感性，只是一笑而过，觉得学生很机灵。

案例中学生的观点有明显不符合道德要求的因素，对此班主任应该给予及时恰当的纠正。班主任对学生的此种观点持放任的态度，一方面可能是因为没有能力，另一方面可能是工作态度的原因。

二、 支配型师生关系的根源： 文化与个人

之所以出现以上两种略微极端的师生关系，背后有着复杂的原因。概括而言，支配型的师生关系的核心是师生不平等，作为权利与义务的主体的不平等，这种不平等根源于传统文化中的权威观念、自我观念、权利观念。

（一）政治权威和道德权威的界限不明

传统文化赋予班主任权威。在政治学界，权威主义（Authoritarism）也译为威权主义，是指“介于民主主义和极权主义之间的政治统治方式”[②]。一般而言，权威分为道德权威、政治权威和宗教权威。[③] 教师的权威属于教育权力，具有必要性。在

① 苏霍姆林斯基．和青年校长的谈话［M］．赵玮，等译．杜殿坤，等校．北京：教育科学出版社，2009：167—168.

② 俞可平．论权威主义——兼谈“新权威主义”［J］．经济社会体制比较，1989（03）：17—21、26.

③ 俞可平．论权威主义——兼谈“新权威主义”［J］．经济社会体制比较，1989（03）：17—21、26.

班级中班主任的权威来自于岗位职责赋予的具有正当性和合法性的权力，具有强制性和必要性。教师可以要求学生服从命令，维护班级秩序、保障班级所有学生的公共利益，并且可以调节矛盾等，有利于学生学会团结合作。

教师权威的另一方面来自于班主任的人格魅力带来的道德权威。教师的道德权威可以维护正常的教育教学秩序，并无好坏之分。班主任真正的权威是内在的道德权威，是人格魅力、教育智慧、精神力量等。“真正的权威来自于内在的精神力量，一旦这种内在的精神力量消失，外在的权威也随之逝去。”① 教师的外在权威是指教师通过其职业的属性而获得的权力，体现在管理、教学、惩罚和奖励等方面。如果把握不好权威的尺度，就可能走向极权主义或其他形式。教师的内在权威与外在权威如主动或被动地消解了，不正常的师生关系也就会出现。

（二）片面理解权利及权利主体

我国传统文化中缺失权利观念。在我国“以吏为师”历史悠久，掌权者就是道德楷模，他们的权力很少受到束缚，权力制衡机制不够完善，公权力的正常行使主要依赖“自我范导的道德使特权阶层实现自我抑制”②。

我国目前使用的权利一词来自于西方社会，金观涛等指出，“权利”在西方文化中有两层意思，其一是法律层面的，即是指那些合法的权利和利益，其二是将具体的权益上升为自主性，并认为其“正确”或“正当”，right 这个词带有强烈的“理应”“正当”这些明确的价值判断。将两层含义综合起来，“权利”可以用个人自主性来定义，含义为“个人的自主行为为正当”③。

中国权利观不强调人的自主性，而指涉权力和利益。金观涛指出，权利观念被引进时经历了“中国传统思想对西方现代观念的选择性吸收”“对西方现代观念新意义的学习”和“用中国深层思维模式对外来新观念的重构”三个阶段。④ 这三个阶段分

---

① 雅斯贝尔斯. 什么是教育［M］. 邹进，译. 上海：三联书店，1991：70.

② 贾新奇，等. 公民伦理教育的基础与方法［M］. 北京：北京师范大学出版社，2007：138.

③ 金观涛，刘青峰. 观念史研究：中国现代重要政治术语的形成［M］. 北京：法律出版社，2010：104—105.

④ 金观涛，刘青峰. 观念史研究：中国现代重要政治术语的形成［M］. 北京：法律出版社，2010：102.

别是：第一阶段：1860—1900 年，中国人没有改变伦理价值观和社会制度，选择性地吸收了西方权利观念中的法律方面尤其是国际法的内容，将权利理解为国家或个人的权力或经济利益。第二阶段：1900—1915 年，儒家伦理退到家族内部和私人领域，中国在公共领域全面引进包括权利观念在内的西方现代政治思想。这一时期，人们从天赋人权的高度来理解和宣扬权利。第三阶段：1915—1924 年，新文化运动时期，中国出现全盘反传统主义，个人权利成为一种新道德，与此同时权利观念被重构，由于中国社会权利难以实现，人们拒绝把权利当作一种普遍价值。此时的权利不再强调自主性，而指涉权力和利益，形成了中国的权利观。①

我国在引入权利概念的时候，缺少了自主性这一核心层面，导致人们理解权利仅为权力、利益，甚至仅为法律意义上的权利、权利主体。当下，社会和教师尤其是班主任需要重新理解权利，尤其是关于自主性的层面。

此外，除了文化的深层结构方面的原因，教师个人的能力是直接而显性的原因。人生活在文化之中，浸泡在文化之中，教师若要冲破文化的牢笼，困难可想而知。然而，文化中也有一些传统是值得反思和警醒的。这就需要教师个人具有一定的反思能力和学习能力。

三、 走向无支配的教育关系

班级公共生活所要求的主体是平等的权利主体，而我国传统文化中的“人格”“权威”以及道德结构的缺失阻碍了这种平等的权利主体的生成，因此教师可能在现实的师生关系中存在对学生的强势支配或弱势顺从的情况。为了弥补这种缺失，可以从教室里的师生关系着手改善，把强势支配的师生关系、弱势顺从的师生关系转变为无支配的教育性关系。

无支配的教育关系包含三个层面，首先，教师和学生都是平等的权利主体，需要彼此尊重，这种尊重是公共交往的伦理之上的；其次，教师作为师生关系中的长者，尽量避免对学生的奴役式（主人式）的支配，给学生心灵的安全感，保证学生可以自

---

① 金观涛，刘青峰. 观念史研究：中国现代重要政治术语的形成［M］. 北京：法律出版社，2010：148.

由而惬意地表达；最后，教育中的师生关系在本质上是教育关系，理想状态是人道主义的情感关系。

（一）基于公共交往伦理的尊重

尊重是儒家伦理所需要的“补”，也是进入公共生活的人们的首要品质。儒家伦理重视培养人，使其在私人领域做好人，讲究“仁义礼智信”“忠孝”等美德。这些美德也会有助于人们进入公共领域、参与公共生活。儒家在传统上认为，人在家庭中孝敬父母，在社会的公共生活中就会做事合乎伦理①，例如“老吾老以及人之老，幼吾幼以及人之幼”。然而我国传统文化下的道德结构存在一定的缺陷，缺少“公”的维度，传统伦理没有直接告诉人们在社会公共生活领域中该如何对待陌生人。儒家伦理与当今的公共生活伦理并非直接相通的关系，二者“曲通”②，需要在社会公共生活中发展适宜的伦理。

公共交往首要的是尊重和平等相待的态度。③ 尊重是公民伦理的基本要求。“公民伦理是人们在公共生活或公共交往中可以相互地提出的那些有效性要求，即诉诸对于他人的恰当的尊重的态度和出于这种态度的恰当的行为习惯。”④ 公共交往需要公共秩序和法律、规章规则等规范的约束，更需要公共精神的支撑。

尊重，要求教师和学生遵守基本的公共交往伦理，尊重儿童的基本权利，鼓励儿童发挥自主性。研究表明，儿童对权利和自主的判断源自于儿童形成了一个由个人作决定的自主领域，这导致他们在某些情境下拒绝权威独裁或控制。个人自主概念的发展是公民自由观念，如言论自由、宗教自由得以发展的先决条件。青少年认为公民自由权利等这些权利应该得到保护，因为它们与自主和自我表达这些普遍的心理需求相关。⑤

尊重的理由在于人人都具有法律意义上的平等地位，价值层面的权利一直是人类

① 廖申白．交往生活的公共性转变［M］．北京：北京师范大学出版社，2007：217.

② 廖申白．交往生活的公共性转变［M］．北京：北京师范大学出版社，2007：236.

③ 廖申白．私人交往与公共交往［J］．北京师范大学学报（社会科学版），2005（04）：74.

④ 廖申白．交往生活的公共性转变［M］．北京：北京师范大学出版社，2007：238.

⑤ 海尔维格．跨文化的权利、公民自由和民主［M］//基伦，斯梅塔娜．道德发展手册．杨绍刚，刘春琼，等译．北京：教育科学出版社，2011：195.

的向往和追求，在一些关于权利的里程碑式的文件中，我们可以看到对权利和自由、平等的追求与捍卫。如，美国《独立宣言》中提到人人生而平等，都具有不可剥夺的生命权、自由权和追求幸福的权利等。法国的《人权宣言》中也规定：在权利方面，人们生来是而且始终是自由平等的。1948 年联合国《世界人权宣言》第一条就声明：人人生而自由，在尊严和权利上一律平等。这些宣言说明权利至高无上、不可侵犯的性质。只要个体存在就具有权利，每个人都拥有不可侵犯、不可让渡、不可剥夺、不可分割的天赋人权。

尊重意味着教师和学生自尊、彼此尊重的态度和品质。康德指出，尊重虽然是一种感情，却不是一种因外来作用而感受到的感情，而是一种通过理性概念自己产生出来的感情，尊重只是一种使我的意志服从于规律的意识，而不须通过任何其他东西对我的感觉的作用。[①] 教师尊重学生的人格尊严，同时也要求学生以同等的尊重态度回应班主任，教育学生学会自尊、尊重。

尊重还意味着班主任尊重学生的学习过程，允许学生犯错，宽容学生，不伤害学生的自尊。苏霍姆林斯基认为："自尊感是学生道德发展的重要因素。"[②] 学生是具体而鲜活的、有共性和差异的多样生命，具有适应与超越的双重属性，是具有尊严、价值与权利的个体的人。中学生是未成年人，心智还未完全成熟，有时情绪情感难以控制，会一再犯错，因此不能把学生当作完全意义上的公民，还需要在教育过程中有明确的价值引导，同时给予学生机会，让他们"在游泳中学会游泳"。

（二）平等而无支配的关系

无支配的自由（freedom as nondomination，或译为免于支配的自由）来自共和主义的当代领军人物菲利普·佩迪特。他基于对伯林的积极自由和消极自由的批判，提出无支配的自由。消极自由指主体（一个人或人的群体）被允许或必须被允许不受被人干涉地做他有能力做的事情，成为他愿意成为的人。积极自由是指什么东西或什么人，是决定某人做这个、成为这样而不是做那个、成为那样的那种控制或干涉的根

① 康德. 道德形而上学原理［M］. 苗力田，译. 上海：上海人民出版社，2002：22.
② 苏霍姆林斯基. 苏霍姆林斯基选集第 1 卷［M］. 北京：教育科学出版社，2001：439.

源。[1] 简而言之，积极自由（freedom to do）是去做某事的自由，消极自由为（freedom from）免于干涉的自由。之所以说是对伯林两种自由观的超越，是因为无支配的自由是指“既是消极的也是积极的，说它是消极的，是因为它要求免于他人的支配，但并不必然要求实现自主（self-mastery），不管人们认为它（自主）的含义是什么；说它是积极的，是因为至少从一个方面说，它要求免于干涉之外的其他东西，它要求防止干涉的保障，尤其是防止建立在专断基础上的干涉”[2]。

根据无支配的自由概念，首先，班主任需要为学生营造安全的、免于恐惧的班级氛围，保障学生能够在一种自主状态下生活。处于恐惧状态的学生，无心学习和成长，他们通常无精打采、冷淡漠然地对待周围的一切，他们的首要任务是避免受到惩罚，心灵情感是闭锁的。班主任需要营造良好的师生关系、班级中的同伴关系。成人和孩子之间强烈的、亲密的关系，其中孕育了某些特殊品质的关系、含有双重的意向性关系，教师希望学生茁壮成长、走向成熟，学生拥有乐于学习的欲望。[3]

其次，班主任需要帮助学生享有在合理秩序下能够去做某事的自由，保障儿童的惬意感。在自由开放的氛围下，学生的内在精神才可以展现出来。学生天真、活泼、好动、好奇、爱学习，才是儿童的本来样子。阿拉·博古什这样定义惬意性：“惬意性是一些自然、社会、教育心理的因素，它们决定儿童在从出生到长大成人之前这一阶段，在良好的情绪环境中的生命活动。”因此，他建议，“要保证儿童从婴儿到普通学校毕业的整个年龄阶段都具有惬意感”[4]。即便犯了教师需要实施惩罚的错误，这种惩罚也只能针对事件和行为，而不能伤害学生的品质和尊严。

（三）建立人道主义情感的师生关系

人道主义情感的师生关系要求师生之间的公正与关怀。教师正确处理教师与学生、学生与学生之间的人际关系，学生才能从中学会公正地处理关系。

教师对儿童的人道主义态度在前，在此基础上有人道主义的师生关系。人道主义

---

① 伯林．自由论［M］．胡传胜，译．南京：译林出版社，2003：189.

② 佩迪特．共和主义［M］．刘训练，译．南京：江苏人民出版社，2006：51.

③ 朱小蔓．关注心灵成长的教育［M］．北京：北京师范大学出版社，2012：220.

④ 博古什．苏霍姆林斯基人道主义教育中的惬意童年［J］．姜晓燕，译．中国德育，2007（3）：15—18.

首先是一种感情，班主任和学生之间建立相互关怀的情感。班主任要教会学生感知和保持人道主义的丰富情感，而不是教他们夸夸其谈。通常儿童是敏感的，在教师和儿童的交往过程中，教师是否对儿童怀有真挚的情感，儿童是可以敏锐捕捉到的，而且儿童也会给予教师回馈。“人用心灵来感觉别人内心的极其细腻的活动并通过自己的精神活动来回答它们。”①

周三我给学生们上活动课。上课之前，有位学生悄悄地问我，老师，周一讲话的时候你哽咽了，你现在心情好点了吗？学生一句话，让我感动至今。

这个故事的背景是这样的。我们学校每周一都有“国旗下的讲话”这一活动，那周是我讲。最近学校一名教师因病去世了。我讲了这位教师的事情，提到同事难免有些难过，我说，他的一生是无愧于自己和每个孩子的，说到这里我哽咽了，停顿了一下然后继续讲，当时我认为自己掩饰得很好。

当这个孩子这么问我的时候，我惊讶又感动，没有想到孩子这么细致敏锐。②

人道主义是一种为人处世的态度，是师生交往的态度，班主任可以将周围世界“人化”，创造人道主义的情感氛围，培养人道主义的情感。苏霍姆林斯基说：“孩子怎样对待他周围的东西和生物（一本书、一本练习本、一株花、一只鸟和一条狗），这正是人性素养的开端，是对人的态度的开端。”③ 他指出，教育的艺术就在于，要让受教育者把他周围的东西加以“人化”，使他通过对待物品来学习如何正确地、有人情味地对待人。他认为应当使孩子把生活中接触的物品都看成是有“灵性”的东西，从这些物品中感受到人性的大学——人的智慧、才干和对人的爱。如果孩子感受不到这些，他就不懂得什么是真正的人的细腻情感，就会缺乏知觉的敏感性，在他身上就会形成一种可以称之为道德上的冷心肠、冷漠无情、无动于衷的东西。

乌申斯基指出，学校留在学生记忆中的不是它的默默无言的墙壁，而是师生关系

① 苏霍姆林斯基．苏霍姆林斯基选集第3卷［M］．北京：教育科学出版社，2001：751.

② 案例来源：上海市某中学教师讲述。

③ 苏霍姆林斯基．和青年校长的谈话［M］．赵玮，等译．杜殿坤，等校．北京：教育科学出版社，2009：179.

中的那种高尚的精神，学生记忆中的学校是具有美德的教育者为了学生的福祉而准备做出自我牺牲的地方。[1]

① 古卡连科. 多元文化教育的理论与实践［M］. 诸惠芳，梅汉成，译. 北京：人民教育出版社，2012：26.

第四章

班级公共生活的图景与建构

如何让公共生活更美好是现代人类社会面临的重要问题。公共生活在历史上有不同的表现形态，但它在历史长河中有一个始终存在的特点，即“公共性”。公共性（或社会性、群性）是人的本性之一。然而，在我国传统文化中，由修身、齐家，直接到治国、平天下，中间缺少“社会”这一层结构；在家庭内部的人际关系中，五伦有明确的角色定位，但在家庭之外，除了君臣、朋友，对于一般陌生人应该如何相处，没有明确的行为规范[①]。这是中国伦理的缺失，也是中国社会现代化、城市化进程中需要重视的问题。

学生在参与班级公共生活时，有不同的参与度。底线层面，学生有不参与的权利，免于被民主、被参与的自由；在积极层面，学生有积极主动参与班级公共生活建构，为班级生活和更大范围生活的积极改变做出贡献的权利和自由。

第一节　班级公共生活的价值底线与追求

2016年发布的研究报告《破译21世纪核心素养教育的全球经验》显示，全球重视的两大类18项核心素养中有9项属于“领域素养”，另外9项属于“通用素养”，通用素养指向高阶认知（批判性思维、创造性与问题解决、学会学习与终身学习）、个人成长（自我认识与自我调控、人生规划与幸福生活）与社会性发展（沟通与合作、领导力、跨文化与国际理解、公民责任与社会参与）。[②] 其中沟通合作、跨文化、公民责任等，都涉及人与社会的关系。

班级公共生活的公共性微弱，有教育自身的原因。社会竞争挤压高等教育，高等教育把社会和市场的逻辑引进学校，强化竞争，事实上呈现出培养精致的利己主义者的倾向，削弱了教育的公共性。如此逻辑层层下压，导致义务教育仅成了人力市场和

---

① 焦国成. 中国古代人我关系论［M］. 北京：中国人民大学出版社，1991：81.

② 北京师范大学中国教育创新研究院. 破译21世纪核心素养教育的全球经验［N］. 中国教师报，2016－06－08（03）.

高等教育的附属品，不同学段的定位及其对学生发展的特殊价值日渐丢失，排他性的竞争占据主导地位，学校和班级的公共生活也无从谈起。

一、底线：尊重基本权利

从传统文化的角度来看，平等的权利主体，相互尊重的关系，有利于培养学生的独立人格。梁漱溟提出，中国是伦理本位的社会，就是从家庭关系开始推广发挥，以伦理来组织社会，从而消融了个体与团体这两端。[①] 但如果没有个体的独立，就不可能有现代意义上的公民。梁启超坚持权利思想是公民的首要内涵，因为没有权利意识的人就无法意识到自己的权利和尊严是否受到了侵害。教育的第一要义就是培育公民的权利思想。“国家，譬犹树也；权利思想，譬犹根也……为政治家者，以勿摧压权利思想为第一义；为教育家者，以养成权利思想为第一义；为私人者，无论士焉农焉工焉商焉男焉女焉，各以坚持权利思想为第一义。”[②] 公民首先是一个权利主体，公民的地位通过社会契约的方式加以确立；公民是享有基本人权的独立主体；公民的基本特征包括自由、平等、独立等。[③] 独立人格首先意味着自由与权利。自由与权利息息相关，自由不是为所欲为、肆无忌惮，自由和权利存在边界，这个边界就是他人同等的权利与自由。梁启超宣称：“自由者，权利之表证也。凡人所以人者有二大要件。一曰生命，二曰权利。二者缺一，时乃非人。故自由者，亦精神之生命也。”[④] 中国的自由观往往将自由理解为逍遥自在、无拘无束，理解为精神层面的自由。我们需要认真对待权利，“一旦对权利的认识出现价值偏差，如将其理解为带有某种强制性的传统道德，就很可能出现价值理念上滑向极权主义意识形态的可能性”[⑤]。

二、崇高理想：天下为公

班级公共生活是以培养学生的公民素质、为学生将来参与现实的公民生活奠基为

---

① 梁漱溟. 中国文化要义［M］. 上海：学林出版社，1987：70.

② 梁启超. 新民说·论权利思想［M］. 郑州：中州古籍出版社，1998：96.

③ 王啸. 全球化时代的中国公民教育［M］. 福州：福建教育出版社，2006：62—67.

④ 梁启超. 饮冰室合集［M］. 北京：中华书局，1989：41—44.

⑤ 金观涛，刘青峰. 观念史研究：中国现代重要政治术语的形成［M］. 北京：法律出版社，2010：105.

目标，以公民社会中现实的公共生活为参照，由教育者尤其是班主任根据本班学生的实际情况精心安排的多向互动的交往性实践活动。它以师生为主体，以谋求师生公共利益最大化为直接目标，追求公正、自由、理性、负责、尊重、宽容，针对各类公共性议题（包括涉及师生利益的学校公共性议题和受到师生关注的社会公共性议题）而开展。

班主任建构班级公共生活首先要从转变个人观念开始，其次针对具体公共事务展开对话与协商。班级公共生活对公共事务形成共识与决策，体现公共精神，是师生民主交往的生活，是自由人的联合生活，是道德人成长的生活。班级公共生活，目的在于促进道德人与公民的形成。

构建班级公共生活的重要内容之一是建设民主的班级。“民主是公共性得以实现的最重要的方式。社会生活之民主程度，是其公共性发展水平的基本标志。”①

在公共生活的相关理念还不为人们所熟知的情况下，班级公共生活的内容主要依靠教师尤其是班主任的主动建构。班级公共生活的内容来自社会公共生活，需要经过选择和再加工，使其适合学生。从广义上说，一切社会的公共事务都可以成为班级公共生活的来源和主题，例如，维护公共秩序、公共资源的利用、环境的可持续发展、防止核扩散等话题。从内容来看，班级公共生活具有不同内容，有直接的和间接的，有显性的和隐性的。

班级公共生活的生成并非一蹴而就，需要循序渐进。学生在公共生活中的公共性应是整全性的公共性，即包含公共性的所有层面。初级班级公共生活的公共性表现为共知，逐步拓展为共建共识、共有共享等发展阶段。在最高层面是人道主义或人类情感的共通性。

学生参与公共生活的领域、水平等各不相同，例如，引导小学生关注环境、有公德、遵守公共秩序等，教导初中生懂得自己和他人的权利和义务、学会倾听沟通等，高中生则需要学习民主、政体、选举等，学会理性地处理社会事务，大学生在所有方面都需要掌握，因为他们很快要作为平等的权利主体进入社会生活。因此，要遵循渐进原则，既不能借口学生年纪小、年级低、参与学校公共生活的水平差、经验不足而

---

① 郭湛，王维国，郑广永．社会公共性研究［M］．北京：人民出版社，2009：107．

凡事包办，避开学校公共生活；也不能以尊重学生个性自由为借口，忽视在学校公共生活中的理性尺度与必要的教育引导，混淆放手与放任，导致学校生活的失序失范。在二者之间保持合理的度，是教育智慧的体现。

班级公共生活的发生具有多重起点。从班级公共生活的发生过程来看，包括自然发生的公共生活和有意建构的公共生活。按照其发起主体，主要可以分为四种：（1）学生自发的公共生活，如学校门口的马路对于学生而言有危险性，学生需要政府建一座天桥保障学生安全，学生针对这件事情向政府有关部门反映情况；（2）学校和教师组织的公共生活，如教师带学生参与社会公益活动，保护水资源，或者组织学生集体去参观考察，增强学生的公共意识；（3）社会组织的公共生活，如学生参与某个组织倡导的社会公共活动；（4）课程和教材中呈现出的公共生活，例如鼓励学生关注权利、公益活动，要求学生学习写一个提案等。活动具体形态可以而且应该是多样的，传统的集体活动、节日活动等都可以成为班级公共生活的资源。

第二节　权力与情感：引领班级公共生活的机制

班主任对班级全面负责，需要在其中发挥重要作用——引领和建构。引领，指的是班主任带领、指导学生共同过班级公共生活，建构则指班主任具有自觉意识，积极主动地策划、组织公共生活的行动。

一、以岗位所赋予的权力引领

今日的中小学生是二三十年之后的社会栋梁，教师需要着眼于未来社会的需要而培养未来公民。

卢克斯提出三维权力观，即显而易见的权力、活动范畴与内容的权力、塑造偏好的权力。卢克斯提出的三维权力观对于我们分析教师的权力具有重要的启示意义。他指出，权力有三张面孔：第一，直接的、显而易见的权力形式，即 A 拥有支配 B 的权力，在某种程度上也即他能够使 B 去做某些 B 不会去做的事情①；第二，控制民主

① 卢克斯. 权力：一种激进的观点［M］. 彭斌，译. 南京：江苏人民出版社，2012：3.

决策的范围与内容的权力，也是限制各种替代方案的权力，即对现存的利益或特权的分配进行变革的要求，在被公正地表达出来之前就可能被压抑或掩盖，即便进入决策范围，也可能被否决或在实施中被损害①；第三，塑造人的各种信仰、偏好与愿望的权力，这是各种现象中隐藏得最不明显的权力形式②。这样的形式可以预防潜在的权力冲突。然而，第三种权力形式可能会使他人形成内在的约束、价值观的扭曲，甚至意识不到自己真正的利益所在③。

班主任精细化管理的弊端是没有为个人的意义留下空间，在公共领域与私人空间之间没有进行明确区分。

班主任是学校教育资源的富有者，是教育生态关系的调节者，是两种职能整合的能力者，因此班主任和班主任工作是一种值得重视和挖掘的教育资源④。教师的人性之爱、职业之爱、人民之爱和精神大爱是当前中国社会迫切呼唤的教育文化。⑤

班主任的管理，奠定了班级生活的情感和制度的氛围、学生班级生活的底色。班主任是班级生活的组织者、领导者，需要意识到身上所承载的公共使命。班主任要在日常管理工作中寻找涉及公共利益的问题，涉及公共利益的问题必然包括公共性。

班主任不恰当的管理会伤害学生的情感。冷漠的、敷衍的、情绪化的、威权的、支配的、压制的、强迫的管理也许可以维持表面的纪律，但不能为学生创造安全的心理环境，更难了解学生的内心需要。

中国传统的威权文化、官本位、人情文化以及现代社会的功利主义等，反映在班主任管理理念和方式上，可能出现负面影响，诸如教师本人过度的权威意识和操控意识，管理方式上的封闭性、不透明、暗箱操作，把分数、家境、亲疏等偏见带入对班级事务的处理中，安插“眼线”、培养“潜伏者”、乐于接受“小报告”等；对学生中的贿选干部、“帮团”行为、欺凌弱小、代做作业、代做值日等不正之风不予处

---

① 卢克斯．权力：一种激进的观点［M］．彭斌，译．南京：江苏人民出版社，2012：10.

② 卢克斯．权力：一种激进的观点［M］．彭斌，译．南京：江苏人民出版社，2012：80.

③ 彭斌．卢克斯的三维权力观［J］．读书，2015（04）：116—121.

④ 朱小蔓．班主任与班主任工作——一种值得重视和挖掘的教育资源［J］．教育理论与实践，1997（01）：30—33.

⑤ 朱小蔓．童心母爱：永不熄灭的教育精神——纪念斯霞诞辰100周年［J］．课程·教材·教法，2011（02）：24—28.

置……以上种种负面问题会严重阻碍学生的自尊自爱、民主平等、独立思考、批判意识、公平正义等品质的培养。

缺乏公正的管理会给学生带来不公正的情感体验，久而久之有可能对学生的心理造成不可逆转的伤害，形成习得性无力感。班主任的无关怀或不恰当的关怀，有可能导致学生的误解，从而产生情感上的扭曲或疏离，并陷入恶性循环。

（一）班主任需要认识到，班级公共生活是学生的生活，要尊重学生的主体性

班主任需要学会放权，因为班级公共生活是以学生为主体的生活，学生是需要锻炼和成长的人，班主任的主要职责之一在于陪伴和精神关怀。班主任应适度放权，让学生自己去发现一些需要做的事情，让他们自己发现问题、解决问题。“教育应该把人作为社会的主体来培养，而不是作为社会的被动客体来塑造。”① 生命的本质意义在于超越性。只有“深入人的生存的内在结构，深入个体生命的深层质地”②，才能够真正关切到个体的生命。因此，教育在注重规范的传递的同时，更应该注重对超越性价值与意义的追求，这种追求即对生命的尊重。教育本身包含生命教育的内容，需要让学生懂得负担起生命的责任，传递人类文明的价值内涵。

（二）保证班级生活的真实性、有效性

即便学生在志愿服务中体会到了意义和快乐，也并不是所有的公共生活都能够立刻促成学生在情感、态度上的提升。同时，并不是所有的公共生活都是快乐或容易的，还会有挫折。家庭、学校、社区等应尽可能给学生提供参与公共生活的机会。班主任应尽可能地保障学生参与公共生活的有效性。志愿活动可以有效培养学生的参与感，培养其公共精神和理性精神。这种公共生活可以是直接参与的，可以是讨论的形式，还可以有其他途径。

（三）班主任引领的班级公共生活具有阶段性

班主任需要逐步转变管理观念，避免管理本位，以公共性的视角反思班主任工

---

① 扈中平．人是教育的出发点［J］．教育研究，1989（08）：33－39．
② 刘铁芳．生命与教化［M］．长沙：湖南大学出版社，2004：3．

作，改进管理中可能伤害学生人格的要素。班主任进行班级制度建设的初衷是保证班级公共生活的有序进行，保障每个学生公平公正的参与机会，因此制定的过程需要公开公正，应有明确的价值底线和尊重彼此的态度。实施既定的制度需要得到学生的认同，也就是要体现“规则的主体间性”。

任剑涛认为理解权力可以有很多不同的角度，而其中之一就是在权力与权利的关系中理解权力，因为二者具有相同的结构。强制与服从的关系构成权力与权利的结构性关系。与权利对比，权力具有四个特点：（1）就承载者来讲，权力主要强调一种系统的控制力量，因此它带有系统性、组织性、统一性。（2）就权力的存在状态而言，权力的存在状态带有主动性、积极性、施加性，它要施加影响于受权力制约的对象，以强制力让对象服从、被统治、被领导。权力以支配性来显示力量感，权力背后的支持力量就是暴力。（3）就权力的依托对象分析，权力无论是依靠政治权力系统，还是衍生为一套经济控制体系，即经济权力，都将权力本身显示为一套控制体系。（4）从权力和权利的相互关系来看，它们是一种可转换的关系，而不是一种僵化结构，权力和权利不是绝对对峙的。[①]

引领学生参与公共生活是一个循序渐进的过程，可以让学生先参与学校内部构建、组织的公共生活，掌握了基本的规则和技能之后，再扩展公共生活的范围，提升目标。引领班级公共生活是一个持续的、螺旋式上升的过程，需要班主任耐心等待和专业的引领，帮助学生完成学习、成长和蜕变的过程。

二、 以班主任的专业情感引领

班主任的管理在学生的情感发展中起到直接而重要的作用。基于班主任的工作性质和职能，其工作方式、价值观、个人德行修养等对于学生的学校班级生活将产生直接影响。班主任的言行可以影响学生的情绪情感，潜移默化地对学生的品格产生影响。培育具有丰富情感的公民必须从人的内在情感需要出发，在持续的交往实践中积累丰富的情感体验，逐渐形成良好的情感品质，形成公民品格。班主任通过精神世界的交流、情感交往来影响学生的内心世界。

---

① 任剑涛. 政治哲学讲演录［M］. 桂林：广西师范大学出版社，2008：331—334.

教师需要提升自己在公民教育方面的素养，意识到教育的公共性，意识到自身承担的公共使命。教师希望学生品德等各方面都好，学生也希望教师是有智慧、有知识、能够付出情感、道德美好、精神美好而且丰富的人。[①] 班主任表现出能够吸引学生的魅力时，才更容易培养学生的公共美德和相关能力，如为了公共利益而表现出的恰当的表达能力、技巧和方式，自由平等的精神，勇气，合作，宽容等。

从情感的内化和外化两个过程的主要方面来看，班主任的情感能力包括情感感受力、情感表达能力。

首先，就情感感受力而言，只有内心情感丰富的人才能够敏锐感知学生的情感。培养用心灵去感觉的能力，是完善教师教育技巧的重要内容。“人之所以能上升到动物界之上，那是由于人的各种情感通过特殊的素养、人的认识、劳动和多种社会关系而使人变得高尚。”[②] 苏霍姆林斯基注重引导教师“注意教育工作者对发展中的个性所承担的特殊责任，强调教师的个性对儿童精神世界形成的影响，强调教师与学生之间的情感联系的重要性”[③]。苏霍姆林斯基主张培养学生的情感不是用理论，更不能用公式。“情感是不能命令的……感情需要引发，需要激起形成道德素养和情感素养所必需的感情。”[④]

其次，班主任需要学会表达情感。在管理班级的过程中可能出现极端的情绪，这就需要基本的控制情绪的能力。现实的状况是部分教师在自我情绪控制方面存在一定的问题，这与个人素养相关，也与职业倦怠存在高度相关性。

除此之外，为了培养学生，班主任需要了解学生的认知、身心发展水平，掌握学生的情感状况和发展水平。这样才能够更好地熟悉学生作为公民的知识、意识、情感和行为所处的大致区间，才可以对症下药，逐渐培养和提升学生的公民素养，而不至于走极端，即过分专制或过分放任学生。

除班主任个人的努力之外，班级公共生活的产生还需要教育合力。它不仅需要班主任通过提升自身素养实现对家长和社会的专业引领，还需要多方面的支持。如杜时

---

① 博古什，姜晓燕. 苏霍姆林斯基人道主义教育中的惬意童年［J］. 中国德育，2007（03）：15—18.

② 苏霍姆林斯基. 苏霍姆林斯基选集（第 3 卷）［M］. 北京：教育科学出版社，2001：719.

③ 引自朱小蔓在北京师范大学授课时的材料。

④ 苏霍姆林斯基. 苏霍姆林斯基选集（第 3 卷）［M］. 北京：教育科学出版社，2001：747.

忠指出的，教育中的“学校中心论”面临巨大困境，因此需要以“合力德育论”来超越“学校中心论”①。就家庭而言，需要改变自身教育观念，避免以往的家校合作中非道德的状况，例如老师和家长不合作、推诿责任、相互道德绑架等。秩序良好的班级公共生活要求班主任与家长通力合作、有效参与，共同指导学生的班级生活。就学校而言，需要整体的良好氛围，例如，良好的学校公共生活中，教师和学生可以参与学校民主管理，教师研修领域内也融入了公共性。就社会而言，社会和大众传媒要保持公正的态度，提升从业人员的媒介素养、道德修养，以减少对青少年的负面影响。

第三节　班级公共生活的建构策略

一、 创造难忘的公共生活体验

从情感培育入手的公共品德养成策略，可以从设计学生难忘的经历及公共生活的体验入手。人都有交往和共同生活的本能需要，镶嵌在学校共同体中的小公民也一样。学校举办的德育活动使得小公民有了生活经历相似的个人体验，彼此相通的情感，这是公民共同体形成的重要情感基础。在活动中他们获得友谊，友谊使得同情、理解、宽容和妥协成为可能，在这些公共品德的基础之上，共同生活也就成为可能。

学校活动设计提倡“回到生活”，生活不是笼统和抽象的，应是丰富多样的、生动具体的。生活中，不同时间和空间的体验都会对个人的道德成长产生影响。我们既要回到学生所面临的时代生活、社会生活，又要联系学生的学校生活、集体生活甚至包括班集体、小组集体的生活，也要关注他们的家庭生活；既要联系学生所涉及的政治、经济、文化生活，也要关心他们的理想生活。

第一，个体的生活经验是道德尤其是公共品德成长的基础。公共品德属于人的道德品质中重要的组成部分。只有真正关注个体生活经验，以个体生活经验为基础，德育才能说是真正以人为本的。个体生活经验以生命作为媒介和载体，为个体品德成长提供基本的生命架构；它与个人的情感经历和体验相连，对个体品德具有持续性的影响；它是个人欲求的重要衍生地，是个人表征和形成价值倾向的重要标志。个体的生

① 杜时忠. 当前学校德育的三大认识误区及其超越［J］. 教育研究，2009（08）：78—82.

活经验与学生一生的发展相关，个体生活经验既有持续性，也有断裂的可能。博尔诺夫认为个体生命过程中的非连续性成分具有根本性的意义，在连续性教育之外，还应该有非连续性形式的教育。在学生个体生活经验的非连续性发展中，教师要走进学生个体的心灵，倾听他们内心的声音，唤醒他们潜在的、沉睡的自我意识和道德信念。

第二，为了更好地设计让学生难忘的个体生活经验，教育尤其是德育活动的原则和策略需要重视以下几个方面。（1）每个学生都不可或缺性原则。它要求在同一个班级里不可以忽略掉任何一个孩子。（2）个体经验的客观自在性原则。每个孩子的个体经验都有其由来、有其道理，教师要尊重、倾听和理解。（3）个体经验的表达外显原则。表达是尽量要让孩子们把他们隐性的生活经验显性化，它对于不同生活经验的孩子可能会有不同的教育意义。（4）个体经验的分享增值原则。表达与分享是不可分离的，对于个体来说是表达而对于群体来说就是分享。此外，谈及具体活动的设计，一方面，活动设计需要教师具有相应的公民意识和教育素养；另一方面，学生也应当成为学校德育活动的设计者之一，体验自己做主人的快乐与艰辛。因此，学校活动可以更多地开展学生能直接参与的实践活动，这种活动将直接带给学生道德感的体验。如果只有部分学生参加活动，可以组织参与活动的学生分享体验，使其他学生得到替代体验。

二、 建立学校生活的人际信任关系， 提升公共生活质量

创建良好的公共生活，还需注重建立学校日常生活中的人际信任关系。信任不属于理性和非理性（情感）两个极端中的任何一极，情感和理性在信任中都占有十分重要的地位。信任可以使彼此跨越孤立、与世隔绝的鸿沟，彼此给予温暖、帮助以及内心的安宁。吉登斯认为，内心安宁是“大多数人对其自我认同之连续性以及对他们行动的社会与物质环境之恒常性所具有的信心。这是一种对人与物的可靠性感受”①。信任使人获得本体性安全感，保证了人际联系的可靠性，克服了焦虑与不安，在公民之间形成稳定的连接，使公民确定自己属于某个共同体，有彼此帮助的义务。对于建立学校日常生活中的人际信任关系，学校和教师应该起到两个方面的积极引导作用。

---

① 吉登斯．现代性的后果［M］．田禾，译．北京：译林出版社，2000：80.

（一）学校管理者对人际信任关系的建立起到重要的引导作用

学校日常生活由制度和管理等诸多要素构成，其中，管理对于人际信任关系起十分重要的导向作用。好的管理培育好的关系，反之亦然。能够带给学生信任与安全的学校人际关系，是非压迫的、非抱怨的关系，是彼此尊重、自由、平等，具有教育性和发展性的关系。对此，赫尔巴特曾提出，如果“满足于管理本身而不顾及教育，这种管理乃是对心灵的压迫”①。因此，学校的直接管理者校长和学生的直接管理者班主任十分重要。

为了建设信任的人际关系，管理者需要至少从以下几个方面努力。第一，校长应树立以人的发展为根本目的的管理理念；第二，建立相应的制度和可以信赖的管理团队；第三，完善班主任的选拔和评价制度；第四，校长和班主任的人格魅力也是极其重要的条件。苏霍姆林斯基指出：“校长领导学校的秘诀之一，就在于唤醒教师探索和分析自己工作的兴趣，如果一个教师能努力去分析自己的课堂教学以及他与学生相互关系中的优点和缺点，那么这个校长就取得了一半的成功。②”校长、教师如果能够以学生的感受为主线反思自己的行为，那么学校内部的信任关系就建立起来了。在此基础上，公民情感、品德教育活动的目标就不难达成。

（二）建立以信任为基础的师生关系

教师需要积极行动，建立以尊重与信任为基础的师生关系。

师生之间的信任关系是教育尤其是德育活动有效开展的前提条件，是德育过程的简化机制，是学生获得道德滋养的空间。爱和信任是学生获得安全感的基础，正如博尔诺夫所言：“在教育过程中，确保儿童获得安全感，使儿童始终感到自己在受到关心、爱护和信任。”③

教师应信任学生具有发展的可能性和可塑性。信任建立至少有三个阶段：(1) 人

---

① 赫尔巴特. 普通教育学［M］. 李其龙，译. 北京：人民教育出版社，1989：23.

② 苏霍姆林斯基. 和青年校长的谈话［M］. 赵玮，等译. 杜殿坤，等校. 上海：上海教育出版社，1983：5.

③ 博尔诺夫. 教育人类学［M］. 李其龙，等译. 上海：华东师范大学出版社，1999：译序.

格型的信任。在陌生的师生交往之初，并不存在所谓的不信任关系，而是体现为一般性的信任关系，即一般都表现为相互认可和接纳，而不是提防、对抗和斗争。(2) 认知型的信任。这一信任类型显然要比人格型信任牢固了很多。就教师而言，认知型信任是教师基于对学生可信任度的理性认识和判断，即充分了解学生以便可以充分预测学生的行为。(3) 情理交融型的信任。长期的交往实践使师生之间产生了情感联结，信任者通常不再考虑对方在某一事件中的可信任度，即便从认知上认为对方某一行为不可信任，但对其仍抱有信任，因为双方建立起了比较坚实的情感基础。学生的成长最需要的恰恰就是这种安全感与信任感，或者说免于恐惧的情感。

为达成良好的师生关系，在班级管理制度方面，可以采取多元主体参与的方式。学生参与规则的制定，少些禁止、多些鼓励，少些惩罚、多点激励，少些封闭、保持开放。在注重管理的影响的同时，课堂教学作为学校公共生活的主要载体之一，也需要格外关注。课堂的活动形式可以灵活多样，让课堂生活积聚公共生活的要素，培育公共生活的氛围。当然，课堂的形式和内容十分重要，但更重要的是课堂形式背后的理念、价值和意义，以及通过课堂和教学，教师和学生的素养是否得到提升，是否获得幸福。

师生关系的构建也是一种公共意识的锻炼。其中最需要的是师生关系的平等、权利和义务的平等。在学校教育中，平等的权利主体是指主体要懂得珍视权利、尊重和捍卫权利，比这些更有意义的是，懂得“什么时候放弃权利在伦理上是适当的”①。师生权责平等、人格平等，但是教育权利不平等。师生平等沟通，才可能有机会创造出哈贝马斯提出的理想的话语环境，即“平等的参与权、话语权；平等的解释、主张、建议与论证权利；同等的表达好恶（愿望）的权利；作为平等的主体，发出命令、拒绝命令，从而达成参与者之间的‘视界融合’”②。这种理想的话语环境在学校环境中，也就是理想的公共生活状态。

① 怀特. 公民品德与公共教育［M］. 朱红文，译. 北京：教育科学出版社，1998：45.

② 关英菊. 对话与商谈如何可能？——以哈贝马斯商谈伦理透视多元社会之伦理建构方式［J］. 深圳大学学报（人文社会科学版），2007（9）：42.

三、 建构课堂教学中的公共生活， 提升教师在课程教学方面的准备

在课堂教学中，教师有必要从最基本的师生关系、生生关系开始培养学生的公共意识。在师生关系方面，教师不能有压迫、欺辱的行为，即便教师在学识、经验方面优于学生，但在人格上是平等的。同样，学生不能把教师的教学当成花钱购买的服务。师生之间的关系在本质上是一种精神交往，而师生之间的尊重、包容、平等交往、协商，这些都是培养学生公共意识的重要途径。在课堂教学中，尤其是在班级领域内，教师和学生接触多，其产生的教育效果相对而言就更直接，所以，教师的影响十分重要。教师需要在课堂中教会学生获得最基本的参与公共生活的技能。

基于以上论述，笔者认为教师需要从情感、态度和价值观层面做出调整，尤其应提高课程教学方面的情感能力。情感、态度和价值观是人的言行的内在底色，处于人的内部深层结构，相对更为稳固，教师的行为表现对学生会产生潜移默化的影响。教师在学校生活尤其是其公共生活中起主导地位，教师在生活经验、知识和能力等方面比未成年的学生相对成熟，应对学生应起到引导和示范作用。

在课堂教学方面，教师的情感能力主要包含三个方面：教师本身的情感素养和表达能力，教师对学科的情感、在学科教学中表达情感的能力，教师对学科本身蕴含的情感、价值和观念的理解与外化能力。正如马克斯·范梅南所言，“一位真正的科学课教师是一位反思着科学，探索着科学的自然属性和自然界的科学的人——一个真正的科学课教师是一个体现了科学、身体力行的人，从一个强烈意义上说他就是科学。”[①] 这种划分是为了讨论方便，实际上教师的言行通常会将三者综合性地表达出来。

第一，教师自身的情绪、情感素质是其行为的底色和基石。教师自身的情感能力包括情绪的稳定性、情感表达的自然性、情绪的控制和调适能力、情绪情感的自我表达能力等。教师情感外在表达为表情、体态语言、口头语言等。如果教师的表情是微笑、和蔼、平和、慈爱的，那么学生的情绪也是轻松愉悦的，在此基础上的师生关系是融洽的。如果教师的体态语言是尊重的而不是颐指气使的，那么多数学生自然可以

---

① 范梅南．教学机智——教育智慧的意蕴［M］．李树英，译．北京：教育科学出版社，2001：161．

在这种教学交往中学会什么是彼此尊重。如果教师的口头语言包括语调、语速、声音、节奏等，其中蕴含着民主、协商的要素，那么学生也可能懂得尊重和妥协的重要性。

第二，提高教师对课程教学的情感素养及能力。教师本身对所教学科的挚爱甚至痴迷、执着的情感，对胜任该学科教学的自我肯定的积极体验与表达，对学生有巨大的感染力，具有有效的情感传递和分享作用。这一情感不仅传递真理的力量，也具有信念和信仰的力量。

第三，提高教师对学科本身所蕴含的情感教育价值的自觉与表达。教师要敏于发现与捕捉、善于挖掘、主动建构，并结合学科史实与栩栩如生的人物进行延伸和拓展性介绍，将其自然而艺术地呈现与表达出来。这需要教师高度的专业敏感性和道德自觉。

知识学习过程总是弥漫着情感，学习者的情感便成为其价值好恶的外在反映。人在知识学习过程中会有一系列情感性特征，这些特征会直接或投射性地表达出来。诸如正面的兴趣、学习欲望、热情、重要感体验、创造冲动，同时也有冷漠、倦怠、无助、焦虑，甚至恐惧等负面情感。对于学生的这些情绪情感，教师应该有能力察觉并且给予及时的帮助。所以，教师要以充满情感的、多样化的教学活动，构成对学生有意义的丰富的情感事件。这也正如苏霍姆林斯基所言，教师不是教知识，而是教人学知识。

小结：班主任的情感素养与能力准备十分重要

除了班级公共生活的底线与崇高追求的图景，班主任依靠三维权力与个人的情感素养及其外化能力对班级公共生活产生重要影响。学校氛围也十分重要，学校应努力创设良好的公共生活，才能保证班级公共生活更加有效，当然学校公共生活与班级公共生活二者可以相互影响，相互促进，但二者的活动层次不相同。

本研究关注的是班主任的情感素养与能力准备，例如班主任的情感、态度、价值观、领导力、人格魅力等。朱小蔓教授指出，所有外在的纪律、要求、舆论、榜样乃至法律都是从外部对人提出的要求，它并不能最终解决教育要培养自主发展的生命个体的问题，而“人的发展还需要一种自下而上、由内而外的方式，即由人自身逐渐生长发育情感的方式”[1]。

班主任应引领班级公共生活进行必要的自身准备。第一，班主任承担着众多的角色，与班级公共生活最密切相关的角色就是管理者。“角色”一词源于戏剧，在社会学上指个人在特定社会关系和特定社会场合中的地位。因为公共生活首要的是制度建设，班主任作为管理者对班级实施管理是其基本任务和重要工作路径。班主任在班级管理中应成为具有“统治敏感性”的管理者，鼓励学生自治。第二，班主任作为班级公共生活的指导者，承担着重要的公共使命。“使命”一词，在伦理学上相当于“义务”的概念。教师尤其是班主任不仅承担着社会赋予的传递知识的责任，还负担着培育青少年公共精神的使命，承担着传承国家民族文化精神的使命。第三，也是更加难以触摸并加以描述的层面，即关乎班级公共生活的班主任的情感素养。基于角色和使命，班主任可以同时又必须外化出来的核心能力为维护正义与进行关怀。

① 朱小蔓. 情感教育论纲（第 2 版）[M]. 北京：人民出版社，2008：1—3.

第五章

引领班级公共生活的基础：班主任的情感素养

由于未来教育的发展要求，在中国社会发展的现阶段，面对复杂的社会生活环境，学校教育迫切需要以自己的行动建构出现代公共生活的图景，使为未来民主社会培育合格公民成为可能。学校则需要创建尽可能优质的学校生活，让学生在学校接受公共生活的锻炼。学校教育，特别是德育要更多思考向公民教育的拓展，从课程方面来看，新课程标准已明确和明显强化了公民教育内容；从活动角度来看，部分学校已经涌现创造学校公共生活的尝试。但关于教师与公共生活的关系，尤其是班主任应该怎样为班级过公共生活做出努力的关注还相对较少。

班级公共生活的发生和发展需要诸多条件。社会环境的日益完善是必要的条件，教师的培养体系也亟待更新，教师的考核聘用等相关制度对公民教育的师资认定也十分重要。另外，教师的公民素养和教育能力的提升也是至关重要的。本章节主要从班主任个人角度探讨与班级公共生活的相关问题。

对于班级公共生活而言，仅班主任个人的努力纵然不够，然而班主任的确在其中起着十分重要的作用。虽然不能完全描述出一个能够带领学生过公共生活的班主任应具备的全面素养，但笔者将试图从班主任的情感素养方面提出相应的建议。

第一节　班主任的角色：准公共生活的主导者

班主任的职责之一是对班级实施管理，班主任要对行使管理职能中的负面可能性保持警惕。教育的管理，追求的不是效率，而是促进人自由发展和实现潜能的价值；管理的方式不是教条的，更关注的是情境；师生关系不是对抗的，而应是平等的。班主任在班级管理中需要避免过度管理的问题。凯洛夫说："如果教师总是把自己放在首要的地位，或者使学生感到他们是教育的对象，这样就会加强对教育的反抗力量，削弱教育的力量。"[①] 在此，本文借用博伊德的"主导敏感性"　（dominance

① 凯洛夫．苏联教育资料汇编（第四辑）[M]．北京：人民教育出版社，1964：106．

sensitivity）一词，来表达对班主任的期望。

关于班主任的角色问题，斯坦福监狱实验是一个很好的例子，受过良好教育的斯坦福大学生，在扮演狱警的过程中都变成了权力的奴隶，他们失去理性，或者为了迎合角色需要而放弃自己的思考和修养。他们被自己所扮演的角色控制了。因此扮演何种角色，对我们理解班主任工作也十分重要。

一、 处于主导地位的人需具有主导（支配）敏感性

主导敏感性或翻译为支配敏感性。博伊德基于对自由主义道德教育理论进行反思，提出占据支配地位的集团应该具有一定的主导敏感性。具体如下，全球主义（globalism）有多种特征，其一就是让人们更加强烈地意识到全球范围内无处不在的某些极其有害的关系。为此，博伊德认为应当开始将一种新的道德原则理论化。这个原则旨在应对统治集团成员的需求，以求负责地、批判性地反思——和“处理”——他们的统治地位。博伊德将这个原则称作“主导敏感性”。

作为统治集团成员需要培养的这种敏感度，具体可以从以下三个方面入手。

（1）弱化唯一性。“我”是作为某一社会集团中的一员与他人进行互动的，这一社会集团是以与另一集团及其从属或压迫地位的相对关系来界定的。如果“我”真心实意地想学会如何弱化在这些情景中“我”的社会位置所带来的统治或支配地位，那“我”必须要放弃“我”作为一个独立个体在这些情景中行动的想法。

（2）为合谋行为承担责任。如果由“我”所在集团的成员资格确立的那个“我”可与集团中的其他人互换，那么“代理行动”（proxy action）也能够确立一种对统治关系的积极表达。“代理”（proxy）是一个被授权为他人行动的人。与统治和压迫的关系直接建立在与成员间的互惠授权之上，这些互惠授权关系与使关系具体化的期望、规范、价值观、思考和感觉方式以及行为有关。“我”可能能够抵御许多这样的东西，但“我”不可能永远天真地做局外人。原因是其他人有以“我”的名义，作为“我”采取行动的权力。例如，“我”作为“男性”的社会位置有一部分是由相互授权确立的，因此具有代理权。

（3）抵制特权意识。之所以存在优势集团，是由于不对等的权力关系。例如，“我”处于优势集团中，“我”就有机会被赋予更多的权利。表现这些关系的常用方法

之一是期待着被赋予特权。站在处于统治或支配地位的一方，不仅意味着拥有更多大家可能都想要的东西，而且感觉这很自然，是“应得”的。事实上，更进一步讲，这意味着“我”根本就没意识到因为“我”拥有得更多，别人拥有得就更少。对这类不平等的故意视而不见是统治地位的一个重要组成部分。将其当作特权加以抵制，代表着一种削弱权力非对等性的重要手段，因此也是行使某些主导敏感性的一种方式。这个原则的三个方面既有认知层面，又有情感层面。① 博伊德的主导敏感性或支配敏感性理论对本文具有重要的意义。

二、 班主任获得主导敏感性的策略

博伊德讲的压迫更侧重指一种来自制度或社会结构的力量，而不是少数人造成的。艾丽斯·扬也认为“压迫”指的是一种条件，在这种条件下受压迫的集团“发展与行使自身能力以及表达自己的需求、想法和感受的能力会受到某种抑制”。她指出这种意义上的压迫是结构性的，而不是少数人的选择或政策的结果。其目标存在于某些无人质疑的准则、习惯和符号之中，也存在于对基本制度规则的采纳以及遵循这些规则所产生的共同后果之中。② 虽然如此，但如果试图改变这种压迫关系就必须从个人开始。

主导敏感性的思想策略主要包括的三个方面，即上述弱化唯一性、为合谋行为承担责任、抵制特权意识。在班级管理中，班主任需要注意的是：(1) 实施无支配的管理，给学生无支配的自由；(2) 认识到平庸的恶，班主任做出独立的思考和行动；(3) 抵制特权意识，树立民主管理的理念，建立平等的师生关系。

班主任的特殊角色对学生具有特殊影响。班主任同时担任着多重角色：班主任作为学生接触最多的成年人，照顾和影响未成年人，无形中给学生做出榜样，这主要依靠班主任的社会与人生经验传递关怀和影响；班主任作为学科教师，传递知识，在联系与统合本班学科教师上起纽带作用；班主任作为学校最基层的行政管理者，处理班

---

① 博伊德. 作为道德教育理论框架的自由主义：前景与问题 [J]. 贾磊，译. 山东师范大学学报（人文社会科学版），2013 (02)：108—117.

② 博伊德. 作为道德教育理论框架的自由主义：前景与问题 [J]. 贾磊，译. 山东师范大学学报（人文社会科学版），2013 (02)：108—117.

级日常事务，引导学生关系，在家校沟通中起桥梁作用，也是班级精神文化的引领者。角色属于“社会地位的外在表现”，社会或他人对角色的期望是一种外在的力量，还不是角色承担者自己的想法，角色还包含他们自己对角色的认识、理解，即角色领悟的结果①。班主任承担何种角色，社会期待和个人理解均有重要影响。

（一）班主任在班级管理中减少支配

班主任在班级管理中从逐步减少、降低对学生的支配开始，逐步给学生不被支配的自由。对学生而言，班主任作为教师集团中的一分子居于支配地位，教师拥有社会和教育所赋予的权力，因此，教师在管理学生的时候，需要尽可能地不依赖于外在权威，而依靠其内在权威、人格魅力以及良好的师生关系等。

师生关系是一种教育关系，在其中教师具有一定的支配性，教师需要对此保持警醒。第一，理解班级管理的性质。理解是行动之前最重要的状态，阿伦特曾说：“对我而言重要的是去理解。写作是寻求理解，是理解过程的一个部分……理解（comprehension）并不意味着否定极不寻常的事物，从先例来演绎史无前例的事实，或者通过类比和概括来解释现象，以致使人不再感到现实的影响和经验的冲突。恰恰相反，理解意味着有意识地检视和担当我们的世纪压给我们的重担，既不否定它的存在，也不温顺地屈服于它的重压。”②

第二，避免强制性的干涉，尊重学生的人格尊严与基本自由，平等对待。一般而言，班主任管理学生都是为了学生的未来考虑，然而这不能成为强制性干涉学生的理由。学生的未来与现在的主宰者是学生自己，而教师是引领者、关怀者和管理者。教师可以采取不伤害、不强制的方式对学生进行教育，例如，通过规则约束学生、通过同伴教育影响学生、通过个人人格魅力吸引学生、通过情感等感化学生或者通过家长引导学生等。

---

① 李德显，杨淑萍. 反思与实践教师文化特质研究［M］. 大连：辽宁师范大学出版社，2012：230.

② HANNAH ARENDT. “What Remains? The Language Remains”：A Conversation with Gunter Gaus，in Essays in Understanding 1930—1954，Edited by Jerome Kohn［M］. New York：Harcourt Brace & Company，1994：3. 转引自乐小军. 政治恶与现代伦理的困境——从汉娜·阿伦特的视角来考察一个政治伦理问题［D］. 上海：复旦大学，2008：34.

（二）抵制特权意识

班主任的特权意识包括两个维度，一个是班主任对特权意识的容忍，另一个是班主任自身的特权意识及其行为。对特权意识的容忍比特权意识本身更可怕。班主任对校长或者其他拥有权力的人的越权行为的容忍既是纵容权力，同时也是忽视自己的权利。班主任自身的特权意识主要是指对班级、学生的支配意识，这种管理和支配超越了教师的权力范围，或违反了教师专业伦理。

部分学生从步入校门开始感受了不公正，久而久之见怪不怪，耳濡目染习得了特权意识、官本位的文化，从而认为老师喜欢或偏向某些同学很正常。这种情况虽然常见却不合理，这反映了教育中的特权。“在中国的大学里，行政本位、官本位相当严重，这是我们必须承认的事实。”①

著名学者张维迎认为，学校的官本位，除了传统思想和激励制度的扭曲外，还有一个重要的原因，就是它是内生的，与学术规范有关，与学者水平有关。② 传统的官师合一、“一日为师终身为父”“道之所存，师之所存也”等观念，赋予了教师很大的权力，同时也给了很高的道德要求。因此，教师需同时具备二者才具有一定的合理性，仅有权力缺乏道德，则难以服人。这是违背教师专业伦理要求的，教师专业伦理要求教师仁慈、公正、公平对待学生。

破除中小学教育体系中的官本位思想，就必须回到教育的逻辑，回到儿童发展的逻辑。以儿童的全面发展、健康成长来评价教师，而不仅是领导眼中的数据和成绩。从教师开始行动，意识到自己身上可能有不健康的文化要素。班主任需要抵制特权意识，树立民主管理的理念，建立平等的师生关系。陶行知认为：“好的先生不是教书，不是教学生，乃是教学生学。”③ 因此，教师应按照学生学习的规律、成长的规律来教导学生。

为此，班主任需要具有一定的道德能力，如辨别善恶以及反思的能力。对此，罗

---

① 张维迎．学术自由、“官本位”及学术规范［J］．读书，2004（01）：92.

② 张维迎．学术自由、“官本位”及学术规范［J］．读书，2004（01）：89—96.

③ 方明．陶行知教育名篇［M］．北京：教育科学出版社，2005：2.

尔斯指出："道德人格是使一个人成为权利主体的充足条件，这是一个根本之点。"①这种道德人格具有两方面的特征，一是获得一种善的观念的能力，二是获得一种正义感的能力②。教师的教育工作，或者说道德教育在本质上是唤起个人的反思能力。改变需从每个道德个体开始，从班主任的反思开始。班主任要有明确的价值立场，明辨是非曲直，管理理念与方式需要从专制走向民主，不可强权控制；管理需要注意细节，需要一整套价值原则及其实践方法。从班级整体的价值追求与愿景到班规的设计、班级内的分配、班级活动的组织等，都需要精心设计。

第二节　班主任的公共使命：为未来社会培养人

有学者指出，在一个理性成熟的社会当中最优秀的人应该成为教师，而其他人只能降低要求，因为从一代人向下一代人传递文明，将是任何一个人所可能有的最高荣耀和责任。从理想状态来看，班主任承载着传递人类文明的责任和使命。

对于一个班级而言，班主任工作具有重要的意义和价值。班主任的工作内容庞杂、琐碎，因此很多班主任抱怨自己的工作，却因为教师职业具有一定的稳定性而不舍辞职。教师，尤其是班主任就变成了食之无味、弃之可惜的"鸡肋"。

一、公共使命：班主任工作的价值支撑

公共使命是班主任工作的价值支撑。复杂性理论指出，"知识的片段化和箱格化使得它成为不可能把握的'被交织在一起的东西'"，而儿童品德及其形成恰恰就是这复杂的交织在一起的东西。所以，我们应具有"恰切的认识原则"以"摆脱被肢解的和起肢解作用的合理性的控制"③。如同前文提到的班级规则琐碎而无价值根基，班主任的工作内容与理想，如同被肢解的价值规范，零散而难以把握。班主任应该意识到教师职业的公共使命。

第一，从未来社会的需要看，教师应承担公共使命，培养公民以应对未来社会的

① 罗尔斯. 正义论［M］. 何怀宏，何包钢，廖申白，译. 北京：中国社会科学出版社，2009：400.
② 罗尔斯. 正义论［M］. 何怀宏，何包钢，廖申白，译. 北京：中国社会科学出版社，2009：399.
③ 莫兰. 复杂性理论与教育问题［M］. 陈一壮，译. 北京：北京大学出版社，2004：33.

需要。教师精神作为民族国家精神的一部分，国家民族的文化和精神需要教师来传承。教师肩负着国家民族的未来，需要意识到自己的责任重大。清末民初，我国就开始了现代化进程，这种现代化转型归根到底是人的现代化。具体而言，是通过教育实现人的转型。自由、平等、公正、法治等这些价值理念也是教师自身需要理解和践行的。

第二，教育的公共性主要通过教师来展现和传递。从教师的职业起源来看，社会产生传承知识和道德的需要，从而产生教师职业。教育的公共性通过教师来承载、展现，教师应承担起公共使命。“从公共福祉的角度讲，教育学思维不仅要把握个人的生活福祉（美好生活），而且要把握国家的公共利益，还要把握人类的公共利益。”① 从教师专业化的角度来看，教师从职业走向专业，而且是伦理色彩很浓的专业，更应承担起公共使命。有学者指出，专业伦理（professional ethics）与一般伦理不同，它是对特定专业范围内的行为及其关系的伦理考量和规范。随着教师专业化的不断发展与深化，教师特有的社会价值和道德职责将成为重新界定他们工作特性的基础。②

第三，从教师作为知识分子的角度来看，教师应当承担起公共使命。教师不仅应关心学生个人的美好未来，更应关心民族、国家和人类的公共利益，传承文化。通常而言，二者是可以合一的。知识分子具有独立的人格、责任感和道德感，具有批判精神，尤其是道德批判意识。教师作为知识分子，与古代的“士”具有紧密的联系。“知识分子”虽“不同于传统的‘士’，但又同‘士’有着千丝万缕的亲缘关系”③。知识分子未必像我国古代“士”一样形成一个阶层或职业，然而他们作为群体有其内在的精神性。例如“俄国的知识分子不是一个职业性的阶层，而是一个精神性的群体”④。随着社会变革，有学者批判公共精神的衰落、知识分子精神的内隐和撤退，然而很多知识分子依然自觉地在承担着公共使命，捍卫公共利益和道德价值。我国知

① 金生鈜．无立场的教育学思维——关怀人间、人事、人心［J］．华东师范大学学报（教育科学版），2006（03）：1—10、20.

② 古德莱德，索德，斯罗特尼克．提升教师的教育境界：教学的道德尺度［M］．汪菊，译．北京：教育科学出版社，2012：62.

③ 祝勇．知识分子应该干什么［M］．北京：时事出版社，1999：2.

④ 许纪霖．中国知识分子十论［M］．上海：复旦大学出版社，2004：3.

识分子在捍卫公共利益和推动社会进步方面起着关键性的作用。①

班主任也是现代知识分子，应当具有文化的自觉与社会改造的责任感，承担起公共使命。对于人类之“尊严”的情感与参与民主主义社会建设的责任感一旦丧生，即对于教职的“公共使命”的意识与情感一旦丧失，教职生涯立刻会丧失其魅力、价值和意义，沦落为虚幻的“空幻的杂务”②。

如果教师对学生关怀的背后没有公共使命的支撑，教师的关怀就丧失了为国家和社会培养公民的公共维度。班主任的公共使命感“是教师在对自我职业认同的基础上，对教学以及拓展到生活方方面面的自我认识，它是建立在教师理性、道德和审美的不断发展基础上的”③。

班主任除了教学、管理等基本任务，还需具有反思能力，获得主导敏感性，并需要意识到自身的公共使命。虽然对于部分教师而言很难达到，但这是可以努力奋斗的目标。

二、 班主任公共使命感的唤醒

班主任身上承担着国家培养公民的公共使命，班主任是学生精神上的领导者而非细枝末节的挑剔者，是教育者而非监控者，是学生心灵和情感的关怀者而不仅是知识的传递者。公共意识要求班主任超越“私人化”的概念，关心公共善。班级并非仅属于班主任的“私有财产”，班主任是班集体的“平等中的首席”，班主任不能仅仅关注学生的考试成绩、纪律情况，更需要关注学生的品质和价值观念，还需要关注班级和学校、社会和国家、人类的公共利益。

（一）提升班主任的道德敏感性

班主任有无道德敏感性是指：班主任本人对各种有形或无形的教育影响因素有无敏感性，有无自觉意识。从一定意义上来说，班主任的道德主体性是通过这种敏感性

---

① 齐慕实. 北美学术界关于中国知识分子的研究——2002 年 5 月 22 日在华东师大中国现代思想文化研究所的演讲 [J]. 杨风华，译. 开放时代，2003 (2)：137－144.

② 佐藤学. 课程与教师 [M]. 钟启泉，译. 北京：教育科学出版社，2003：264－269.

③ 张华军，朱旭东. 论教师专业精神的内涵 [J]. 教师教育研究，2012 (03)：8.

体现出来的。道德敏感性的强弱虽然受个人天赋因素的一定影响，但却是可以培养的。

第一，班主任可以通过反思性实践，培养道德敏感性。道德理论与道德直觉（道德感）的相互作用有可能达到一种“反思性均衡”，在这个阶段，我们的道德直觉与解释这些道德直觉的道德理论达到了令人满意的一致，或我们所做的决定以及采取的行动都能被道德理论视为正当可取的。

道德理论必须符合评判各种理论时所共同遵循的标准，包括：必须能够对其适用的领域中的事物做出解释；必须是前后一致的；当然理论如能优雅、简洁则更好。情感在与道德推理的互动中特别重要，因为情感有助于我们站在他人立场上思考问题，有助于同情性的理解，情感为人提供做出正确行动的动力。

第二，班主任还可以通过学习写现象学日记提高道德敏感性。教育现象学主张用文本写作锻炼教师的道德敏感性。现象学日记要求教师通过写作来发现意义，文本可以多次地反复地写，通过研究主体意向、研究生活体验，发现教育的契机、教育的意义，增进对学生需求的敏感及应对能力。这也是教师作为道德主体拥有自觉意识的表现。

（三）正确理解公共利益和公共使命

关心公共利益和公共精神，这是一个良好公民的分内之事。教师所要承担的公共使命包括关注社会事务、对国家和民族的历史和文化进行传承。这不仅是必要的，而且是可能的。

首先，班主任应关注社会现实，关注社会公共生活。因为社会公共生活是班级公共生活的大背景和重要的信息来源。学生尤其是初中阶段的学生对社会、政治、历史等公共生活已经开始产生兴趣，当班主任对此也表现出同样的关注时，才能够与学生产生共鸣，并在其中起引领作用。

其次，唤醒班主任身上的民族精神。民族精神与国家的公共利益紧密相连。乌申斯基说，“如果教育不愿成为无能为力的东西，它就必须是民族的教育……教育诉诸民族性，永远会在人的活跃而强烈的情感上找到回答和帮助，情感所起的作用，比单纯理智所抱的信念，或比由于畏惧惩罚而形成的根深蒂固的习惯都要强有力得多。”[①] 培养民族精神可以依靠民族英雄。乌申斯基指出，在培养精神的时候，利用人民英雄的形象非常重要、非常有价值，因此要重视历史课教学，因为历史使人具有精神继承性。

人民英雄的身上承载着民族性和大公无私的人道主义精神，这可以帮助教师和学生看到高尚。“民族性的情感在每个人身上是那样地强烈，在一个人的一切神圣和崇高的品质毁灭后，它才最后死亡。”[②] 即便是凶犯也有爱国的情感火花。

再次，班主任在传承民族精神的同时，还需要具有一定国际人道主义情怀。史怀哲认为，不伤害生命、不杀生并不是目的本身，它必须从属于更高的目标，这就是“人道”“爱”和“同情”。敬畏感是一种含有崇敬和畏惧双重成分的复杂情感。只有对自我和他人生命的高度负责和关切，才能对自我和他人生命产生同情和爱，从而提升至敬畏，乃至扩大到一切生命。

敬畏感是包含尊重、崇敬和畏惧感的高级情感，是更神秘、更复杂而深邃、更具有信仰色彩的道德情感。康德说过，有两样东西，我们愈经常愈持久地加以思索，它们就愈使心灵充满日新月异、有加无已的景仰和敬畏：在我之上的星空和居我心中的道德法则。[③]

苏霍姆林斯基说：“我们培养孩子们要学会真诚地关怀、惦念、怜惜一切有生之物和美好的东西——树木、花草、禽鸟、动物。如果一个孩子会深切地关心在隆冬严寒中无处栖身的小山雀，并设法去保护它免遭灾难，能想到保护小树过冬，那么这个孩子待人也绝不会冷酷无情。”[④] 如果教师感受到生命的神圣、伟大与自身的渺小，对自然造物的完美、极致、玄妙等表示敬畏，那么学生的人道主义情感也不难生成。

三、 承担公共使命： 班主任自觉建构班级公共生活

班主任主动建构公共生活，体现了班主任的主体性和责任感。具体而言班主任可

---

① 申霍夫斯卡娅. 伊里因和乌申斯基关于精神的“对话”［J］. 中国德育，2006（05）：79.

② 张焕庭. 西方资产阶级教育论著选（第二版）［M］. 北京：人民教育出版社，1979：.

③ 康德. 实践理性批判［M］. 韩水法，译. 北京：商务印书馆，2000：17.

④ 苏霍姆林斯基. 帕夫雷什中学［M］. 赵玮，王义高，蔡兴文，等译. 北京：教育科学出版社，2007：187.

以从以下一些方面入手。

首先，班主任积极主动地建构、创造生活，为学生提供准公共生活。这需要班主任做好学生的思想工作，帮助学生了解到公共生活不仅仅可以给学生带来外在的好处。学生参与公共生活是一种主体性的展现和张扬，也可以在其过程中培养学生的能力，帮助学生在公共生活中最大限度地发掘自己的潜能。迈克尔·桑德尔认为，只有当我们能够参与到那种帮助我们实现潜能的公共生活时，我们才是自由的。自由可以被理解为最大程度地促进人们发掘自己的潜能。① 没有相应的锻炼就无法培育出学生相应的能力和公共意识。正如陶行知所说，生活即教育，过什么样的生活就受什么样的教育，也如杜威所说，“如果目的是培养一种社会合作和社会生活的精神，那么训练方法必须从这个目的出发并和这个目的相联系”②。公共生活是学生在学校里要过的一种生活，他们要学会与他人共同生活、参与公共生活，懂得其中的规则及其背后的价值基础，明白公共生活的重要价值和意义。

其次，在班级生活中，学生以情感为导向进行交往，情感的产生与精神层面的交往关系密切。班级公共生活是实实在在的生活，是学生养成公共精神的生活，是师生情感和精神交往的场所，包含教师对学生的管理和教育。当前的班级建设更加需要注重学生的多层面的情感认同，形成情感共同体。班级交往具有复杂性，包括学生家庭背景、性格等方面的复杂，也包括教育情境的复杂。教师和学生的交往具有双向性、情感和理性的双重性。班主任要用发展、宽容的眼光看待学生的发展，相信学生天性善良，通过教育引导其向善，教学行为都要以能够保护、促进学生的发展和成长为目的。

再次，在尊重学生的基础上实施“依法治班”，教师以理性为导向与学生进行交往活动。“尊重人就是承认人们有一种基于正义基础之上的不可侵犯性，甚至作为一

① 周濂，刘瑜，桑德尔．理解“善”才能追求正义——迈克尔·桑德尔访谈录［N］．南方周末，2011－05－27（7）．

② 杜威．学校与社会：明日之学校［M］．赵祥麟，任钟印，吴志宏，译．北京：人民教育出版社，2004：30－31．

个整体的社会的福利也不可以去践踏这种性质。正义的词典式顺序[①]上的优先性表现着康德所说的人的价值是超过一切其他价值的。”[②] 也就是说，对人的尊重具有绝对的优先性。班主任带领学生共同建立基本的班级制度，首要原则是遵循教育性。其次，在班主任隐蔽地发挥引导作用的基础上大家共同“立法”[③]，用知情同意的班规要求学生，而不能用班主任所期待的“应该”来要求学生，应然的要求会导致师生之间的隔阂。

最后，班主任对学生的鼓励、恰当的留白、“示弱”求助、适当延迟的指导、鼓励学生充当叙事的主角等也都可以培养学生的自主性，培养学生解决问题的能力。

第三节　班主任的情感素养：关乎班级公共生活质量的正义与关怀

从学生发展的角度来看，学生的发展包括情绪情感的体验、知识的增长、对生活规则的习得等。情感的发育是人的品格形成的重要基础。

教师是学生在学校教育中的重要影响源头，师生关系中应该具有情感的连接，是因为教师负有教育的责任，正义的规则、向善性的引导，也是师生关系的题中之义。

如何发挥情感在道德教育中的作用，季塔连科认为以下两个方面较为重要。其一，重视道德情感的修养。因为“情绪—道德生活的修养、道德感发达的程度是个人自我完善和修养的最重要的基础”[④]，要使人的全部情感（其中包括无意识的、意志的和其他的心理领域的情感）都为使人的一切生活和行为路线高尚起来服务，不断增长个人的道德力量。其二，提升交往的情绪—道德氛围，改善情感道德的社会微环

---

① 罗尔斯提出正义的两原则：第一个原则，每一个人对最广泛的、平等的基本自由体系都拥有平等的权利，而这种最广泛的、平等的基本自由体系同所有人的相似自由体系是相容的；第二个原则，社会和经济的不平等应该这样加以安排，以使它们：(1) 适合于最不利者的最大利益，并与正义的储蓄原则相一致；(2) 在公平的机会平等的条件下，使所有的职务和地位向所有的人开放。所谓词典式顺序是指按照字母表的顺序（Aa —Zz）来排列的顺序，在罗尔斯的理论中自由优先于平等，平等优先于差异。

② 罗尔斯．正义论［M］．何怀宏，何包钢，廖申白，译．北京：中国社会科学出版社，1998：590.

③ 因为“大家共同的立法”，学生有时候会共同地合谋一些现在认为是快乐享受的、但不利于长远发展的事情，这是违背教育性原则的，因此，学生立法需要控制在一定限度内，即不能损害学生成长。

④ 吉塔连柯，石远．情感在道德中的作用和感觉论原则在伦理学中的作用［J］．哲学译丛，1986 (2)：9—17.

境，保障交往中的人道主义。他认为“个体精神价值的道德内容总是从属于与他人交往的性质，取决于道德强弱、道德影响的情感紧张度”[①]。因此，要通过相互尊重、相互帮助、同情、容忍等扩展人际互动中道德心理的“信任范围”，增强交往中深刻而友善的共同感受。

根据集体教育理论、公正团体理论，教师的一视同仁对学生具有重要影响。如果教师具有正义和关怀的能力，将关怀推理和公正推理相结合，就可以更好地理解学生，获得学生的信任，建立良好的师生关系。从教师个人角度来看，有些问题仅有关怀或公正一个标准是不够的，有正义的关怀可以彰显出教师的专业精神，有利于为教师带来力量、成就和意义。

一、 正义与关怀： 班级公共生活重要的情感资源

情感在道德中具有奠基作用，情感的发育是公民品格的基础，正义与关怀两种情感对公民品格的形成尤为重要。班主任对学生的管理与学生的正义和关怀情感体验密切相关。依据正义和关怀两个维度，班主任在工作中应避免低正义低关怀型，追求正义与关怀相融合，努力做到有关怀的正义、有正义的关怀。

（一）情感发育是品格的基础

2000 年后我国开始实行新一轮基础教育课程改革，提出了很多新的理念和方法，其中包括培养合格“公民”。中国共产党第十七次全国代表大会提出加强“公民意识教育”，公民教育的发展获得了较以前好一些的大环境。目前我国公民主要有三种取向，义务论的公民教育观，权利论的公民教育观，道德中心论的公民教育观[②]。这三种价值取向的公民教育目前尚处于发展完善的阶段，然而对于那些与公民生成紧密相关的情感及其形成还未给予足够的关注。

情感在道德中具有奠基作用。情感作为全部伦理大厦的基石，在道德中具有本体

---

① 朱小蔓. 永恒的道德 无尽的思念——写在俄罗斯伦理学家季塔连科教授20周年忌辰［J］. 教育研究，2013（05）：112－118、128.

② 杨曦. 不同价值取向的公民教育观［J］. 外国中小学教育，2004（03）：11－16.

地位。[①] 情感由于其原发性、内隐性、稳定性和整体性等特点，成为人之为人的重要基础。情感来自遗传和后天，人先天具有一定的基础性的情感，这些基础性情感是其他情感发展的基础。情感的体验具有一定的内隐性，加之传统中国人不善于表达情感，对彼此了解沟通造成了一定的困难。通过不断地体验，情感逐渐内化，个体形成具有一定的稳定性、能持续发挥作用的情感反应模式体系。情感的整体性体现为有些情感具有支撑性、结构性的作用，支持其他情绪、知觉、体悟等的发展，情感之间相互联系、很难分割，整体性地发挥作用。从理论上而言，人的道德结构包括知、情、意、行等，但在实际生活中，人是不可分割的整体性存在。

健全的情感发展是公民品格的基础。因为人是理性和情感的动物，人在本质上是一种情感性的存在。“在人身上完全割断感觉——情绪机制的情况下，理性是不可能工作的。它不过处于昏睡状态。”[②] 健全的情感发育是健全的人的基础。人的情感很复杂，人的角色身份是多元多重的，公民是现代社会中非常重要的身份。公民品格在很大程度上决定了公民角色承担的程度。因此，人的情感发展是公民的品格、美德等的基础。公民品格的形成必然包含情感，以情感为基础形成品格。情感是一个整全的价值体系，包括自尊、尊重他人、同情感、仁慈、认同感、正义感、关怀的情感、责任感等诸多内容。

公民的情感可以成为公民自身的价值导航系统、连接公共生活与私人生活的黏合剂，连接公民与国家的纽带。公民情感是连接人和社会的纽带，“社会纽带不仅是一个情感问题，更是一种构成性的力量。个人乃是社会的个人，脱离了社会，个人就失去了自己的本质”[③]。有了健全的情感才有可能拥有良好的公民品格，从而成为整全意义上的公民。

（二）涉及正义与关怀的情感与班级公共生活息息相关

正义与关怀两种情感本身具有重要地位。在学校教育层面，正义感和关怀涉及学

---

① 朱小蔓. 道德的情感维度［N］. 中国教育报，2013—6—7（6）.

② 吉塔连柯，石远. 情感在道德中的作用和感觉论原则在伦理学中的作用［J］. 哲学译丛，1986（02）：9—17.

③ 应奇. 从自由主义到后自由主义［M］. 北京：生活·读书·新知三联书店，2003：46.

校生活中的制度班规、公共生活的基本伦理规范，涉及所有师生的公民品格养成等。对于初中学生而言，学生的正义与关怀的情感能力是可培养的，因此班主任的这两种能力十分重要。

正义和关怀，首先是一种情感意识和情感能力。正义和关怀兼备的公民品格更为理想。拥有正义与关怀品格的公民，能够遵守公正的制度，能够关心制度是否符合伦理。我们认为有正义感的公民是“拥有某种反思能力的人，即他们有正义感，能够制订生活计划”①。相对于单子式的公民、镶嵌在群体中的责任公民，正义与关怀兼备的公民品格更为理想。具有正义和关怀情感的公民不止于注重个体权利、监督公权力，这样的公民品格是建立在罗尔斯所提的“反思的平衡”② 的基础之上的，用关怀情感统辖权利与责任，使其达到完整的统一与融合，它由内而外地珍视他人的尊严和权利，发自内心地关怀自我和他人的幸福，完整意义上的公民是处在自我和他人共在关系中的公民。

正义与关怀也是学校公共生活的基本伦理要求。在学校公共生活中，共同体的成员为了共同的善而参与共同的行动，而共同的行动需要基本的伦理规范。公共生活本身必然包含着公民彼此尊重、同等和差异原则相结合、同情和相互依赖等情况。正义和关怀意味着公民遵守共同的法律和秩序，维护共同的秩序，说明公民在其社会性上彼此依赖，为了共同的善做出价值判断和行为。正义感能够帮助公民更好地处理彼此的关系，它是公共生活的重要规则之一，因为正义是社会制度的首要美德。正义感需要理性能力、责任感等理性情感的支撑，同时正义感又很脆弱，需要得到制度和其他条件的支持。没有正义感，就无法意识到不平等，无法识别不公正。与此同时，关怀在公共领域意味着关心公共事务、积极参与的情感。公民对公共生活的关怀情感、关切心是公共生活的重要保障。拥有关怀能力的人，不仅能够从儿童的需要出发关怀儿童，还要求人们学会关心自然、伦理、制度等，关心制度是否符合人性、是否公正、是否关怀了弱势群体等。秩序、制度和法律等能够保障关怀的持续性，具有工具性价值，因而值得关心。

---

① 马塞多. 自由主义美德：自由主义宪政中的公民身份德性与社群［M］. 马万利，译. 南京：译林出版社，2010：5.

② 罗尔斯. 正义论［M］. 何怀宏，何包钢，廖申白，译. 北京：中国社会科学出版社，1988：20.

（三）学生的正义与关怀是可培养的

学生的正义能力和关怀能力需要培养，而且研究证明它们是可以培养的。首先，对学生正义感的培养和训练十分重要。选取符合、体现正义精神的活动可以对学生产生积极影响，可以采用阅读、社会实践活动、课堂讨论、角色扮演、社团活动等方式。经过干预和锻炼，正义感可以得到提升。美国青少年面对同伴偷苹果并对自己施加压力的情况时，61%的童子军拒绝同流合污，而没有童子军经历的人中，有 53%拒绝同伴的无理要求。将近 90%的童子军选择把苹果还给丢苹果的人，而没有童子军经历的人中，只有 81%选择归还苹果。

学生的关怀能力也是可以通过教育提升的。面对普遍存在的情感冷漠问题，培养学生的情感关怀能力十分必要。在心理学的研究中，对青少年和年轻成人的横断研究发现，年龄与关怀推理的水平存在正相关，但在年龄较大的成人被试者中没有发现这种联系①。可见，学生的关怀能力是可以通过教育提升的，提升学生的关怀能力的重要条件之一是教师恰当的关怀方式。学校教育“在最重要的意义上，就是帮助他（学生）成长和实现自我”②，成为具有正义和关怀情感的公民，以便于能够“动机位移”，能从他人的角度考虑问题，能更好地实现“能量流动”。

二、 班主任常用的道德推理模式

与其说是班主任常用的道德推理模式，不如说是多数教师都采用这样的思维方式，即学生出现任何问题，教师都将其归为学生自身的问题，主要是学生的态度品德问题，而不论其是否是生理问题、心理问题或不可控外力原因。

20 世纪 60 年代以来，女性主义运动风起云涌，女性为了自己的权利和解放而斗争，吉利根和诺丁斯等女性主义者创立并发展了关怀伦理学。

---

① 沃克．性别与道德［M］//基伦，斯梅塔娜．道德发展手册．杨绍刚，刘春琼，等译．北京：教育科学出版社，2011：106.

② NEL NODDINGS. Caring：A Feminine Approach to Ethics and Moral Education［M］. Berkeley：University of California Press，2003：9.

（一）公正推理与关怀推理

区分公正推理和关怀推理模式以便于教师更好地反思自我，引导学生过公共生活。

吉利根指出，以往道德哲学对女性视角存在忽视。她认为男女在道德推理本质上具有差异，女性道德推理的特点是关怀伦理，而男性的道德推理是公正伦理。关怀伦理和公正伦理是不同的道德倾向，也就是对道德问题的成分和如何解决道德问题的思维进行组织的两种框架。吉利根认为，由于男性是个体主义的，与女性有不同的自我概念，把同一性建立在占有的基础上，侧重于抽象和完整的规则或原则，男性一般将能引起权利冲突的问题视为道德冲突，这是男性的公正倾向。

女性的关怀推理倾向指，由于女性将自我视为与他人有联系并且是相互依赖的，常常把同一性建立在亲密关系的基础上，对危险和伤害并不敏感，关注自己和他人的利益，关注具体情境中的和谐关系，女性一般将能引起责任冲突的事件视为道德事件。相对而言，男性更注重权利、个体性、理性以及公正原则，女性更关注关系的维持、关怀、奉献等。[①] 对此，诺丁斯指出，关怀伦理并不仅是女性伦理，关怀不限于性别，两种伦理的类型虽然与性别高度相关，但无优劣之分。关怀在更重要的意义上是一种思维和行为方式，每个人都需要学会关心。

（二）关系性两难和非关系性两难模式

区分关系性两难和非关系性两难模式，教师多把学生当成对教师具有重要关系的人，多以同情理解和关怀的立场与学生交往。

男性和女性的道德推理倾向存在着重要的不同。根据相关研究，正义或关怀推理倾向与性别、与两难故事的情境有着重要关系。为了进一步了解男性和女性的推理方式，沃克等人进一步修改了问卷，将情境设定为关系性（个人）两难故事和非关系性（非个人）情境下的两难。关系性（个人）两难故事包括在具有一直存在重要关系的

---

① 沃克．性别与道德［M］//基伦，斯梅塔娜．道德发展手册．杨绍刚，刘春琼，等译．北京：教育科学出版社，2011：96—103.

人们之间发生的冲突，如被试的熟人等；非关系性（非个人）两难主要指在相对陌生的人们之间，或者个人同组织、同泛化的他人之间的矛盾，或主要是自我内部的冲突。结果表明，在关系性（个人）两难故事中，被试倾向于以关怀伦理的术语进行讨论，例如，“虽然这样不对，但是……”，多以同情理解的态度进行分析。对非关系性（非个人）两难，被试则更倾向于按照公正伦理的术语进行推理，例如，“应该”等词汇。[①]

当我还是新教师的时候，上课时有一个小男孩嘴里咕噜咕噜的，好像在吃东西，于是我提醒了他一下后又继续讲课，过了一会儿，我又发现他嘴里在动，好像在嚼口香糖。我叫他站起来听课，批评他上课吃东西。为了不耽误课程进度，我没有多说，继续讲课。但我却忘记了他一直在罚站。下课的时候，我才再次注意到他。

我叫他过来，问他为什么上课吃东西。

他说，他没有吃东西，他在换牙，有一颗牙不舒服，他在舔牙齿。

我愣了一下，心里想，哎呀，冤枉学生了啊。我问他，那你怎么不说呢？

他回答说，我上课要是解释的话，就影响老师和大家上课了。

这件事情让我发生了转变。由于自己的主观臆断，在没有了解情况的时候，就惩罚了学生，我觉得十分内疚，决定以后再也不轻易惩罚学生。[②]

这件事情表面上是教师的偶然失误，背后却隐藏着教师的惯性思维，即对学生的“有罪推理”。教师凭借以往工作经验认定学生吃东西，对学生进行了惩罚。

我国中小学教师队伍的性别结构不平衡，因此需要考虑教师的性别对学生的影响。教师的性别、男性和女性思维的推理方式、关系性和非关系性情境三者之间有密切关系，教师的推理方式对学生的班级公共生活品质有直接影响。我国学校教师性别比例失调，女教师明显多于男性教师，而且从高中到学前教育的女教师比例依次递增。高中教育阶段女教师的比例为 45.40%，初中教育阶段为 50.91%，小学教育为

① 沃克．性别与道德［M］//基伦，斯梅塔娜．道德发展手册．杨绍刚，刘春琼，等译．北京：教育科学出版社，2011：111．

② 案例来源：北京师范大学“江苏教育家培养工程”学员的教育故事。

59.50%，学前教育为97.97%。[①] 个别地区性别比例失调尤其严重。据统计，新疆乌鲁木齐市的天山区31所小学中共有教师2039名，女性占90%以上；沙依巴克区24所小学和5所九年一贯制学校中共有教师1721人，男教师不到140人，男性比例不到10%。[②]

因此，一方面教育机构在培养教师时需要考虑教师的性别问题。对男性教师加强关怀维度的培养，对女性教师加强正义推理倾向的培养，将关系性和非关系推理相结合，以便于教师可以根据自身状况将正义与关怀相融合。另外一方面，教师需要十分注重自己的思维倾向性，需要考虑以上四种推理模式。不同的思维的确适用于不同的教育情境。当教师与学生进行沟通的时候，需要考虑学生的两难冲突发生的情景关系、情境对学生的意义等。学生可能进行关怀倾向的推理，而由于事情与教师的相关度低，教师考虑的是公正倾向推理。因此，教师需要换位思考，理解学生的感受与困境，做出关怀的行动。教师需要将正义推理与关怀推理相结合，将非关系性推理与关系性两难相结合，反思个人性别倾向，运用正义与关怀的原则理解和关怀学生。

三、 正义原则中融入关怀情感

倾向于正义类型的班主任，在日常生活中注重培育正义，使正义的精神充盈在班级生活中。同时，还需要在坚持原则的管理中融入关怀，坚持有关怀的正义。有关怀的正义在班主任管理中可以包括以下几个方面。

（一）重视规则的正义性，坚持目的正义和手段正义相结合

规则产生和执行的过程应该是正义的、经过彼此同意的。哈贝马斯认为，规则的同一性和规则的有效性是从头到尾相互联系在一起的。规则的同一性不在于可观察的不变性，而依赖于它的有效性的主体间性。[③] 有效的规则是在班主任和学生之间经过

---

① 数据来源：各级各类学校女教职工、女专任教师数，2012年教育统计数据［DB/OL］. 中华人民共和国教育部网站，http://www.moe.gov.cn/publicfiles/business/htmlfiles/moe/s7567/201309/156880.html

② 何平，蒋夫尔. 比例失调 乌鲁木齐小学男教师不到10%［N］. 中国教育报，2005-6-28（2）.

③ 童世骏. 批判与实践：论哈贝马斯的批判理论［M］. 北京：生活·读书·新知三联书店，2007：121.

讨论一致同意的。如果采用了非正义的程序，就会使正义流于表面，这无异于教学生虚伪，消解了正义和规则的意义。

（二）重视规则的同时，关怀理解学生，坚持正义中带有关怀

正义的制度对公民的正义感起到保障的作用，但没有美德支持的正义制度，只剩下冰冷的权利和义务关系，不值得人们向往。正义不等同于规则，正义不等同于仅仅遵守规则，因为有些规则不够正义。正义不仅是同等对待、一视同仁，还要尊重差异、宽容学生，遵循美德、顺从良心。

有关怀的正义的班级管理支持学生独立和批判性思考。正义的班主任管理创造安全的氛围允许学生说真话，使学生敢说真话。未成年公民在学校里“必须学会的不仅仅是按照权威的要求而行动，而且是对权威的批判性思考”①。班主任需要指导学生区分“政治压迫”和“政府所采取的必要行动”“自由精神”和“胡作非为”之间的不同，学会区分“批判”和“人身攻击”“善意的谎言”和“欺骗”等之间的区别。②此外，班主任在班级公共生活中以身作则十分必要。亲其师，信其道，班主任作为学生言传身教的人，如果个人成了学生的负面榜样，这不仅损毁自己的教育形象，而且会妨害学生生成正义的公民人格。尽管反面形象有时也可以激发人的正义感，但对于身心尚不成熟的中小学生来说，更需要的是正面的榜样。

四、 关怀情感中坚持正义原则

学会关怀的模式是一个完善的理论体系，但是也存在着局限性，如“关怀的正当性；伦理性关怀的可能性；关怀作为特殊化伦理的局限性”③。因此，在班级公共生活的语境下，特别需要强调关怀的正义原则问题。

班主任在关怀中融入正义的原则，有利于班级公共生活。健康稳定的班集体不仅依靠正义的制度，还依赖于师生的情感、态度和德行。建立好的社会制度是每个公民

---

① 金里卡．当代政治哲学［M］．刘莘，译．上海：上海三联书店，2004：555.

② 古尔德．公司文化中的大学［M］．北京：北京大学出版社，2005：109—110.

③ 石中英，余清臣．关怀教育——超越与界限：诺丁斯关怀教育理论述评［J］．教育研究与实验，2005（4）：12—14.

的期望，因为好的制度可以保障每个公民的基本权利和尊严，保障公民的自由思想和批判精神，给公民的关怀留下余地。关怀可以使人超越自然的状态，会关怀是一种美德。有些情况下人们无法恰当地把握关怀，因此，班主任需要学会有正义的关怀。

在关怀中融入正义原则，主要指的是恰当的关怀、有价值立场和坚持正义原则的关怀，这是基于学生需要的关怀。关怀是双边互动的关心关系，是调节人与人之间的关系的出发点和原则；“关怀，是由道德情感、道德认识、道德意志和道德行为构成的一种德行”①；关怀的具体过程包括：第一步，教师关注、识别学生的需要；第二步，教师基于学生的需要给予学生关怀；第三步，学生对关怀接受、回应和认可。诺丁斯的学会关怀模式，从教育目的到学校课程体系均有明确的论述。她指出，教育的目的应该是鼓励有能力、关心他人、懂得爱人、也值得别人爱的人的健康成长，教育最好围绕关心来组织；关心自己和最亲近的人，关心与自己有各种关系的人，关心与自己没有关系的人，关心动物、植物和自然环境，关心人类制造出来的物品以及关心知识和学问。②

恰当的关怀应该包括不偏不倚和普遍性的观念，这些对做出成熟的道德判断十分重要，不偏不倚不意味着冷血、计算、忽视具体的情境，关怀自己是正当的，不等于自私自利，但只关心自己却是不合适的。在有正义的关怀中既不能有“暴君”，也不应存在“奴隶”。关怀不等于溺爱、放纵和完全顺从，关怀也不同于过分干涉、控制和专制，关怀建立在尊重、自由平等的基础之上，建立在正义、教育性、道德性的原则之上。关怀关系是平等开放的，没有人数、对象、条件等限制，关怀者和被关怀者可以相互交换位置和角色。

由于班主任和学生的正义与关怀的情感受到多方面因素的影响，而不仅是学校教育的影响，所以整全式的教育才能真正充分发挥作用。如果把学生的情感教育从完整的教育生活中剥离开来，单独作为教育内容，这就是把情感和生活经验相隔绝，相当于在陆地上学游泳。正义与关怀情感的教育目的不仅在于提高情感的感受性，提升班主任的情感能力，而且旨在使教师和学生都能做出正义与关怀的行动，完善自我、提升教育生活的品质、改进社会。

---

① 肖巍．关怀伦理学：主题与思考［J］．教学与研究，1999（3）：6—8.

② 诺丁斯．学会关心：教育的另一种模式［M］．于天龙，译．北京：教育科学出版社，2003：3—5.

结束语 班主任的岗位职责：参考与应对

班主任制度是我国教育体系的组成部分，有自己的本土特征。由于班主任的职责和功能在各个国家教育体系制度中均有所涉及，选择其他地区和国家的班主任制度进行比较，对于我国班主任工作的改进具有启示意义。

一、参考：对其他国家班主任（教师）职能的考察

关于班主任职能的变化问题，国际经验可以提供启示。

（1）日本也实行班主任制度。日本进行教育改革，重新构建教育委员会与学校之间的关系，一方面，减少对学校的行政事务的直接控制，另一方面，加强教育委员会对学校的支持和服务，主要包含两方面，一是帮助学校处理一些特殊情境，如突发事件、向家长及居民做出某些说明、与有关机构的联系协调、媒体宣传等；二是为学校提供需要的相关专业服务，如涉及儿童的保健卫生、安全管理、设备管理及法律诉讼方面。① 在学校层面，日本班级中大多数活动均以“小组活动”（社团）的形式进行，包括学术的和非学术的，以培养学生的合作意识②。

（2）美国实行教育分权，多数地区小学实行教师包班制，中学实行走班选课制。我国个别学校在实验学生选课制，美国教师对学生的指导有重要启示。在美国，随着学生年龄增加，教师的职能愈加分散，多主体共同参与学生管理与指导。美国小学多数实行教师包班制，除了个别艺体等学科，包班教师负责学生的教学、指导、管理等几乎所有工作。中学实行选课制和完全学分制③，学生走班上课，没有固定的年级和班级，学生的指导工作由辅导老师（counselor）、家房老师（homeroom teacher）、训

---

① 赵健．学校管理本位化与学校选择自由化——日本公立中小学改革的新进展［J］．全球教育展望，2002（01）：4—12．

② 周月朗．日本小学班级小组活动的特色——兼与美国比较［J］．外国中小学教育，2006（06）：22—24．

③ 杨天平，江松贵．西方国家综合高中的学分制管理及其启示［J］．外国中小学教育，2006（09）：18—20．

导主任（dean）以及学生、家长、社区、社会力量等多方面共同指导。每个学生入学后分配一名辅导老师，负责学生的选课、联系家长、心理辅导、职业辅导和人际辅导等全面辅导①，侧重对学生的指导而非管理。一些美国的高中在学生课程表中安排“家房”时间，是把同一年级入学的学生聚集在一起，以便进行一些学生管理活动，家房老师负责一般性事务通知，比如学生会选举、发布通知等，不负责学生的成绩和纪律问题。② 训导主任主要是跟当地的警方和法院合作，处理一些严重的纪律或法律问题。③ 美国学生自治的机构主要有学生会和学生内阁。学生内阁是每个“家房”选举出的学生代表，定期与校长开会，反映学生要求，传达学校要求。

（3）法国的教育实行高度统一的中央集权管理和多主体的学生管理指导模式。1975 年，法国《初等中学教育基本法》中明确提出：教师、家长、学生三者组成“学校共同体”④。学生管理由校长、副校长、年级委员会（校务委员会）、教育工作顾问（或称督学、学监）和方向指导顾问等共同组成。⑤ 督学主抓学生纪律、管理和指导，校务委员会负责与家长联系，发挥家长协会的作用，年级委员会主抓教学。“方向指导”是法国中等教育中帮助学生选择升学方向和就业出路的重要教学管理机制，力求帮助学生面对教育制度的多样化结构，根据自身能力和兴趣找到适合个人发展和社会需要的学业选择和职业出路。⑥ 目前在学校层面，方向指导顾问主要是由教师、方向指导顾问、驻校顾问、驻校心理学家、社会服务助理以及情报和方向指导督学等六方面人员组成。⑦

可见，在这几个国家中，教师对学生的指导有明确的分工合作，这包括学习和升学、就业、纪律、心理、情感等方面。

---

① 边保旗．美国学校心理辅导的发展历程及启示［J］．教育实践与研究，2001（12）：5—7．

② 赵静．论班主任制［D］．上海：华东师范大学，2008：18．

③ 方帆．美国高中的“班级”管理［J］．教师博览，2005（03）：41—43．

④ 李天鹰．英美法德日诸国的学校内部管理体制改革［J］．外国教育研究，2000（12）：30—32．

⑤ 赵静．论班主任制［D］．上海：华东师范大学，2008：21．

⑥ 杨红．“方向指导”浅析［J］．基础教育参考，2007（04）：26．

⑦ 国宾．法国中学内部管理扫描［J］．教书育人，2004（09）：39—41．

二、 班主任职能的变与不变

（一）班主任工作内容的变与不变

不同学段的学生身心发展水平差异巨大，因此教师尤其是班主任的职能主要依据学生的需要而定。

第一，小学低段学生依赖教师，因此班主任职能不宜变化。

第二，小学高段可以尝试分化班主任职能，以班主任为主、几名教师共同负担班主任职责。

第三，当学生初步具有规划能力后，例如小学高年级、初中学段，可以将我国现行班主任职能进行逐步分化。

目前我国初步实行的中学导师制和传统班主任制相比有以下几方面的特点。

第一，导师和学生双向选择，这与学生被随机抛给某一班主任相比，更加尊重学生的自主性。

第二，导师一般指导的学生数目是几个人到二十人，学生数量减少，可以方便导师增加对学生的单独指导。

第三，多名不同职责的教师相互配合有助于取得更好的效果。导师和其他岗位的教师，如学科教师、生活指导老师、心理导师、辅导员和班主任等，可以相互配合，分工合作，如能形成合力可能对学生的发展更有利。

第四，导师制源于英国的大学，适合具有一定的独立精神和能力的学生，对于初中学生来讲，取消行政班级、实施选课走班制，有可能导致学生缺乏集体的认同感和归属感，并引发各种问题。

第六，走班制、导师制也仅是形式上的变革，学生还是在班级授课制的形式下共同学习。班级从其诞生之日起，就裹挟着公共性，因此学生只要在班级中就有公共性的要素和要求存在。

就其本质来讲，班级组织形式变革，仅是表面上、形式上的变革，教育者对学生的管理，对学生成长需要的关怀和指导等在本质上并不会发生改变。无论班主任的管理、教育和心灵关怀的职能如何分配，都要有教师或成人来承担这些任务。因此，依据这些任务而提出的教师角色、使命和素养在本质上并未受到挑战。

教师尤其是班主任的重要职能是对学生进行情感和心灵关怀，尊重学生的个性差异，集体教育的目标不仅需要指向建设一个好集体，还需指向学生的公德、公共精神的培育。学校和班级内部营造多种共同体，帮助学生实现公共生活和个性化生活的扩展，为传统的班集体建设注入新的活力。

（二）不变的教师职能：教学、管理与交往

班级从其产生之日起就裹挟着公共性，公共性是人的社会属性之一，公共性也是学校和班级的属性之一，班级和学校的伦理使命短时期内不会改变。班级公共生活具有特殊性，属于准公共生活，这意味着班级公共生活的教育性优先于其他价值，具有为未来生活做准备的功能，需要班主任有自觉意识地引导和建构班级公共生活。班级公共生活的交往生活以普遍尊重为底线，依赖教育性关系中的特殊情感。班主任工作特别依赖个人的约束，基本上是个良心活。社会和教育赋予了班主任岗位以特殊的教育权力，即对学生和班集体的管理。班主任工作的管理职责对班级公共生活能否存在、能在何种层面上彰显公共性，在很大程度上取决于班主任工作。

在我国班主任制发展过程中，班主任的管理职能不断强化，角色呈现多元化趋势，班主任以岗位职责和基于良心的情感来引领班级公共生活。这种引领需要超越以往的班级管理方式，走向以公共性为基础的管理。具体而言，在班级规则方面以学生的知情同意、公意、公理为基础，以培养学生的法治精神为主；在班级规则的执行、纪律维护方面，以尊重学生的基本权利和主体性为基础；在班级实施民主管理和选举的过程中，全程都需要价值引导，以保障传递正确的民主观念、制度组织形式和品质要求，避免过度科层制带来的等级观念；班主任注重培养所有学生的领导力和责任感，鼓励学生自治，培养其民主参与的能力，更需指明有些情境中善良比民主更加重要。

班主任建设班集体的过程中需要正确理解公共利益，以正当性为基础的集体教育才可以更好地培养学生的集体观念；共同的意识和精神生活培养学生对集体的认同，认同与参与在班级公共生活的过程中相互建构，从而养成学生的公共精神。班级公共生活的主体是教师和学生，公共性体现在师生交往的过程中，班主任强势支配或弱势

顺从就削弱了交往的主体间性。师生交往应基于公共交往伦理的尊重要求，彼此平等而没有支配，体现出人道主义精神的关系。班主任如果具有主导敏感性、实施无支配的管理，对“平庸的恶”保持警惕、抵制特权意识，他与学生交往中的支配性就会减少。如果意识到班主任工作的公共使命，就会获得意义和价值感的支撑。当班主任主动承担公共使命、建构班级公共生活的时候，其正义与关怀的情感能力就十分必要且重要了。在良好的秩序保障下，教师提供指导和帮助，师生之间以尊重、平等的态度相待，学生练习共同治理，整个班集体为了公共善而共同努力。

随着时代的变化，班级组织形式也可能发生变化，承担这一职责使命的具体岗位和人员责任可能发生变化，但努力使班级生活充盈公共精神、培养学生的公共品德这一任务恒久不变。班主任自身引领班级公共生活的角色、使命和情感素养等，都需要加强。

在未来，教师伦理的专业化程度不断提升，上述这些素养不仅是班主任，也是所有教师所必备的素养和能力。笔者在文中所指出的问题，不仅是班主任的问题，同时也是学校教育的问题。学校教育促进和提升儿童的个性和社会性的发展，帮助儿童学会过公共生活，这是学校教育的伦理使命的一部分，在任何时代都具有重要的意义。

参考文献

著作类：

[1] LEE W O. 中学公民教育：多元化的校本实践 [M]. 香港：商务印书馆，2004.

[2] OSLER A，STARKEY H. Changing Citizenship：Democracy and Inclusion in Education [M]. Buckingham：Open University Press，2005.

[3] WHITE P. Civic Virtues and Public Schooling：Educating Citizens for A Democratic Society [M]. New York：Teachers College Press，1996.

[4] NEL NODDINGS. Caring：A Feminine Approach to Ethics and Moral Education [M]. Berkeley：University of California Press，2003.

[5] VIVIAN TROEN，KATHERINE C BOLES. Who' s Teaching Your children ?：Why the teacher cirsis is worse than you think and what can be done about it [M]. New Haven and London：Yale University Press ，2003.

[6] 阿伦特. 责任与判断 [M]. 陈联营，译. 上海：上海人民出版社，2011.

[7] 阿伦特. 耶路撒冷的艾希曼 [M]. 长春：吉林人民出版社，2003.

[8] 伯林. 自由论 [M]. 胡传胜，译. 南京：译林出版社，2003.

[9] 博曼. 公共协商：多元主义、复杂性与民主 [M]. 黄相怀，译. 北京：中央编译出版社，2006.

[10] 陈爱苾. 春华秋实每一年——班主任的每一学年 [M]. 北京：教育科学出版社，2009.

[11] 方明. 陶行知教育名篇 [M]. 北京：教育科学出版社，2005.

[12] 古德莱德，索德，斯罗特尼克. 提升教师的教育境界：教学的道德尺度 [M]. 汪菊，译. 北京：教育科学出版社，2012.

[13] 努斯鲍姆. 告别功利：人文教育忧思录 [M]. 肖聿，译. 北京：新华出版社，2010.

[14] 康德. 实践理性批判 [M]. 韩水法，译. 北京：商务印书馆，2000.

[15] 康德. 道德形而上学原理 [M]. 苗力田，译，上海：上海人民出版社，2002.

[16] 杜威. 学校与社会：明日之学校 [M]. 赵祥麟，任钟印，吴志宏，等译. 北京：人民教育出版社，2004.

[17] 蔡春. 在权力与权利之间：教育政治学导论 [M]. 北京：北京师范大学出版社，2010.

[18] 陈桂生. 聚焦班主任 ："班主任制" 透视 [M]. 北京：教育科学出版社，2012.

[19] 陈向明. 质的研究方法与社会科学研究 [M]. 北京：教育科学出版社，2000.

[20] 程天君. "接班人" 的诞生——学校中的政治仪式考察 [M]. 南京：南京师范大学出版社，2008.

[21] 邓晓芒. 灵之舞——中西人格的表演性 [M]. 北京：东方出版社，1995.

[22] 佛克. 公民身份 [M]. 黄俊龙，译. 台北：巨流图书有限公司，2003.

[23] 福柯. 规训与惩罚（修订译本） [M]. 刘北成，杨远婴，译. 北京：生活 · 读书 · 新知三联书店，2003.

[24] 冯俊，龚群. 东西方公民道德研究 [M]. 北京：中国人民大学出版社，2010.

[25] 管向群. 中国班主任最需要的新理念 [M]. 南京：南京大学出版社，2010.

[26] 哈贝马斯. 公共领域的结构转型 [M]. 曹卫东，王晓珏，刘北城，等译. 上海：学林出版社，1999.

[27] 郭湛，王维国，郑广永. 社会公共性研究 [M]. 北京：人民出版社，2009.

[28] 蔡英文. 政治实践与公共空间：阿伦特的政治思想 [M]. 北京：新星出版社，2006.

[29] 曹卫东. 权力的他者 [M]. 上海：上海教育出版社，2004.

[30] 梁漱溟. 中国文化要义 [M]. 上海：学林出版社，1987.

[31] 海伍德. 政治学核心概念 [M]. 吴勇，译. 天津：天津人民出版社，2008.

[32] 蓝维，等. 公民教育：理论、历史与实践探索 [M]. 北京：人民出版社，2007.

[33] 李镇西. 我这样做班主任 ：李镇西 30 年班级管理精华 [M]. 漓江：漓江出版社，2012.

[34] 李庆明. 我有一个梦想 [M]. 南昌：二十一世纪出版社，2011.

[35] 李庆明. 全世界都在对我微微笑 [M]. 南昌：二十一世纪出版社，2011.

[36] 鲁洁，吴康宁. 教育社会学 [M]. 北京：人民教育出版社，2001.

[37] 刘云杉. 学校生活社会学 [M]. 南京：南京师范大学出版社，2000.

[38] 刘小枫. 这一代人的怕和爱 [M]. 北京：华夏出版社，2007.

[39] 卢克斯. 权力 ：一种激进的观点 [M]. 彭斌，译. 南京：江苏人民出版社，2008.

[40] 马歇尔，吉登斯. 公民身份与社会阶级 [M]. 郭忠华，刘训练，译. 南京：江苏人民出版社，2008.

[41] 金观涛，刘青峰. 观念史研究：中国现代重要政治术语的形成 [M]. 北京：法律出版社，2010.

[42] 怀特. 公民品德与公共教育 [M]. 朱红文，译. 北京：教育科学出版社，1998.

[43] 佩迪特. 共和主义 [M]. 刘训练，译. 南京：江苏人民出版社，2006.

[44] 任剑涛. 政治哲学讲演录 [M]. 桂林：广西师范大学出版社，2008.

[45] 苏霍姆林斯基. 帕夫雷什中学 [M]. 赵玮，王义高，蔡兴文，等译. 北京：教育科学出版社，2007.

[46] 苏霍姆林斯基. 苏霍姆林斯基选集（第 1 卷） [M]. 北京：教育科学出版社，2001.

[47] 苏霍姆林斯基. 苏霍姆林斯基选集（第 3 卷） [M]. 北京：教育科学出版社，2001.

[48] 苏霍姆林斯基. 和青年校长的谈话 [M]. 赵玮，等译. 杜殿坤，等校. 北京：教育科学出版社，2009.

[49] 苏霍姆林斯基. 公民的诞生 [M]. 黄之瑞，译. 北京：教育科学出版社，2002.

[50] 孙隆基. 中国文化的深层结构 [M]. 桂林：广西师范大学出版社，2004.

[51] 童世骏. 批判与实践：论哈贝马斯的批判理论 [M]. 北京：生活·读书·新知三联书店，2007.

[52] 檀传宝，等. 公民教育引论：国际经验、历史变迁与中国公民教育的选择［M］. 北京：人民出版社，2011.

[53] 王文岚. 社会科课程中的公民教育研究［M］. 北京：中国社会科学出版社，2006.

[54] 王啸. 全球化时代的中国公民教育［M］. 福州：福建教育出版社，2006.

[55] 王振海. 社会场域中的政治：政治社会学的视角［M］. 郑州：河南人民出版社，2005.

[56] 魏书生. 班主任工作漫谈［M］. 北京：文化艺术出版社，2011.

[57] 吴文侃. 中小学公民素质教育国际比较［M］. 北京：人民教育出版社，2002.

[58] 吴爱颉. 认识责任［M］. 台北：五南图书出版股份有限公司，2010.

[59] 帕克. 美国小学社会与公民教育［M］. 谢竹艳，译. 南京：江苏教育出版社，2006.

[60] 希特. 何谓公民身份［M］. 郭忠华，译. 长春：吉林出版集团有限责任公司，2007.

[61] 夏勇. 走向权利的时代——中国公民权利发展研究［M］. 北京：中国政法大学出版社，2000.

[62] 辛世俊. 公民权利意识研究［M］. 郑州：郑州大学出版社，2006.

[63] 雅诺斯基. 公民与文明社会［M］. 柯雄，译. 沈阳：辽宁教育出版社，2000.

[64] 罗尔斯. 正义论［M］. 何怀宏，何包钢，廖申白，译. 北京：中国社会科学出版社，1988.

[65] 金里卡. 当代政治哲学［M］. 刘莘，译. 上海：上海三联书店，2004.

[66] 佐藤学. 课程与教师［M］. 钟启泉，译. 北京：教育科学出版社，2003.

[67] 朱小蔓，金生鈜. 道德教育评论 2010［M］. 北京：教育科学出版社，2011.

[68] 朱小蔓. 道德教育论丛（第 2 卷）［M］. 南京：南京师范大学出版社，2003.

[69] 朱小蔓. 关注心灵成长的教育［M］. 北京：北京师范大学出版社，2012.

论文类：

[1] LEE W O. Conceptualizing citizenship and citizenship education in Asia［J］.

Pacific Asian Education，2003，15 (2).

[2] OSLER A. Teacher interpretations of citizenship education：national identity，cosmopolitan ideals，and political realities [J]. Journal of Curriculum Studies，2011，43 (1).

[3] 博古什，姜晓燕. 苏霍姆林斯基人道主义教育中的惬意童年 [J]. 中国德育，2007 (3).

[4] 博伊德，贾磊，于天龙. 作为道德教育理论框架的自由主义：前景与问题 [J]. 山东师范大学学报（人文社会科学版），2013 (02).

[5] 班华. 班主任专业化问题的探讨过程 [J]. 人民教育，2010 (05).

[6] 班华. 与班主任朋友谈班主任（二）班主任是学生的精神关怀者吗 [J]. 班主任，2010 (06).

[7] 班华. 谁来给班主任以精神关怀——敬畏教育・尊重教师 [J]. 人民教育，2010 (06).

[8] 班华. 师德与班主任专业发展 [J]. 人民教育，2008 (11).

[9] 班华. 专业化：班主任持续发展的过程 [J]. 人民教育，2004 (23).

[10] 班建武，等. 教师关怀品质的现状调查：基于北京市石景山区四所中学的调查数据 [J]. 教育学报，2012 (4).

[11] 卜玉华. 20 世纪下半叶以来美国班级管理理念的发展趋势分析 [J]. 集美大学学报（教育科学版），2004 (02).

[12] 卜玉华. 试析当代我国学校教育公共伦理资源的亏空 [J]. 中国教育学刊，2006 (12).

[13] 卜玉华. 我国中小学班级工作的传统与当代变革 [J]. 教育研究，2004 (11).

[14] 卜玉华. 班级生活与公共精神的养成 [J]. 中国德育，2008 (6).

[15] 卜玉华. 当代我国班级生活的独特育人价值及其开发之研究 [J]. 教育理论与实践，2008 (22).

[16] 陈振华. 我国班级管理的变革方向 [J]. 教育科学研究，2009 (11).

[17] 陈振华. 理解型班级管理的追求 [J]. 中国教育学刊，2009 (08).

[18] 成有信. 公民・公民素养・公民教育 [J]. 北京师范大学学报，1996 (5).

[19] DWIGHT BOYD，张红娟，杨韶刚. 根深蒂固的自由主义和压迫性的社群关系——道德教育主体面临的一个两难困境 [J]. 开放时代，2006 (01).
[20] DWIGHT BOYD，张红娟. （某些）品德教育对自由主义民主的危害 [J]. 开放时代，2006 (05).
[21] 程天君，杨新宇. 论“制裁”及其班级管理的实践意义——一个社会人类学的视角 [J]. 湖南师范大学教育科学学报，2005 (6).
[22] 程天君. 无穷小的细节与无限大的权力——学校纪律与日常规范的社会学分析 [J]. 当代教育科学，2005 (6).
[23] 杜时忠. 制度德性与制度德育 [J]. 教育研究与实验，2002 (1).
[24] 冯建军. 向着人的解放迈进——改革开放 30 年我国教育价值取向的回顾 [J]. 高等教育研究，2009 (1).
[25] 范高林. 现代教育公共性导致的两个问题——私利性与偶然性的缺失 [J]. 西南民族大学学报（人文社科版），2005 (10).
[26] 高洪源. 欧美学校微观政治研究的进展 [J]. 比较教育研究，2003 (6).
[27] 顾肃. 全面认识个人与社群的关系——评自由主义与社群主义的争论 [J]. 南京大学学报（哲学·人文科学·社会科学），2001 (2).
[28] 龚孝华. 自主参与型班级管理的基本理念 [J]. 华南师范大学学报（社会科学版），2002 (5).
[29] 黄正平. 我国班主任工作现状分析与对策建议 [J]. 教育学术月刊，2010 (3).
[30] 黄正平. 班主任专业化：应然取向和现实诉求——解读教育部《关于进一步加强中小学班主任工作的意见》[J]. 人民教育，2006 (19).
[31] 姜晓燕. 俄罗斯班主任制度的前世今生 [J]. 中国德育，2010 (6).
[32] 贾新奇. 论中国伦理思想的近代转型：从公民道德的角度所作的考察 [J]. 福建论坛，2006 (10).
[33] 蒋关军，袁金祥. 论班级管理的境界变迁 [J]. 教学与管理，2009 (22).
[34] 金生鈜. 无立场的教育学思维——关怀人间、人事、人心 [J]. 华东师范大学学报（教育科学版），2006 (03).
[35] 金生鈜. 学校场域与交往惯习（一）——关于教育交往的对话 [J]. 福建论坛（社科教育版），2007 (06).

[36] 金生鈜. 学校场域与交往惯习（二）——关于教育交往的对话 [J]. 福建论坛（社科教育版），2007 (08).

[37] 金生鈜. 承认的形式以及教育意义 [J]. 教育研究，2007 (09).

[38] 金生鈜. 我们为什么需要教育民主 [J]. 教育学报，2005 (06).

[39] 金生鈜. 教育为什么要培养理性精神 [J]. 教育研究与实验，2003 (03).

[40] 金生鈜. 论教育权力 [J]. 北京大学教育评论，2005 (2).

[41] 康永久. 公立学校的公共性问题 [J]. 学术研究，2005 (9).

[42] 李琼，王恒. 小学教师的专业生涯发展类型：一项聚类分析 [J]. 教师教育研究，2012 (03).

[43] 李琼，施克灿. 师生交往中的教师风格类型 [J]. 教育学报，2008 (3).

[44] 李慎之. 修改宪法与公民教育 [J]. 改革，1997 (3).

[45] 李锦旭. 从社会学到公民教育 [J]. 教育研究，1998 (6).

[46] 李涛. 热议班级管理中的“经济惩罚”[J]. 思想理论教育，2011 (02).

[47] 李伟胜. 逐步改进班级活动 提升班级管理境界 [J]. 教育科学研究，2009 (11).

[48] 李芳. 改革开放以来中国公民教育问题研究路径综述 [J]. 理论学刊，2006 (3).

[49] 鲁洁. 教育：人之自我建构的实践活动 [J]. 教育研究，1998 (9).

[50] 廖申白. 私人交往与公共交往 [J]. 北京师范大学学报（社会科学版），2005 (04).

[51] 刘云杉. 我国中小学教师权力运作状况探析 [J]. 上海教育科研，1997 (11).

[52] 刘东. 贱民的歌唱 [J]. 读书，2005 (12).

[53] 刘茗. 河北省中小学班主任现状调查与对策思考 [J]. 河北师范大学学报（教育科学版），2009 (5).

[54] 马兰霞. 中小学公民教育面临的问题与现实选择 [J]. 思想理论教育，2012 (02).

[55] 庞瑞锡. 班级管理的三个环节 [J]. 广西民族大学学报（哲学社会科学版）. 2007 (B6).

［56］裴利萍．近年来我国教育公共性问题研究述评［J］．现代教育论丛，2009（06）．

［57］石中英，余清臣．关怀教育：超越与界限：诺丁斯关怀教育理论述评［J］．教育研究与实验，2005（4）．

［58］石中英．教育学研究中的概念分析［J］．北京师范大学学报（社会科学版），2009（3）．

［59］谌涛．班级管理的“违纪有限免责制”［J］．班主任，2006（7）．

［60］王建梁，陈瑶．英、澳、美、加四国公民教育课程改革影响因素比较研究［J］．外国教育研究，2012（3）．

［61］王立华，李增兰．我国中小学班主任工作的历史考察与当代发展［J］．当代教育科学，2007（5）．

［62］王立华．班主任专业化的困境与实践路径［J］．人民教育，2008（6）．

［63］王啸．公民教育：时代与主题［J］．首都师范大学学报（社会科学版），2005（6）．

［64］王啸．正义：道德教育的基本维度［J］．当代教育科学，2006（2）．

［65］王洪明．中小学班级变革的价值取向分析［J］．教育科学研究，2009（11）．

［66］吴俊．政治伦理视域中的公民教育［J］．伦理学研究，2012（1）．

［67］辛治洋．班主任专业化：为什么这么难?［J］．中国德育，2010（6）．

［68］徐金海．论班级契约管理［J］．湖南师范大学教育科学学报，2006（6）．

［69］卡尔瓦茨卡娅．意识和行为的道德动机［J］．哲学问题，1982（11）．

［70］吉塔连柯，石远．情感在道德中的作用和感觉论原则在伦理学中的作用［J］．哲学译丛，1986（2）．

［71］叶飞．学校公民教育的公共生活策略［J］．湖南师范大学教育科学学报，2012（9）．

［72］衣俊卿．论微观政治哲学的研究范式［J］．中国社会科学，2006（6）．

［73］余雅风．从教师职业的公共性看教师的权利及其界限［J］．教师教育研究，2006（3）．

［74］肖巍．关怀伦理学：主题与思考［J］．教学与研究，1999（3）．

[75] 张维迎. 学术自由、“官本位”及学术规范 [J]. 读书，2004 (1).
[76] 周濂，刘瑜，桑德尔. 理解“善”才能追求正义——迈克尔·桑德尔访谈录 [N]. 南方周末，2011－05－27.
[77] 佐藤学. 构建“学习共同体”的学校改革 [J]. 中国德育，2007 (1).
[78] 曾盛聪. 论中国现代化进程中公民教育的价值理念 [J]. 思想教育研究，2004 (8).
[79] 曾水兵，檀传宝. 中学生公民政治权利认同的调查与思考 [J]. 思想理论教育，2012 (8).
[80] 张虹. 几种情感观及其启示 [J]. 上海师范大学学报（社会科学版），1998 (4).
[81] 郑富兴，姜勇. 面向生活的新课改与完整性教学 [J]. 课程·教材·教法，2005 (4).
[82] 郑富兴. 从习俗伦理责任到道德责任——西方责任伦理思想的现代性变迁 [J]. 伦理学研究，2011 (3).
[83] 郑富兴. 个体化社会的道德教育问题 [J]. 华东师范大学学报（教育科学版），2011 (4).
[84] 郑航. 学校管理中的微观政治及其策略运用 [J]. 教育管理，1997 (6).
[85] 朱小蔓，李荣安. 关于公民道德教育的对话 [J]. 中国德育，2006 (5).
[86] 朱小蔓，冯秀军. 中国公民教育观发展脉络探析 [J]. 教育研究，2006 (12).
[87] 朱小蔓，施久铭. 思想品德：更加关注公民意识教育 [J]. 人民教育，2012 (6).
[88] 朱小蔓. 班主任与班主任工作——一种值得重视和挖掘的教育资源 [J]. 教育理论与实践，1997 (1).
[89] 朱小蔓. 道德的情感维度 [N]. 中国教育报，2013－06－07 (6).
[90] 王力娟. 中小学教师状态焦虑研究 [D]. 重庆：西南大学，2008.
[91] 王琴. 学校教育中师生冲突研究 [D]. 上海：华东师范大学，2007.
[92] 薛晓阳. 学校制度情境中的学生道德生活 [D]. 上海：华东师范大学，2006.
[93] 乐小军. 政治恶与现代伦理的困境——从汉娜·阿伦特的视角来考察一个政治伦理问题 [D]. 上海：复旦大学，2008.

后　记

本书主题为“班主任的情感素养与班级公共生活”，这是我一直感兴趣的话题。随着信息技术高度发展，信息精准推送等多重原因导致人们的社会观念分层、分裂，共识减少，教育有沦为私人追求阶层跃迁工具的趋向，其公共性有所遮蔽，这是教育基本理论应关注的问题。

首先，学问乃天下公器。它的存在使人类更加文明与幸福，社会更加和谐。民族和国家的复兴需要能够负责任地参与社会和国家公共生活的中国公民。学校应培养具有美德、能够共同生活的现代公民，班级应承担此功能。理想的班级公共生活是完整的中国人的现代生活，既能够保有传统的情本体文化，强调人与人之间亲密情感的联系，又能够为参与公共生活做好“情与理”“公与私”方面的准备。教师应教导学生区分“公与私”，追求公私交融、情理兼具。

其次，学问不可避免的是自我的表达。本书还存在诸多不足，与其说是对某一问题的思索，不如说是提出了问题。在教育生活中，规则与法治意识、民主、公正观念、精神关怀、师生的情感联结等概念是十分要紧的价值观念或能力。此外，人更需要高尚的精神情感力量的感召与引领，例如信仰、崇高的理想信念、生命大爱、高尚人格、奉献等，这些人类精神世界中最闪耀的部分应通过教师、通过教育生活传递给学生。这些使人之所以为人的高贵品质可以帮助我们抵御黑暗，提升生命的韧性，带领我们奔赴光明。

最后，谨以这本不成熟的小书献给我敬爱的老师们。特别感谢博导朱小蔓先生，跟随先生学习三年，与情感教育思想结缘一世。先生为人热情，对学生如同子女，对学问孜孜以求、笔耕不辍，对生命用尽全力地热爱与敬畏。2019 年秋，我们视频聊天，她在南京的家中，坐在阳台的摇椅上晒太阳，我在天津师大给她拍美丽的景色，希望能鼓舞她。她说："真羡慕你们啊，年轻真好，如果再给我几年的时间多好啊。"一时间，我哽咽得不知如何回应。一朝沐杏雨，一生念师恩。先生奠定了我用情感之眼看教育的基础。情感教育是接续在中国传统的情本体文化之上的，是其现代化的转换，对人的精神世界的发育影响十分重要。情感教育尤其是人的情感素养应成为全部教育的目标与内容。

感谢所有教过我的老师，你们给予我各方面的帮助，支持我读书，在我的读书笔记上写下鼓励与希冀，是你们在我骄傲时给出温柔严肃的提醒，在我困顿迷茫时给予关怀与指引，正所谓"迷时师渡，悟了自渡"。感谢硕导王啸教授和檀传宝教授，你们引领我见识了学术殿堂的迷人魅力。感谢博后导师和学新教授，在工作和学术研究等诸多方面都给予了我极大的包容与支持。没有无数个默默奉献、仁慈睿智的师友，就没有此刻的我，是你们用丰富的学识、人性的光芒照亮了我的精神世界。感恩曾经相聚的同门，感谢天津师范大学的同事，友好单纯的同事关系使得工作成为一种精神享受。感谢父母、爱人和孩子无私的付出与支持。

道阻且长，行则将至，行而不辍，未来可期!

感谢四川教育出版社对本书出版的鼎力支持，感谢编辑们的辛勤劳动，是大家共同的努力使得本书得以面世。

王　慧

2021 **年** 07 **月于天津**